U0519712

国家治理丛书

哲学与社会
——老年沉思录

陈先达　著

商务印书馆
The Commercial Press

图书在版编目（CIP）数据

哲学与社会：老年沉思录 / 陈先达著． — 北京：商务印书馆，2023（2024.5重印）
（国家治理丛书）
ISBN 978-7-100-22371-3

Ⅰ．①哲… Ⅱ．①陈… Ⅲ．①哲学—研究 Ⅳ．①B

中国国家版本馆CIP数据核字（2023）第072827号

权利保留，侵权必究。

国家治理丛书
哲学与社会
——老年沉思录
陈先达 著

商 务 印 书 馆 出 版
（北京王府井大街36号 邮政编码 100710）
商 务 印 书 馆 发 行
三河市尚艺印装有限公司印刷
ISBN 978-7-100-22371-3

2023年10月第1版　　开本 680×960　1/16
2024年5月第3次印刷　印张 22
定价：128.00元

国家治理丛书编委会

主编

陆　丹　三亚学院校长 教授

丁　波　研究出版社总编辑

何包钢　澳大利亚迪肯大学国际与政治学院讲座教授 澳大利亚社会科学院院士

编委（按姓氏笔画排序）

丁学良　香港科技大学社会科学部终身教授

王　东　北京大学哲学系教授

王绍光　香港中文大学政治与公共行政系讲座教授

王春光　中国社会科学院社会学研究所研究员

王海明　三亚学院国家治理研究院特聘教授

王曙光　北京大学经济学院副院长 教授

丰子义　北京大学讲席教授

韦　森　复旦大学经济学院教授

甘绍平　中国社会科学院哲学研究所研究员

田海平　北京师范大学哲学学院教授

朱沁夫　三亚学院副校长 教授

任　平　苏州大学校卓越教授

仰海峰	北京大学哲学系教授
刘　继	国浩律师（北京）事务所主任 合伙人
刘建军	中国人民大学马克思主义学院教授 教育部长江学者特聘教授
刘剑文	北京大学法学院教授
刘晓鹰	三亚学院副校长 教授
刘敬鲁	中国人民大学哲学院教授
江　畅	湖北大学高等人文研究院院长 教育部长江学者特聘教授
安启念	中国人民大学哲学院教授
孙　英	中央民族大学马克思主义学院院长 北京高校特级教授
孙正聿	吉林大学哲学系终身教授
李　伟	宁夏大学民族伦理文化研究院院长 教授 原副校长
李　强	北京大学政府管理学院教授 校务委员会副主任
李　强	商务印书馆编辑
李炜光	天津财经大学财政学科首席教授
李德顺	中国政法大学终身教授 人文学院名誉院长
张　帆	北京大学历史学系主任 教授
张　光	三亚学院财经学院院长 教授
吴　思	三亚学院国家治理研究院研究员 原《炎黄春秋》杂志总编辑
陈家琪	同济大学政治哲学与法哲学研究所所长 教授
杨　河	北京大学社会科学学部主任
罗德明	美国加州大学政治学系教授
周文彰	国家行政学院教授 原副院长
周建波	北京大学经济学院教授
郑也夫	北京大学社会学系教授
郎友兴	浙江大学公共管理学院政治学系主任 教授
赵汀阳	中国社会科学院学部委员 哲学研究所研究员
赵树凯	国务院发展研究中心研究员

赵家祥　北京大学哲学系教授
赵康太　三亚学院学术委员会副主任 教授 原海南省社会科学界联合会主席
赵敦华　北京大学讲席教授
郝立新　中国人民大学校长助理 马克思主义学院院长 教授
胡　军　北京大学哲学系教授
柳学智　人力资源和社会保障部中国人事科学研究院副院长 教授
钟国兴　中共中央党校教授《学习时报》总编辑
姚先国　浙江大学公共管理学院文科资深教授
姚新中　中国人民大学哲学院院长 教育部长江学者讲座教授
顾　昕　北京大学政府管理学院教授
顾　肃　南京大学哲学与法学教授
钱明星　北京大学法学院教授
高全喜　上海交通大学凯原法学院讲席教授
高奇琦　华东政法大学政治学研究院院长 教授
郭　湛　中国人民大学荣誉一级教授
唐代兴　四川师范大学伦理学研究所特聘教授
谈火生　清华大学政治学系副主任 清华大学治理技术研究中心主任
萧功秦　上海师范大学人文学院历史学系教授
韩庆祥　中共中央党校副教育长兼科研部主任
焦国成　中国人民大学哲学院教授
蔡　拓　中国政法大学全球化与全球问题研究所所长 教授
熊　伟　武汉大学财税法研究中心主任 教授
樊和平　东南大学资深教授 教育部长江学者特聘教授
戴木才　清华大学马克思主义学院长聘教授

作者简介

陈先达，男，1930年生，当代马克思主义哲学家。现为中国人民大学荣誉一级教授、博士生导师，中国历史唯物主义研究会名誉会长，教育部社会科学委员会委员。曾任中国人民大学哲学系主任、中国人民大学校学术委员会主任、北京市哲学学会会长、第三届国务院学科评议组成员、全国哲学社会科学规划哲学组组长，1991年获政府特殊津贴。著有《走向历史的深处：马克思历史观研究》、《马克思和马克思主义》《被肢解的马克思》《问题中的哲学》《处在夹缝中的哲学》《哲学与文化》等，著作及论文曾获"五个一工程"奖、教育部优秀著作奖、北京市哲学社会科学特等奖、吴玉章著作奖等。2015年出版《陈先达文集》14卷，2016年获第五届吴玉章人文社会科学终身成就奖。近年来，出版《伟大的马克思》《马克思主义和中国传统文化》《马克思主义十五讲》《历史唯物主义与中国道路》《新时代马克思主义必修课》《一位"85"后的马克思主义观》等。

目 录

自 序 1

卷一 世界之思 5
1. 世界与世界观 7
2. 世界观与人生观 9
3. 唯物主义和唯心主义 10
4. 再谈唯物主义与唯心主义 14
5. 为什么会有唯心主义哲学 16
6. 世界存在于哪里? 20
7. 心外无物和心外无理 21
8. 客观性与主观性 22
9. 硬心肠和软心肠 22
10. 形而上与形而下 24
11. 联系与信息 27
12. 规律性与因果性 27
13. 认识的主体性与客体性 30

14. 事物矛盾与逻辑矛盾 31
15. 本质与功能 33
16. 事实与价值 34
17. 事实与哲学 38
18. 是什么，为什么 39
19. 哲学是历史性存在 41
20. 马克思主义哲学是哲学中的变革 45
21. 时代精神的精华 50
22. 哲学与答案 51
23. 对象化意识与自我意识 57

卷二 历史之思 59

1. 历史观为什么重要？ 61
2. 历史和历史观 62
3. 历史观与历史 63
4. 镜子与影子 65
5. 镜鉴的价值 66
6. 历史与人 67
7. 再谈历史与人 69
8. 历史研究与文学描绘 71
9. 历史的前台和后台 72
10. 历史的意义 76
11. 历史事实和历史意义 79
12. 历史学与历史哲学 83
13. 历史哲学 90
14. 历史和历史规律 91
15. 历史教训和历史规律 93

16. 历史细节与历史情节 ... 97
17. 历史决定论的误读 ... 100
18. 历史的目的 ... 102
19. 历史存在于哪里 ... 102
20. 历史和历史的书写 ... 104
21. 再谈历史和历史书写 ... 108
22. 历史与研究历史 ... 109
23. 历史研究中的诠释 ... 109
24. 历史研究和研究者 ... 110
25. 历史事实与历史史实 ... 111
26. 历史与语言 ... 114
27. 历史事实 ... 115
28. 历史学科中的历史学家 ... 117
29. 历史学是科学还是艺术? ... 118
30. 历史学有预见作用吗? ... 119
31. 历史与现实 ... 120
32. 再谈历史与现实 ... 123
33. 为什么不能超越历史来创造历史 ... 125
34. 中国史官制度与历史顾问委员会 ... 126
35. 传统与认识 ... 128
36. 旧东西与新东西 ... 130
37. 对历史人物的道德评价 ... 131
38. 历史偶然性 ... 133
39. 历史与眼界 ... 133
40. 不能忘记历史 ... 134

卷三　社会之思 137

1. 社会的可理解性 139
2. 经济的最终决定作用 141
3. 生产方式与科学技术 141
4. 不能只讲生产力 146
5. 中国必须始终坚持共产党的领导 147
6. 劳动观点的重要 152
7. 实践与实践对象 157
8. 路是自己走出来的 158
9. 改良与革命 158
10. 国民党中为什么有投降派 159
11. 战争与政治制度 160
12. 社会的分裂 160
13. 规章制度的产生 163
14. 社会进步应该包括道德进步 163
15. 不存在抽象的公平正义 165
16. 不能用道德衡量财富 166
17. 不能以人性善恶作为制定道德与法的依据 166
18. 对中国道德的不同评价 170
19. 马克思主义不是唯成分论 170
20. 历史评价中的学者与人民 173
21. 罗素的误读 174
22. 社会和思想 175
23. 民族精神的主体 176

卷四　文化之思 179

1. 文化问题 181

2. 文化发展规律	182
3. 文化融合是文化发展的规律	186
4. 民族性格与文化	189
5. 文化的时代性	192
6. 中国文化的本质是中华文化	194
7. 中国传统文明不可能结束	195
8. 文化复兴与文化复古	195
9. 百家之中何以儒家独尊	196
10. 关于"道"	197
11. 传统的继承	198
12. 天人合一	198
13. 中国哲学与西方哲学	199
14. 西方人和西方价值观	200
15. 马克思主义的整体性	201
16. 马克思主义中国化	201
17. 价值观	203
18. 文化与日常生活	204
19. 镜鉴与自鉴	205
20. 思想改变的难度	205
21. 论洗脑与启蒙	207
22. 信仰	208
23. 哲学与人文社会科学的作用	209
24. 伟大	210
25. 风格	210
26. 人心不古	211
27. 皮之不存，毛将焉附	214

卷五　智慧之思 219

1. 人是会思想的芦苇 221
2. 哲学是普惠的智慧 225
3. 智慧是相通的 228
4. 再谈智慧相通 230
5. 智慧存在于生活中 231
6. 什么是哲学 232
7. 哲学的方式 238
8. 哲学与闲暇和惊奇 239
9. 哲学的味道 240
10. 哲学中的主体和客体 241
11. 哲学的重要性 242
12. 哲学的功能 243
13. 思想的本质 244
14. 哲学家与哲学搬运工 246
15. 哲学与哲学史 246
16. 专门知识与哲学 247
17. 智慧与真理 249
18. 道与理 250
19. 真理和探索真理的道路 251
20. 理论与实践 252
21. 真理不能有逻辑矛盾 253
22. 旗帜鲜明 255
23. 矛盾论与实践论 256
24. 实践经验的不可替代性 257
25. 言近旨远 258
26. 无用与有用 259

27. 两种认识论研究方法 260

28. 论问题 261

29. 要注重悟 263

30. 见解 264

31. 想象力 268

32. 不要害怕辩证法 269

33. 辩证的否定 270

34. 偶然性 271

35. 解释与文本 272

36. 概念化与概念思维 272

37. 直接知识与间接知识 273

38. 熟知与真知 273

39. 偶然性 274

40. 见微知著 275

41. 两种角度 275

42. 底线思维 276

43. 因果与迷信 276

卷六　人生之思 277

1. 人：哲学中最大的难题 279

2. 人性 281

3. 人心与人性 284

4. 人与天使 286

5. 人性中的善与恶 286

6. 人与动物 286

7. 生命的意义 287

8. 认识自己和认识他人 287

9. 人的超越性 289
10. 精神的超越性 290
11. 立功与立言 291
12. 生命与信仰 292
13. 天地人 292
14. 人与神 294
15. 人是社会存在物 295
16. 人的社会性与个体性 297
17. 我与我们不可分 302
18. 人的个体性与关系 304
19. 自由与责任 305
20. 论自由 306
21. 幸福 308
22. 内在幸福与外在幸福 309
23. 人是文化的凝结 311
24. 唯物主义与信仰 312
25. 信仰和理想 313
26. 活在当下 314
27. 命运 314
28. 选择与后果 315
29. 习惯决定命运 317
30. 习惯和理想 321
31. 生与死 322
32. 上帝与人性 324
33. 学术自由与独立人格 324
34. 怎样看待死亡 326
35. 积极辩证法与消极辩证法 327

36. 人生断想..327

余论　谈谈我的治学方法..330
后　记...333

自　序

　　人在不同年龄阶段会有不同的体验。老人体验到的问题，是年轻人难以理解的。我读过《康德书信选》，甚感人到老年会有一种青年人无法体会的难以诉说的无奈。他在1798年9月21日给朋友的一封信中说："我的身体还算得上健康，但动起脑子来却像是一个残疾人。在一切涉及到哲学整体（无论是在目的方面，还是在方法方面）的事情上，我再也不能有所进展，永远看不到它们的完成了。"[①]康德晚年在信中常常诉苦，说时光不再，精力衰退。伟大哲人尚且如此，何况我等凡人呢。

　　尤其是老年多病，到了在坟墓边徘徊的时期，更容易伤感。我很佩服日本的哲学家中江兆民，在患喉癌被宣布只能活半年时仍然写了《一年有半》。书中只偶尔提到自己的病，主要是谈政治，评论日本人物。到期未死，又接着写了《续一年有半》，其中谈哲学，谈唯物主义，谈无神论，批判唯心主义和有神论。中江并没有因为临近死亡而相信来世和天堂。照我们现在的哲学水平来说，中江的这本哲学书当然算不上什么杰作，但他那种面对死亡仍然静心写作的精神值得我们敬仰。将军解甲不谈兵，人到死时尽信佛。相比之下，中江的精神值得赞扬。死，是对人的信仰和世界观人生观最具实践性的验证。

　　我已高寿，完全可以彻底休息，何况我于2019年3月退休。我完全可以习惯退休后的生活，因为我本来就不是个爱热闹的人。但我很难停止思考。我写过一些文章，出过一些书，我并不满意。这不是矫

---

① 《康德书信选》，李秋零译，中华工商联合出版社2018年版，第348页。

情，而是因为我知道其中并没有我自己的思想。夸张点说，我们大多数作者都是"小偷"，是盗窃别人的思想。我们的文章只能说是读后感，是对前人或经典思想的反嚼。真正的思想是原创性的，应该是言前人之未言。这种文章我一篇也没有。

我经常提醒自己：我是属于书生式的知识分子。除了读过几本书外，对社会了解太少，也无实践经验。这对于马克思主义理论工作者来说是个致命伤。对人类历史无知，却大谈人类历史发展规律；从未跨出过国门一步而又大谈全球化问题；从未担任过任何一个实际职务，甚至连小组长都未荣任过，却大谈如何治国理政；对社会实际问题，对社会两极分化的实际状况毫无认识，却只是从应然和实然的抽象概念出发去争论什么是公平正义。纸上谈兵的赵括总算读过不少兵书，而我们比起赵括还逊一筹。我们写自己不懂的东西，以为文章无非是写出来的，实则不然。脑子里空空，文章必然是空空。以空对空，必然是空洞无物。从血管里流淌出的是血，从水管里流出的是水。写文章并不容易。文章乃经国之大事，一篇好文章可以振聋发聩，起生命于白骨。这不是写作技巧问题，而是真正把握了时代脉搏，切中腠理。马克思说过，真理是不能谦逊的，不能瞻前顾后。写文章也要有胆有识、有文采、有风格，这实在不易，但基础是实践经验。没有实践经验，一切都无从谈起。

人的一生，年年有出生日，寿数就是生日数。生日如何过，也是人生遭遇的一部分。就我自己而言，外出上学工作从来没有想到过生日。对我来说，生日只是个平常日子而已。不过，我也有过隆重庆贺生日的时刻。那是我十五岁生日，我家为我举行了一次特别的生日仪式，请和尚道士为我打了一堂生日还愿醮，让上天保佑我平平安安，一连弄了三天。父母确实是诚心诚意为儿子求上天保佑，不知上天听懂了这些人间的花言巧语没有。

我也有以特殊方式过生日的时候。第一次，在1969年12月30

日，是在去江西干校的火车上过的，我根本没有意识到这天是我的生日。革命年代，谁还会想到生日不生日呢。火车到刘家站，我们下车。开始，我们有些人集体住在一个破烂的戏台上。后来陆续来人，开始分连，我分属五连，属于种菜班，由出版社、幼儿园等单位组成。一住就是三年，生日早丢到爪哇国去了。

第二次，1977年12月29日，是在体育馆批判梁效写作组的万人大会上过的。虽非正日，只差一天。在批斗会过生日，值得记一下。我一生还从没有过这种生日。我们这群人，大概二十多个吧，排队，低头，鱼贯而入，接受批判。谁发言，说了些什么，我一点也没有记住，有点麻木不仁。心不在焉，视之不见，听之不闻，确实如此。改革开放以后交上好运，生日过得比较好。儿女们祝贺不必说，八十岁时学生也来祝寿，热热闹闹。杨耕大力支援，博士生热情筹备。八十岁生日，学院举办，纪校长出席讲话，袁贵仁以部长名义发来贺信。还来了不少同行学者，煞是热闹。

九十岁的生日，悄无声息。因为疫情的原因，一切都停摆了。之所以记下这笔，是因为它反映的不仅是我个人的遭遇，也是我们社会发展的实际。我的生日小事一桩，但它却是我此生经历中值得记录的，因为在去干校火车上和在被批斗中过生日，与学生祝寿、喜气洋洋中过生日终究不一样。

天气可以变化，人的命运也不是一次就能定论。三起三落，在历史上是屡见不鲜的。伟人如此，普通人也可能有大灾小难坎坷不平的际遇。没有自己的亲身体验，不能体会到过生日这种纯属个人生活小事，也可以反映时代的变化。这可能是我此生最后一本书，伸出这个小小无关紧要的分岔，作为结语，以作此生的总结。

卷一

世界之思

1. 世界与世界观

我们要区分世界和世界观。我们面对的是同一个世界，可我们的世界观是各不相同的。在不同世界观的观照下，不同的个体心中会出现不同的世界，但不能由此便说，世界是主观的，是依赖主体的。叔本华说，"我们所处的世界是怎样的，主要在于我们以什么方式来看待它，所以不同的人得出不同的世界。有人认为它荒芜、枯燥和肤浅，有人觉得它丰富、有趣而充满意义"[①]。叔本华的说法只对了一半，只适用于我们主观上对世界的看法，如果把这一半片面化，就会导致否定客观世界。

反映在人头脑中的世界是人的思想中的世界，而人脑外的世界并不决定于人的思想。人的感知有知、情、意。就"知"来说，即就人类对外界的认识来说，世界的存在不依赖主体，也没有只属于一个人的世界和客观规律。有世界的客观性和规律的共同性，才可能有科学，才可能有共同的社会活动，才可能有交往，才能相互理解和合作。如果真的一人一世界，那各人封闭在自己的世界中，就不存在社会了，也不存在人的交往。我们想想看，我们的实际生活是这样的吗？

"情"属于主体的感受。对同样的事实，可以有不同的感受。同样是看花，同样是在同一个公园里游园，感受可以不同。几百人围绕同样的樱花，内心对樱花的美的感受是不同的。这种不同不决定于客观的樱花，而取决于主体对樱花的欣赏水平，取决于各人的文化素质或各人对颜色的偏爱。可人们共同面对的是人脑外的客观的樱花，而不是面对只属于自己思想中的樱花。头脑中的樱花是对客观樱花的反映。因为人的反映是能动的，因而面对客观樱花，在主体中可以形成不同

[①] 〔德〕叔本华：《人生智慧录》，胡百华译，山东画报出版社2016年版，第4页。

的关于樱花的形象。如果不面对樱花，就不可能有主体中关于樱花的不同形象。头脑中的观念不是复印，而是能动的观念再加工。

"意"也是主体才具有的。有的人意志刚强，有的人意志软弱。例如，同样面对暴风雨，有的人产生一种恐惧感，有的人反而激发出勇气，像高尔基的《海燕》中歌颂的海燕。就意志而言，人面对客观环境中的艰难险阻表现出来的意志可以完全不同。困难可以磨炼人，也可以磨倒人。

主客体关系的内涵是复杂的。因为主客体关系不仅是认知关系，而且包括情感和意志的投入。就科学认知来说，世界是同一的客观世界，就情与意，即主体的评价的价值世界来说，面对同一世界可以有不同的态度和评价。因此，在探讨世界观时，不能忘记审美，不能忘记主体的体悟。它会影响人们对世界的判断。就客观世界来说，境由心造，或境随心转，肯定是不对的。但从人们对待客观世界的态度和评价来说，确实是一人一世界、一花一世界。这个矛盾的实质是关于世界的客观性问题。自古以来，争论不休，至今依然。唯一的方法是付诸实践。在实践中证明世界的客观性，证明主体认识的真理性力量。如果我们在主体之间打转转，撇开实践这个联结主客体的唯一通道，就只能是永无结论的烦琐和思辨争论，正如庄子与惠施濠上观鱼之争，可以不断反复互诘。

有人或许会说，何必死扭住这个世界客观性不放呢？承认各人有各人的世界有什么不好？不行。如果放弃这个根本性问题，还有什么主观与客观，还有什么客观规律，还有什么是非对错，还有什么必要为美好世界而奋斗呢？如果一切存在都是虚幻的，唯一存在的就是自我感觉，那我们这些活生生的人生活在哪里？是生活在地球上，真实的地球上，还是生活在太虚幻境？你们说说看！马克思在《1844年经济学哲学手稿》中把人称之为"现实的、有形体的，站在稳固的地球上呼吸着一切自然力的人"，而不是把人看成是自我意识！只有世界是客观世界才可能有人的立足之地，才可能有对象化活动，才可能有物质和精神产品的创造。人的实践活动不是打太极拳，玩空手道，而是实实在在的面对客观世界的物质性活动。无论是实践对象，是中介工具，还是自我，都是物质性存在。

2. 世界观与人生观

人生观和世界观不可分。人类出现后的世界，是包括人在内的世界。对人而言，人是世界中的一部分，而非世界是人的一部分。不管人类中心论、自我中心论，或者什么中心论，都无法改变一个事实：人生活的客观世界是宇宙的一个小小的角落，而人又是这个小角落中的一个名为"人"的物种。人必须服从自然规律，而自然可以不服从人的意志。它用天灾、瘟疫来表示对人类不服从自然规律的愤怒。人法地，地法天，天法道，道法自然。而人无法指挥自然应该如何如何。人要自然如何如何，首先必须知道自然自身规律如何如何。要改造自然，先得服从自然。自然不必理解人的要求，而人必须理解自然的要求。这是马克思强调自然对人的优先地位的原因。

人如何看待世界，必然决定他如何看待人生。如果把世界看成空无世界，存在就是虚无，就必然会把人生看成过眼烟云。唯心主义世界观，在人生观上往往是消极的，因为在一个虚无的非现实世界基础上不可能承载一个积极乐观向上的人生观。

同样，历史观也决定人生观。历史是过去的存在，曾经的存在，而不是历史学家笔下的存在。虽然历史上的是非成败转头空，只剩青山依旧在，几度夕阳红，但历史上人的活动的成果已经以传统的方式凝结并影响后人的存在。这是实实在在的。各国的道路、文化、制度的差异就存在于历史中。如果历史没有客观性，没有规律，逆天而行与顺潮流而行没有区别，谁还会在乎历史的评价呢！不相信历史客观性，不相信历史有规律的人，必然相信只要眼前幸福管它死后洪水滔天。一个没有历史感的民族永远不会对自己的行为有负罪感，一个没有历史感的政治家也不会有责任感和耻辱感，因为他不相信历史是实然且后人对历史的记载和记忆会长期存在是必然。对历史做出过贡献的人为后人永远纪念，而对人民有罪的人会被永世钉在历史的耻辱柱上。

3. 唯物主义和唯心主义

这两个名称，很为一些学者所不赞同，认为译名不准。唯物主义应译为物质主义，唯心主义应译为理想主义。如果这种说法能成立，那整个哲学观就要发生根本性变化了。

在我看来，这可不是译名和用语的问题。将唯物主义者理解为重视物质享受，把唯心主义者理解为追求崇高理想和信仰并为真理献身，把唯物主义贬入地下，让唯心主义升入高天，这是一种庸人之见。恩格斯指出："庸人把唯物主义理解为贪吃、酗酒、娱目、肉欲、虚荣、爱财、吝啬、贪婪、牟利、投机，简言之，即他本人暗中迷恋着的一切龌龊行为；而把唯心主义理解为对美德、普遍人类的爱的信仰，总之对'美好世界'的信仰。"[①]

其实，就贪婪、牟利、投机等等而言，唯物主义者可以这样，唯心主义者也可以这样。就理想信仰而言，唯心主义者可以有，唯物主义者同样也可以有。恩格斯说，这"同唯物主义和唯心主义的对立绝不相干"。这属于人生理想和道德品质问题。而唯物主义和唯心主义的区别是以对哲学基本问题的不同回答为划分标准的世界观问题，与道德高下无关。

---

① 《马克思恩格斯选集》第4卷，人民出版社2012年版，第239页。

恩格斯提出哲学基本问题，是为了划分哲学唯物主义和唯心主义，而不是对它们的贡献作价值评价。如何评价唯物主义与唯心主义，恩格斯另有标准。恩格斯曾经猛烈地批判庸俗唯物主义、机械唯物主义，而赞扬黑格尔唯心主义中包含的哲学智慧。可见，评价哲学思想的标准，是其对人类智慧的独特贡献，而不是单纯以是否属于唯物主义或唯心主义为依据。因此，全面把握恩格斯关于哲学基本问题的论述，应该区分哲学体系性质的划分和哲学思想内涵的价值评价，不能将它们混为一谈。列宁关于"聪明的唯心主义"和"愚蠢的唯物主义"的提法，可以作为我们治疗哲学脸谱化、简单化的良药。

多年来，我们错误地解读恩格斯关于哲学基本问题的观点的实质，甚至导致陷入唯物主义等于进步、唯心主义等于反动的泥潭之中，从而无法理解人类哲学史的本质。翻开哲学史，无论是西方哲学史还是中国思想史，我们会发现处于重要思想地位的哲学家，不少是我们称之为唯心主义的思想家。如果从哲学史中剔除他们的名字，人类哲学思想发展史就大为失色。唯物主义和唯心主义各自关注的重点，就人类思想来说，都有其存在的特殊价值。它们贡献的方面各不相同，它们中包含的哲学智慧都是人类所需要的。哲学智慧不会为哲学体系的唯物主义或唯心主义不同性质所湮没。

我们当然不能因此混淆唯物主义和唯心主义的哲学界限，否定它们的区别，而是要针对不同的问题，确定它们的不同功能。从对存在和思维哪个是第一性问题上说，从人心的不同往往来源于各自处境不同、生长环境不同来说，唯物主义道理是正确的。可要实际理解人的内心世界的复杂性，解决主观能动性问题，仅靠这个原则又是不够的。必须分析人的精神世界何以如此复杂，人的主观能动性何以如此重要，为什么面对同样的现实不同的人会有不同的评价和心理感受，为此，就必须以思想和精神为对象，进行专门研究。把精神世界作为专门研究对象，研究它的特点和功能，是极其必要的，否则哲学是残缺不全的，而残缺不全的片面思想不能称为智慧。

在有关世界的本质问题上，在从物到思想还是从思想到物的不同路线问题上，我们坚持的是唯物主义。至于对不同唯物主义者和唯心主义者在哲学史上的地位、他们各自的贡献如何评价则是另一回事。哲学家个人对哲学智慧的贡献，无论他是唯物主义者还是唯心主义者，都要作具体分析，不能简单地以唯物主义和唯心主义画线。凡是唯心主义一概否定，凡是唯物主义一概正确，把丰富的人类哲学智慧消解在两大阵营的抽象对立中，这就遮蔽了人类哲学发展的本质。

现实的人是有生命的个体而不是抽象的存在。现实的人是物质和精神的统一体。"夫形者生之舍也，气者生之充也，神者生之制也，一失位则二者伤矣。"[①]"此三者，不可不慎守也。"[②]一个有生命的现实的人必然是物质和精神的统一体，有形体、有精神并且形体和精神能相互贯通。气血不通，人的身体功能全部停止运作，则精神就会不再存在了，这就是死亡。只有肉体而无精神，不是现实的人，连高等动物都有心理活动；只有物质世界而无精神世界，不是人类的世界而是无人的世界。只要是人的世界，必然有精神现象。当这个精神属于活动着的个人时，它表现个人的活动着的精神和思想、现实的心理和思维，当它表现为社会结构组成部分时，它是由一个民族的集体意识在特定时期凝结的文化和上层建筑中的观念形态。

只要物质而不要精神，不行；反之，只要精神而不要物质，同样不行。恩格斯在《自然辩证法》中曾经批判过精神和物质、人和自然、灵魂和肉体之间的绝对对立的荒谬的、反自然的观点。无论中外，离开肉体的灵魂不死观是宗教观点。恩格斯批评黑格尔的无主体的绝对观念的自我运动的原因也正在于此。

[①] 《淮南子·原道训》。
[②] 《淮南子·原道训》。

我们要分清在什么意义上赞同唯物主义者，在什么意义上批判唯物主义者；在什么意义上赞扬唯心主义者，在什么意义上批判唯心主义者。马克思主义属于新唯物主义，所谓新唯物主义不是唯物主义与唯心主义之间的调和，不是唯物主义加上唯心主义就可以构成马克思主义哲学。恩格斯在致伯恩斯坦的信中指出，"说什么唯物主义同唯心主义一样，二者都有片面性，应当结合为一个更高的统一体，这种说法是陈词滥调"[①]。他还在《反杜林论》中写道，"现代唯物主义，否定的否定，不是单纯地恢复旧唯物主义，而是把2000年来哲学和自然科学发展的全部思想内容以及这2000年的历史本身的全部思想内容加到旧唯物主义的持久性的基础上"[②]。因此，马克思主义的唯物主义新就新在它是辩证的、实践的、历史的，反对半截子的唯物主义和思辨唯心主义。它不是唯物主义和唯心主义两者合而为一，而是在实践基础上把物质和精神贯通起来，但它的本质仍然是唯物主义，属于唯物主义发展的高级阶段，而不是唯物主义唯心主义之外的一种新哲学。

唯心主义与唯物主义两种哲学不能折中，不能相加，因为它们的根本原则不同，立足点根本不同，因此才有唯物主义和唯心主义的区别。马克思主义属于唯物主义，是现代唯物主义。它是沿着唯物主义方向前进的，而不是沿着唯心主义方向前进的。但是它不拒绝全部以往哲学，包括唯心主义哲学的积极成果。这个问题，我们要通过哲学史对具体哲学家作具体分析，不是简单依靠改变唯物主义和唯心主义的名称就能说清楚的。相反，改变名称，把唯物主义称为物质主义，把唯心主义称为理想主义或观念主义，可能会制造更大的混乱，模糊哲学发展史的真实历程。

---

① 《马克思恩格斯选集》第4卷，人民出版社2012年版，第569页。
② 《马克思恩格斯选集》第3卷，人民出版社2012年版，第517页。

4. 再谈唯物主义与唯心主义

唯物主义与唯心主义区别何在？任何一个人，如果要想在实践中、在生活中获得成功，不管自觉或自发都必须坚持唯物主义。为什么敌对双方都有间谍活动，都要搞情报？为了了解情况。知己知彼，百战不殆，这就是唯物主义。小偷得先碰碰口袋或背包，绑架往往得先踩点。这听起来是笑话，可确是真实的生活经验，我当然不是鼓励如何当小偷，我是说这个理。

在实践中、在实际生活中，人们都是自觉或不自觉地按唯物主义活动的，否则寸步难行。既然这样，为什么还有唯心主义呢？唯心主义是哲学而不是生活实际。实际生活中人人都是唯物主义，连唯心主义哲学家也是唯物主义者，因为他们要生存就不能按唯心主义的方式生活，如果在实际生活中也按"存在就是被感知"来办，一切都依存人的主体，这个人只能进疯人院。

不过这种生活中的朴素唯物主义只是生活经验，而不是有理论论证的哲学体系。唯心主义在实际生活中寸步难行，可在思维中最为活跃，最难驳倒。因此唯物主义与唯心主义作为哲学是两种各有自己理论论证的哲学学说。

唯心主义为什么几千年来仍然存在，而且体系不断翻新？为什么实际生活和实践中的唯物主义难以驱逐哲学唯心主义呢？为什么唯心主义不会断子绝孙，毛泽东说一万年后仍然有唯心主义呢？关键在于我们面对的世界是人的世界。人是有思想有意志的存在物。任何外物无非是两类，一是不为人所掌握，另一是为人所掌握。不为人所掌握的，你没证据说明它存在，为你掌握的东西一定要通过你的思想和意识，变为你的观念才真正成为你的。因此当客观的东西变为观念存在，成为人头脑中的存在时，往往就会被主体化。

主体和主体的思想、意志往往成为唯心主义的用武之地。叔本华说世界是我的意志,笛卡尔说我思故我存在,海德格尔说人是外物的窗口、只有人才是存在中的最真实的存在等等,都必须以人是主体为依据。所有的唯心主义都离不开我,而所有的我都有思想和意志。因而思想和意志成为人的主宰,也成为世界的主宰。这就是通向唯心主义之路。而唯物主义要得到证明必须通过实践,而实践就是一种有思想有意志的活动,就是主体的活动,就是人的活动。这就等于说,唯物主义要得到证明还要借助于主体。这就是一个理论上的坎。

唯心主义是无法用逻辑驳倒的。因为人是主体,世界上的一切存在都必须通过人的意识才能被意识到是客观事实,是无法改变的。驳倒唯心主义最有效的方法就是实践,而不是逻辑推论。凡是不承认客观现实的对象性存在,只承认自我的人,饿他三天,饿他五天,就可让他知道食物究竟是物质的还是观念的。生活是最唯物主义的,生活、实践是驳倒唯心主义的最有力的武器。只是停在思辨范围内,唯心主义是驳不倒的。相反纯思辨是唯心主义最好的藏身之地。

马克思说过,我是问什么是真理,不是问什么被看成真理。真理就是真理,它是客观的,任何权威,任何法律都不能规定什么是真理,只能规定什么是合法什么是非法。100多年前,美国印第安纳州的议会要通过一个法律规定圆周率等于3.2而不能是3.1415……,遭到数学家的驳斥,沦为笑话。

马克思讲两种尺度,一个是对象的尺度,一个是美的尺度,后者实际上就是人的内在尺度。可是人的内在尺度的客观基础应该是对象尺度,即人的任何内在尺度都不能违背对象的规律,而是对象尺度内化的结果。《庄子》中有一段话很有启发性:"天地有大美而不言,四时有明法而不议,万物有成理而不说。圣人者,原天地之美而达万物之理,是故至人无为,大圣不作,观于天地之谓也。"

5. 为什么会有唯心主义哲学

在哲学领域中，我们一直面对一个似乎很简单的问题：为什么会有唯心主义哲学？我们每个人包括唯心主义哲学家在内，都是按唯物主义方式生活的。我们只能生活在现实的自然界和社会中，而不是生活在非客观的自己幻想的世界中；我们都是父母的孩子，而父母并不是我们的观念复合；我们吃的是真正的苹果而不只是红色的有甜味的感觉，咬手指头是吃不出苹果味道的。诸如此类，不胜枚举。可以说，现实的每一步都在证实唯物主义，证实人按其本性来说是天生的唯物主义者。面对墙壁要想穿越而不碰壁，只能当头破血流的崂山道士。如果有一天科学技术发展到可以实现崂山道士的梦呓，那是科学技术的力量，而非什么法术。

而在哲学中，确有唯心主义哲学家，而且他们往往说得头头是道。这样我们似乎就面对一个荒唐的现实：实际生活中按唯物主义方式生活的人可以是唯心主义哲学的创造者和信仰者，而哲学上的唯心主义者却不能不按唯物主义方式生活。他们按唯物主义方式生活，却要按唯心主义方式思考。在实际生活中，我们都是唯物主义者，连唯心主义者也是唯物主义者。他们不可能依靠观念为生，更不能拔着自己的头发离开地球。而要脱离开地球，只能是乘坐飞机飞船，而飞机飞船是彻头彻尾的唯物主义。唯心主义哲学家同样是现实的人，他们的思想、观念、理论，只有从他们活在其中的时代和社会现实才能得到解释。唯物主义往往是实践的，而唯心主义往往是纯思辨的。

世界上为什么会有唯心主义思想家，而且在哲学史上地位还非常显赫？因为除了物质世界外，人还要面对一个精神世界、思想世界。人对外在世界的把握，必须变为人的内在观念。人对没有进入人的思想和观念，处在认识范围之外的东西是无可言说的。对人来说，一切存在只有成为人的思想对象才能为人所理解。恩格斯告诉我们："决不能避免这种情况：推动人去从事活动的一切，都要通过人的大脑，甚至吃喝也是由于通过头脑感觉到饥渴而开始的，并且同样由于通过头脑感觉到饱足而停止。外部世界对人的影响表现在人的头脑中，反映在人的头脑中，成为感觉、思想、动机、意识，总之，成为'理想的意图'，并且以这种形态变成'理想的力量'。"[①]这样我们就陷入一个怪圈，要认识客观必须把它变为主观，把外在的存在变为人心内的存在，贝克莱的"存在就是被感知"，马赫的"物是观念的复合"，佛教的"一人一世界"，王阳明的南镇观花，之所以能为人们所接受，原因正在于此。这大概也是海德格尔说的一切存在最重要的是人的存在，一切存在只有通过人这个"窗口"才能成为存在的观点得以流行的原因。海德格尔的话并不全错，可与恩格斯相比他只说了半截，只说人是窗口，可没有说有什么东西进入这个窗口。如果没有外界的客观存在物，人的思想能成为外物进入的窗口吗？没有客观存在，人是什么也不能把握的。南镇山上无花，就无花可观。因为没有可观的对象，就没有关于对象的观念。即使把握空气，也得有空气存在。进入人的窗口的客体，它的表现具有主体性的存在，但它是否真实应该看其是否与对象具有同一性，而是否达到与对象同一的标准，是人的实践，而不是观念本身。

没有客观，没有存在，哪有客观存在物被感知呢？你能从水中感知月亮，不是因为天上有月亮吗？人们常说"月印万川"，天上只有一轮明月，水中可以处处见月，但天上只有一轮月难道不是事实吗，能说有多少河海湖泊就有多少月亮吗？人的内心中对世界的看法可以不同，难道我们不是生活在同一个世界、同一个地球吗？如果山中没有花，王阳明在山中能看到花吗？说"我来了，花在我心头浮现，我走了，花在心头寂灭"，说得通。可另一半呢，你不来，有花无花，

[①] 《马克思恩格斯选集》第4卷，人民出版社2012年版，第238页。

你走了，有花无花，能避而不谈吗？唐人苏颋《将赴益州题小园壁》云："岁穷将益老，春至却辞家。可惜东园树，无人也开花。"岑参的《山房春事》诗中也有"庭树不知人去尽，春来还发旧时花"。

只讲一半不算彻底的哲学家。正如庸俗唯物主义难以彻底一样，唯心主义也难以彻底。因为彻底的唯心主义埋葬的不仅是客观世界，连自我也一并埋葬了，因为自我就是物质与精神的统一体，没有肉体只有灵魂的自我是不存在的。

我们在研究人和人的思想时有两条不同的进路：人的一切言行的确都受思想支配；客观世界要进入人的头脑，要成为被认识的对象也必须有入口，首先是五官，眼耳鼻舌身，由感官产生的知觉已进入主体范围，然后上升为思想、意识。光凭感官是不能认识世界的，心不在焉，可以视而不见，听而不闻。心的作用实际上就是人的精神和意识的作用。离开人的精神、意识，即使面对世界仍然一无所知。这样，精神就会被认为是人的主宰，人的真君，人的灵魂。精神是决定一切的。

如果只是沿着"主体—精神"这个方向前进，必然是思想决定一切。所以要反驳和制止朝唯心主义方向滑下去，必须承认还有另一条思想进路，即有思想的人是处在生物进化链条中的高端，在人类出现之前世界早就存在了。人生活在世界中，而不是世界生活在人心之中。人类由于生存的需要，必须能正确认识自己周围的环境，认识什么是有利于自己生存的，什么是不利于自己生存的东西。这就是需要认识世界。

动物依靠本能，是本能性的生存；人不同，随着人的神经和思维器官即大脑的发育，人不仅能反映对象，而且能把反映储存下来，即有记忆。有记忆，就有知觉和感觉的储存，为思考提供材料，从而会产生思想、意识。人的思想是对感官获得的资料进行加工的结果。经过大脑加工的产品，就是人的思想和意识。可见，人的思想、意识，是主体和客体相互作用的产品，而不只是主体或只是客体的单一产物。

辩证唯物主义高明之处在于，它不是像两个半截子哲学那样陷于片面，旧唯物主义只抓住思想的来源，而唯心主义只抓住思想的去路，而是找到了把主体和客体联系在一起的纽带、通道，这就是人们的实践。人类实践既肯定了客观世界的优先地位，又充分肯定了主体对世界的能动作用。

大脑生理功能的变化可能几千年变化不会很大，可人的实践方式、实践范围、实践能力则可以发生巨大变化。人越来越聪明，并不是现在的孩子的大脑比爸爸妈妈、爷爷奶奶的脑子发达，而是见多识广。正是社会和家庭客观环境的变化使孩子越来越聪明。这是实践论原则而不是天才论原则。当然，人的大脑会有差别，这种差别不是生而知之的差别。再天才的爱因斯坦生在原始时代也成不了相对论创立者，而同样只是一个名叫爱因斯坦的原始人。

唯心主义在强调精神和观念作用方面有其特殊贡献，但作为一种思维方法，片面强调精神的作用而无视其客观原因终究是错误的。因为对作为"能思维的芦苇"的人来说，最困难的问题是思想究竟是从哪里来的。片面强调人的主观因素，脱离物质，脱离现实的人，脱离现实的人的感官和大脑，精神和观念就不可能产生，也无所依存。观念和精神客观化，从宗教来说就是神，从哲学来说，就是无主体的观念，如黑格尔的绝对观念。事实上，世界上并不存在无主体的绝对观念。正像恩格斯嘲笑的，绝对观念就是绝对说不出的观念。人仅凭观念连一根稻草都不能挪动，曾轰动一时的意念移物之类的气功，事后证明是魔术或者骗局。据说，已发现人的意念可以控制电脑，如果真是这样，那也是脑电波通过脑接口的作用，而不是意念的直接作用。没有物质中介的纯意念作用，是不可信的。电波可以传输，观念不可传输。观念的传输必须转化为物质能量，通过物质中介，才能传输。转化有起点、有通道、有接受器，而这三者都是物质的。

唯心主义最大的难题是它无法说明观念和精神究竟从哪里来，存在于何处。从天上掉下来近乎迷信，头脑中固有的天赋观念也没有任何实证科学和实验的支撑。因此，在唯心主义哲学体系中，观念和精神始终是悬在空中的，无法对自身存在的来源和宿主做出有说服力的说明，除非它转向神学和宗教，或者人的肉体与精神是互不相关的二元存在。转向神学和宗教，就是哲学理性向非理性投降。二元存在则是对现代医学和科学的嘲弄。

如果我们无视人是生活在客观世界中并受客观世界制约的现实的人，只知道人是主体，人有思想、有意识、有精神，但不知道这些思想由何而来，则这样的哲学，终究是不可能攀登哲学智慧高峰的。要正确解决这个问题，摆脱唯心主义的困境，必须坚持唯物主义方向，尤其是马克思主义的现代唯物主义学说。

由此可见，中国传统哲学中心性之学的弱点正在于此，它只能借助天理、人心、人性，来解释人的良知良能，解释四端四心。可这不是解释问题，而是推开问题，它不仅无法解释不同社会中的人何以人心如此不同，而且也无法解释同一社会中的人们为何如此不同。有的善良、有的残忍，有的充满爱心，有的满怀怨恨，有的舍命救人，有的落井下石。战争中侵略者何曾对被侵略者有半点良知良能呢！其实，当我们进入人心人性、进入道德和人的价值观领域，我们就不可避免地进入社会领域。不把人看作社会存在物，只把人看作生物学个体，只从人心人性、天理良心出发来思考人，必然陷入困境。如果认为宋明理学和心学中一切都是对的，把它作为心灵鸡汤，我认为是有害的，因为它引导人们脱离马克思主义哲学世界观。凡事不可太过，对中国传统文化的宣传如果一哄而上，不强调创造性转化和创新性发展，就有可能走向反面。

6. 世界存在于哪里？

按照唯心主义的说法，世界的存在问题总伴随着意识，如影之附身一般，认为世界唯有在主体的表象中才能存在。因此世界真正的主人就是人的意识。所有主观唯心主义都混淆了两个问题：外在的存在和我心中的存在。存在，只有首先在客观中存在，即外在的存在，才能被移置即被反映到心中存在。世界上有白菜，才有齐白石画中的白菜，有马，才有徐悲鸿画中的马。心中的存在不是真实的唯一的存在，而是被反映的存在。正如天上一轮明月，江河中有无数月亮。但水中的月亮是源自天上的月亮。天上没有月亮，水中就没有月亮。没有客观世界，就没有人心中的世界。

一个人可以有自己的世界，所谓"一人一世界"，但如果没有客观世界，"一人一世界"就不可能，如月照万川一样。人不可能在人的思想之外去思想世界，只有世界进入人的思想才知道它的存在，可当它一进入人的思想就成为人的思想的存在。认识论和存在论的矛盾只有通过实践论来解决。因此，思想之外是否还有一个客观世界，这在思想范围内永远无法解决。人的思想不能超出思想，只有行动才能证明。如果有人能从水中捞出月亮，也就可能从思想中捞出世界。

7. 心外无物和心外无理

心性之学，是儒家学说中关于心本体的形上学说，是德治的理论基础。陆王心学沿着先秦心学本体同一路线发展，所不同的是，陆王心学吸取禅宗《坛经》明心见性说，实现儒佛合流。否认世界客观性，强调心外无物，心外无理。所有唯心主义者都有这种看法，存在就是被感知。某物不被感知，你能知道它的存在吗？就算你知道它的存在，那么它能存在于你的思想之外吗？只有进入人思想里或感知内才能知道它的存在。这里有个逻辑跳跃。你知道它的存在，必须进入你心中，可它存在不存在，并不是因为存在于你心中。存在和你知道它存在是两回事。存在不存在属于本体论，知不知道存在属于认识论。事物只有经过反映才能存在于心中。可存在于心中并没有否定它是客观存在。而且必须先有客观存在，才能进入心中，而非进入心中才存在。正如照镜子，先有我的客观存在，才能有镜子里的我。所以存在既在心之外，又可以在心之中。一株花，你不来看时，在你之外，在山中自开自落，只是你不知道罢了；而当你来看时，它就存在于你心中，客观的花与你心中的花同时存在。但因为客观的花并不依赖你的心中的花，而你心中之所以有花却是因为客观上有花。这才叫物质第一性，意识第二性。这个道理是驳不倒的。

8. 客观性与主观性

事物大小，距离远近，是有客观性的，即两者相比，大就是大，小就是小，距离远就是远，距离近就是近。这是可以测量和计算的。可是对人而言，距离与大小的关系又具有主观性。泰山之容，巍巍然高，去之千里，视如土堆，远之故也。因此，当我坚持事物客观性时，必须把条件估计在内，没有绝对的大，绝对的小，绝对的远，绝对的近。当条件的变化导致观察结论的变化，这时就必须考虑客观条件变化如何对主体性产生影响。

9. 硬心肠和软心肠

有哲学家说，唯物主义是硬心肠，唯心主义是软心肠。所谓硬与软都是对生活的意义和价值说的。按照唯物主义思路，世界是物质的，没有意志、没有神灵；人是物质的，是生物体；人生百年，一死百了。无论是手握重权、叱咤风云的人物，还是小民百姓，最后都是个死。如果这样，人生有什么意义呢？活着无非是等死。这种观点，没有给人留下任何对生的留恋和生活的意义，心肠多硬呀！

唯心主义则是软心肠。其中最集中的表现就是宗教，它主张人有灵魂，有天堂，有彼岸世界。人不是一死百了，人还可以生活在另一个世界；还可以和早逝的亲人相会，也可以上天堂。因此，相信来世、相信灵魂，相信有天堂地狱的人，心是软的，不会做坏事，因为有报应。

马克思主义的唯物主义不同。它既反对机械唯物主义把人物化，否定人的精神世界的观点；也反对灵魂不死、彼岸世界、天堂地狱的观点。借助来世，借助彼岸世界来强化人生意义是不可靠的，是对穷人、被压迫者处境的自我安慰，因此马克思说，宗教是麻醉人民的鸦片，指的就是这个意思。

历史唯物主义从人本身来说明人生的意义和价值，不需要上帝，不需要灵魂不死。人是社会存在物，人生活在社会中，人以自己的创造和力量，造福于社会、造福于人类，就是人类最高的价值，也是人生的意义。

从生死角度看，人生而必死，这是一笔人对自然的欠账，总要还的。但死而不亡者寿，一个世世代代纪念的人，就是死而未死。因此，把人看成孤立个体，就看不到人生的意义。与任何人无关的人死去，那会有什么意义和价值呢？我们不需要天堂，不需要上帝，我们只需要人。在人与人的关系中，在人与社会的关系中，在个人的今生今世与后辈的未来世界的关系中，看待个人生命的意义和价值。如果一个人，始终摆脱不了一个死字，纠缠在死中而不能自拔，当然无法看到生命的意义和价值。只要放眼世界，看看当代世界的发展，看看当代中国，与原始社会相比较，与上个世纪相比较，甚至与前二十年相比较，世界的发展、中国社会的发展无不凝结着无数死去先人的创造。没有他们的死亡，就没有现在的我们的世界，同样没有我们的死亡，也就没有未来的世界。

我们面对的都是现实。如果我对现实只看到眼前的一点点东西，这种眼光是短浅的。一个有智慧的人，不仅面对现实，还能立足现实思考过去，这就是历史眼光。能立足现实，展望未来，这叫战略眼光。任何战略眼光都是面对未来，几十年，一百年，甚至更长。不思考长远，只顾眼前，就叫没有战略眼光。

总之，世界之所以会变得更美好，都是基于人的创造。这就是死亡的价值和意义。这就是小我与大我的区别。

10. 形而上与形而下

研究认识有两个层次，一个是形而上的层次，一个是形而下的层次。

从形而上层次说，有两个哲学问题：一个是人的认识从哪里来？另一个是认识有无可靠的标准？这属于哲学认识论问题。马克思主义是从主客体关系这个基本问题入手解决这个问题的。

什么是认识？认识是主体通过实践对客体的反映；什么是区分正确与错误的标准？实践。这样从哲学层面上解决认识问题有三个基本要素，主体、客体、实践。这个原则适用于人类全部认识。人类认识都是从无到有，因而没有先天认识。一个新生婴儿没有认识，其认识是在后天慢慢积累起来的。因此，婴儿不是带着观念出生的。天才，并非有先天的认识，而只是智商高。人的大脑作为思维工具当然会有区别，这种区别是思考能力的区别，正如加工厂是机器的区别，可没有原料再先进的机器也不能从无中生出有来。这是就哲学层面说的。

具体到人的实际认识就要复杂多了。任何人的认识都包括两个部分，直接认识和间接认识。就人类整体而言都是直接认识，可就个人而言，从出生后开始，就在不断接受间接认识，这就是学习。从幼稚园、小学，到中学、大学，读书、听课都是接受间接知识。间接知识的积累，就形成个人的前识。个人不是带着一个空白的头脑去认识世界的，而是带着间接形成的前识去认识世界。如果个人没有间接知识，全部都是直接知识，就不可能有人类的知识积累，也不可能出思想家、科学家。如果每代人都从零开始，人类就始终在原地踏步。

正因为人在进行认识时会受到间接知识形成的前识的影响，因此人的反映就不是抽象的主体反映客体，而是有着一定知识的主体反映客体的认识活动。就主体而言，主体对客体的反映是个复杂的过程。反映中包括选择，因为主体有前识，因而对世界的认识不可能都是一样的，不同的主体会根据自己的专业和知识着重于认识不同的方面；物理学家会注意世界运动的物理规律，化学家会关注化学变化和化学规律；而家庭主妇可能更关心柴米油盐。各式人等对世界的关注点是不同的，这样才会产生所谓"一人一世界"的说法，其实所谓"一人一世界"并非真的各有各的世界，只不过是各人有各人对世界的不同的关注点而已；再一个是理解，认识不是单纯反映，而是包括对反映内容的理解，理解其实就是解释，即对自己反映内容的解释。而且反映还包括情感，而情感会影响反映，正如人照镜子，很满意自己和很不满意自己，在头脑中的视觉形象是不一样的。反映中既然包括着选择、理解和解释，这都会影响到人对对象的反映结果。面对同一个世界，同一个问题，会有不同的认识，这就是认识中的立场、观点和方法。

人们不是闭着眼睛去认识世界的，而是睁着眼睛去认识世界，即站在一定立场，带着原有的知识去认识世界。先哲们总是教导我们要虚心，其实虚心就是大脑中不要塞满前识，甚至偏见，这样就不可能真正认识世界。虚心，就是要减少偏见、成见，这样才可能比较客观地认识世界。

要解决形而下的认识问题，还要回到形而上，回到哲学层面，回到主客体和实践关系的层面。人的认识为什么不同？因为主体的需要不同，或者说实践需要不同，物理学家需要关注世界的物理现象，正如化学家关心化学变化规律一样。一人一世界，各人选择观察世界的角度不一样，归根结底是人的实践需要不同。人是按照自己的实践需要进行选择的。木工进山选择树木，而石匠进山选择石头，画家关心的是自然界的鬼斧神工般的风景，而诗人则由此触发诗意的感受。

理解也是如此。为什么不同的人理解不一样？理解的不同来自哪里？来自先前的认识积累，来自接受的教育。一句话，来自先前的洗脑。理解本身就是一种认识。人的理解，受各自前识的影响，人用一种已经形成的认识再去认识，从而形成自己的认识。人不是只带着头脑去反映，如同在黑板上书写一样，而是用装满前识的头脑去认识，这个前识，哲学家称之为心。解释和理解一样，解释就是理解，人是按自己的理解进行解释的，没有不理解的解释。它是用一种认识去解释自己的认识。从根本上说，选择、理解、解释的本质都是先前间接认识的一种变形，就其根本来源说，都是源自实践。所以，从认识的本质来说，人的认识就是三项，主体、客体、实践。其他复杂的选择、理解、解释等等都是认识的变形，都离不开这个哲学最高概括。离开了主客体，就无法理解人的认识的来源。认识不可能来自认识，只能来自实践，任何来自认识的所谓认识本质上都是一种对原来认识的理解或解释，因此解释学不可能增加认识，只可能改变理解和解释。它的理解和解释是否正确，还有待实践证明。

人的认识包括直接认识和间接认识两个部分。人受教育越多，间接知识部分越多，而人参加实践的机会越多，直接知识越多。这就是为什么有的人读书很多，终无一用，而有的人，虽然读书不多，但知识很多的原因。人应该把间接知识和直接知识结合起来，这就是理论和实践的结合。古人说，纸上得来终觉浅，绝知此事要躬行。读万卷书，行万里路，讲的都是同一道理。

从来源说，直接经验比间接经验重要，因为没有直接经验，就没有间接经验；从知识积累和传承来说，间接经验比直接经验重要，没有间接经验，人类就不是集体而永远是独自认识的个体，永远从零开始。

11. 联系与信息

在认识中，信息非常重要。世界事物是相互联系的，并非孤立存在，可以从一种现象理解另一现象。我们看不见风，但能从树叶摇动中知道起风了，从自己脸上也会感到有风。这是经验，是生活经验的积累，而非天赋观念。古人说，月晕而风，础润而雨。这是经验积累。看到天上乌云密布知道快下雨，看到闪电知道要打雷。恩格斯说过，如果没有联系的观念，连最简单事物都无法认识。冷水变开水，必须与烧火连在一起，否则无法理解冷水何以会变成热水。这些生活经验上升到哲学层面就是联系的观念，世界是普遍联系的。只要我们坚持联系的观念，就能够从一个事物发现另一个事物的原因。什么是侦察破案？就是运用联系的观念，从一些蛛丝马迹中寻找罪犯。一根头发，一滴血，一个脚印，都可以破案。

12. 规律性与因果性

雷蒙·阿隆在《历史哲学导论》中说，"规律的概念和因果的概念本来是毫无共同之处的。后者用来指力量，指产生效果的创造能力。前者则指规则性，而其本身又受另外一种更高级力量的支配"[1]。这个说法，有对有不对。

因果关系有两种，一种是具体的因果关系，另一种是作为规律性的因果关系。具体因果关系不等于规律。某人失业，当然有他失业的具体原因，某人自杀有他自杀的具体原因。这种具体的因果关系因人而异，不能说，某人失业是必然的规律，某人自杀是必然的。因此具

---

[1] 〔法〕雷蒙·阿隆：《历史的规律》，载《历史的话语：现代西方历史哲学译文集》，广西师范大学出版社 2002 年版，第 88 页。

体因果关系是个别的，应该具体分析。不过，尽管具体个人失业的原因是具体的，但失业在私有制条件下是规律性现象，我们可以舍弃具体原因，发现失业现象是由劳动力市场的供求规律决定的。需求多于劳动力供给则就业多，反之失业多。这种规律中就包括因果关系。正如自杀一样，自杀的原因是千差万别的，各有各的原因，不能说某人自杀是必然的规律性的，但任何社会中存在自杀，则是规律性现象，而且可以找到其中总体性的因果关系，即自杀现象的存在不能是无缘无故的，而有其深刻的社会根源和生理性根源。社会根源就是社会公平问题、贫困问题、婚姻问题等等，而生理原因则是疾病，包括抑郁症或其他不治之症的绝望和痛苦。因此，就哲学层面说，规律性和因果性存在相关性；没有因果关系就没有规律性，规律性是一种必然的因果关系。具体因果关系除了具体原因包括偶然性以外，大量重复出现的现象中也包含规律性。一个国家大量发行货币是有原因的，但大量发行货币必然导致通货膨胀，物价飞涨，这是规律。这对于任何国家都是适用的。具体国家货币的发行各有原因，但大量发行货币的结果必然受规律支配。正如每个人死亡的原因、方式、地点各不相同，但人的死亡是必然的。所以，因果关系和规律既有区别又不可分。

用这种观点分析历史就是历史唯物主义。例如，每个王朝灭亡的原因和方式不同，应该具体分析；但任何王朝的灭亡都有共同原因，就是社会矛盾激化，民生凋敝，社会混乱，统治者无力再统治下去，而老百姓不愿再忍受而揭竿而起，或异族崛起取代腐朽政权。总之，失民心者失天下，得民心者得天下，是普遍规律。

民心，不是抽象的，不是唯心主义的，它就是社会现实矛盾激化程度的晴雨表。在对自然规律的研究中，人们尽量排除主观因素的干扰，而在社会历史领域中，人们越来越重视主观因素的作用。可以说，自然规律可以精确化，甚至数字化、公理化，而社会历史规律则由于主体的渗入具有不确定性，结果是多样的。这是一些学者们反对社会历史规律的原因。

我们应该区分规律与理论、学说、主义。理论、主义、学说都是与研究主体不可分的，因此具有时代性、阶级性，表现为不同的学派。不同阶级和不同学派有不同的理论、不同的学说、不同的主义，而规律则与主体无关。规律是指客观事物固有的本质联系和内在的必然性。在自然界，我们称之为自然规律。在社会领域我们称之为社会规律。由于自然界和社会领域都是结构性的存在，不是单一的而是由许多更小领域构成的，因此自然规律可分为物理学规律、化学规律、生物学规律、天文学规律等等，总之不同领域有不同的规律。自然界作为一个整体具有总体性规律，这个总体性规律就是辩证法的基本规律。社会领域也是如此，有经济领域、政治领域、文化领域等等，不同领域有不同规律，这样才可以有经济学、政治学、文化学等等不同学科。但正如自然界一样，社会也是一个有机整体，作为整体来说它有整体规律，这就是历史唯物主义关于人类社会历史发展的基本规律。社会规律具有普遍性，例如意大利社会学家帕累托的分配公式：在任何时间和地点，财富都会呈现出一个金字塔形——大量的穷人在宽阔的底层，少数的富人在狭窄的塔尖上。这对所有阶级社会都是有效的。即使像美国这样的所谓民主国家，仍然是百分之一的人占有大多数财富。我们是社会主义国家，也出现了类似情况。这背后肯定有深层次原因，这就是私有财产制度和市场经济的必然规律。中国特色社会主义社会也无法完全避免。我们可以调节，但短期无法消灭，也不可能消灭。

社会历史规律不可能是两个具体现象之间的联系，而是以范畴形式表现出来的各类事物之间的联系。例如生产力与生产关系、经济基础和上层建筑、阶级与阶级斗争等等之间的本质联系，而并非某个资产者与某个无产者之间必然存在你死我活的斗争。某个地主和某个长工可以建立亲密的朋友关系，不等于地主阶级和农民之间也是这种亲密关系。这里存在个别与一般的关系，规律涉及的是普遍关系。阿隆说,"历史规律究竟存在与否,这个问题引起过无数争论,因为这个名词的意义是含混的。如果我们这里是指两个事项之间全部规则性的连续,我们就会在人类历史中看到这类反复的确存在"[①]。某个工人与某个资产者可以成为朋友,并不表明另一具体工人与资产者也必定成为朋友,这是不可重复的。天下雨是规律性现象,不是说去年今天下雨,年年今天都必然下雨。哪天下雨不可重复,但天会下雨却是规律。正如人会死是规律,但猝死并非人人都会重复的规律。

13. 认识的主体性与客体性

人们总说,"一千个观众就有一千个哈姆雷特","一千个读者就有一千个贾宝玉",并据此说明,认识只能是主观的,没有是非、真假、对错。这个说法是错误的。如果要一百个学生在教室里画黑板,肯定没有两个人画得一模一样。绝对相同是不可能的,因为是不同的主体在画画,不能排除主体因素,可是因为在画同一块黑板,肯定相似性会占大多数,而不是一个人一个样。绝对相同是没有,但相似性是存在的。因为主体不同,绝对同一不可能,但面对同一客体,相似性肯定占多数。如果一个学生画的完全不是黑板的样子,说明他不是在画黑板,而是在画其他东西。任何评论都是一样,不可能有绝对相同的评论,因为评论者不同,如果是真正的评论家,他们评论的是同一本书,一定有相似的东西;或者是从不同角度反映同一本书,尽管观点不同,但都离不开作者和著作的环境和时代。离开自己评论对象的评论,不是真评论而是借评论说事。重点在借由头说事,而不是在评论自己研究的对象。这种评论,下笔千言,离题万里,毫不奇怪。

[①] 〔法〕雷蒙·阿隆:《历史的规律》,载《历史的话语:现代西方历史哲学译文集》,广西师范大学出版社2002年版,第94页。

14. 事物矛盾与逻辑矛盾

　　逻辑矛盾与矛盾不同。逻辑矛盾在思想和理论里不允许，这是一种低级错误，而矛盾则不同，它无所不在。列宁论述过这两种矛盾。怀特海也说："在形式逻辑中，矛盾是失败的标志。但在实际知识的发展中，矛盾则是走向胜利的第一步。这是对不同意见必须作最大限度的容忍的充分理由。"①

　　在思维中存在逻辑矛盾是思维混乱。但客观事物中存在的矛盾，则是事物本身固有的矛盾。这种矛盾双方的斗争和矛盾的解决推动事物的发展。有人说，既然矛盾是事物发展的动力，那矛盾越大岂不是发展越快吗？这样提出问题，是把矛盾和矛盾的解决截然分开，视为互不相关的问题，因而无法真正理解对立统一规律的本质。

　　矛盾之所以是事物发展的动力，是因为矛盾只有包括矛盾的解决才是完整的。仇不会仇到底，因为矛盾发展到超越事物的规定度的范围必然要解决，至于解决方式是和还是斗，还是有什么其他方式，取决于历史条件和矛盾双方的意愿。"仇必和而解"，是一种方式，但并非唯一方式。

　　矛盾是客观的，不是人为的。中国共产党和国民党之间存在矛盾，因为它们的阶级基础不同，代表的利益不同。这是客观的，但如何处理和用什么方式处理这种矛盾，则取决于矛盾双方当事人的决策，这其中为决策者留有充分发挥主观能动性的空间。

　　凡是矛盾，归根结底是要解决的，但解决的方式是多样的，是可选择的。这就涉及政治智慧。如果不解决矛盾而制造矛盾，我们称之为纠纷，纠纷是对矛盾的蓄意扩大，而不是矛盾产生的原因。因此矛盾在事物中的作用与如何解决矛盾不可分。矛盾不解决阻碍事物发展，

---

① 〔英〕A. N. 怀特海：《科学与近代世界》，何钦译，商务印书馆1989年版，第178页。

所谓停滞，就是矛盾处于无法解决的状态；所谓倒退，就是因为矛盾激化而保守一方暂时处于矛盾主导方面；所谓前进，就是代表社会进步的力量战胜保守力量，而使事物发生质的变化。

矛盾是客观的，具有普遍性。没有矛盾，就没有世界，就没有发展。但矛盾中同时就包含着解决矛盾的可能性。如果矛盾中不包含解决矛盾的可能，这种矛盾不可能产生。只是解决矛盾的可能性总是滞后于矛盾本身，解决矛盾的方式往往是矛盾激化和成熟时才能被发现的。但从哲学上说，解决某种矛盾的方法和可能性，永远多于此种矛盾，正如治疗某种病的方法总是多于这种病。我们既要有不回避矛盾、面对矛盾的勇气，又要有善于分析矛盾并解决矛盾的智慧。

任何事情都有一个发展过程，矛盾同样如此。由差异到矛盾，由隐蔽的矛盾到公开冲突，会有一个过程。伟大的政治家和思想家，往往是最早发现矛盾的人。"智者见于未萌，愚者暗于成事。""星星之火，可以燎原"，但开始时仍然是星星之火。因此不要轻视微小，轻视萌芽。阿贝尔·加缪说，"一切伟大的行动和一切伟大的思想都拥有一个微不足道的开始"。如果从改革开放一开始我们就注意反对腐败，就应该不至于发展到后来的严重程度。矛盾如不及时解决就会不断恶化和激化，结果不是用更大的力量解决矛盾，就是被矛盾"解决"。

对矛盾不能简单用好或坏、喜欢或不喜欢来划分，不能简单地问有矛盾好还是没有矛盾好，而应该进行辩证分析。矛盾不是制造出来的，制造出来的不是矛盾而是纠纷，纠纷是对矛盾的扩大或使其尖锐化。如果客观上不存在矛盾，就不可能产生纠纷。我们要学会运用对立统一规律，善于区分不同性质的矛盾，善于分析矛盾和解决矛盾，促进事物朝有利于社会进步和人民利益方向转化。

人类认识世界和改造世界，说到底无非是认识矛盾和解决矛盾。认识事物，就是认识事物的矛盾的特殊性，掌握规律就是掌握它的普遍性；而改变世界，改造社会，就是解决妨碍它进一步发展的障碍。

把对立统一规律视为辩证法的核心是正确的。

15. 本质与功能

我们不仅要重视事物的本质，同样要重视它的功能，因为功能往往会改变本质。嘴是说话的，但也可以骂人；手可以表达问候，也可以打架；药可以治病救命，也可以杀人。牙齿可以吃饭，也可以咬人。功能变了，会影响本体性质的变化。列宁说过，要断定事物的本质，必须联系它的功能。人也是一样，做好事是好人，做坏事是坏人，离开人的行为，我们无法判断他是什么样的人。当一个人台上大谈反腐败，台下大搞腐败，这是两面人、伪君子。儒学也是如此。在长期的封建社会中，儒学是主导意识形态，它的功能是维护上下等级的秩序，反对造反；但它为了维护君权，使王朝能长治久安，就有一套关于民本主义、关于如何治国理政的学说。这是儒家学说的两面性，这种两面性功能的不同发挥，影响儒学的本质。当反对旧制度需要造反时，必然同时反对儒学，因为儒学实在是不准造反的学说；但任何王朝确立之后，必然是重新尊孔读经。因此孔子长达两千多年的素王地位没有改变。而对于共产党来说，我们从儒学吸取的不是不准造反的方面，如果这样就用不着组织共产党了。组织共产党就是为了革命，共产党是革命党。执政后仍然是以不同方式继续革命的党。儒学中优秀思想只有作为道德教化，以及作为为当政提供治国理政的经验教训的思想智慧，才有价值。这样，儒学才可能在中国共产党领导的社会主义国家发挥作用。但它不能再发挥维护既成社会秩序和既有等级区别的功能，而应该通过创造性转化和创新性发展成为中国道路和治理模式的组成要素。

16. 事实与价值

　　无论是自然界还是人类社会，涉及的都是客观对象。在社会领域中，历史事件、历史人物、社会制度都是客观的，是可以观察和证实的。因此，对事实的研究属于科学，它要求的是真相，它的提问方式是：是什么？事实不容许伪造。而且事实的存在对所有的人，无论是利益相关者或不相关者都应该是一样的。而价值则是对事实的评价。有价值无价值、正价值负价值、价值大价值小都是用来评价的用语。价值作为一个哲学范畴具有普遍性，它涉及人类活动的各个领域。道德领域有道德价值，美学领域有审美价值，政治领域有政治价值，历史领域有历史价值。

　　价值的提问方式：它有什么意义？价值评价说到底就是对对象和过程的意义的评价。对象性与事实不可分；而价值则与对象的意义不可分。价值的重要意义在于它不仅是事后的评价，而且是一个行为规范。人在活动中往往自觉或不自觉地按照自己的价值观行动。

　　价值如果与评价不可分、与主体利益不可分，是否意味着价值观必然导致唯心主义和个人主义呢？有可能，但绝不是必然如此。如果把价值评价只看成主体活动，可以无视客观事实的本质，则会导致唯心主义。真正具有科学性和客观性的评价，必须以事实为依据。当我们评价战争时，必须区分正义战争和非正义战争，区分侵略战争和反侵略战争。战争的正义性和非正义性，侵略或反侵略战争，这是战争的客观属性，如果我们对战争的评价不以战争的客观事实，即侵略和反侵略为依据，那么关于战争的评价肯定是错误的。如果我们仅仅看到战争的残酷性、看到战争会带来死亡，而不区分战争的根本属性，那么对战争的评价只能是绝对和平主义的，或抽象人道主义的，甚至采取投降卖国的行为。因此，凡以事实为依据的评价都是有根据的，凡违背事实的评价都是主观主义甚至唯心主义的。评价有可能是个人主义的，但不必然导致个人主义。只问对我是否有利，以对我是否有利作为判断价值的标准当然是个人主义的，甚至是利己主义的。但价值除了涉及个体外还涉及社会，即对国家和民族有何意义。如果我们从社会角度，从国家和民族角度进行评价，就会超越个人主义：求利要求百姓利，求名要求万世名。

个人价值与社会价值具有内在统一性。一般说来，对社会有利的也一定对生活于其中的个人有利；但也会有矛盾，对社会有利并不一定对个人和自己的家庭有利。许多革命者为了革命而背叛自己的家庭和牺牲自己的个人生活。在这种情况下，就是理想和信仰高于个人价值。因为价值总是倾向于对个体自身的利害得失，而理想信仰则超越个人价值，把人类价值、社会价值置于个人价值之上。因此讨论价值问题时不能忘记理想信仰。

价值并非都仅仅是关乎个人利益。道德价值关乎人的行为和素质的社会影响和导向。人们赞扬见义勇为，见义勇为可能对见义勇为者带来牺牲或伤害，而赞扬者并非都是被救者，而是与事件无关的第三者。因此，道德评价不能简单归为功利评价。政治制度的评价，如公平、正义、民主，都非直接功利性评价，而是对制度优劣的评价。它涉及的是群体而非个体。如果把是否对个人有用作为评价的唯一标准，显然是个人主义的价值观。

我们的社会主义核心价值观所列举的十二个范畴，分属于三个层面，国家、社会和个人。没有任何一个核心价值范畴仅仅对某一个人有利，即使个人层面的价值要求，如敬业、诚信等等都是约束个人行为的规范，并不涉及个人的私利，而是一种社会主义社会公民的道德素养。把一切价值都简单归为有用无用、有害无害，这种价值观是片面的。

道德价值是对个人行为的一种规范。它既可以是个人的自我评价，也可以是社会评价。自我评价的标准是所谓良心，比如认为自己是个有道德的人，是一个有良心的人。良心恶心并非实体，良心实际上是道德规范的内化，变成人的一种自觉意识，从而人有羞耻心、有正义感、有同情心，有区分应该与不应该的意识和行为。

社会评价的手段是社会舆论，而它的标准是社会共同认可的道德规范。这种规范普遍被社会认可并称为社会良心。道德不是个人的本性而是社会性现象。个人的道德受制于个人的社会地位、处境和教养，而社会普遍道德则受制于社会环境和阶级关系。正因为良心与道德不可分，因而一个人的道德水平不同，他的良心也就不同。正如马克思所说，共和党人的良心不同于民主党人的良心，有产者的良心不同于无产者的良心。

我们要高度重视道德的力量。它不仅是个人行为的自我约束力量，而且是巨大的社会力量。社会道德的舆论力量对社会风气和社会秩序有巨大的维系作用。所谓道德失范，对个人来说就是道德没约束力，表现为个人行为的无耻，而一个社会如果道德失范，表现为社会道德的普遍败坏，邪气压倒正气，这个社会就是一个价值观念颠倒混乱、是非不分的社会。所谓世风日下，人心不古，就是形容这个社会的道德状况。当一个社会道德失范而无法改变时，表明这个社会气数已终。道德不能救国救世，因为救国救世要依靠革命和变革，而道德只能发挥辅助作用。一个社会的道德状态往往是政治的晴雨表，代表的是民心向背，人民对这个社会和政府满意度的衡量尺度。

道德理论中最大的矛盾，就是道德的阶级性和继承性或普遍适用性的矛盾。道德当然具有阶级性，它的阶级性不是表现在道德规范上，而是表现在规范的具体内容上。例如，中国传统道德的忠孝仁爱，都不是抽象的，忠，就它强调忠于君主而言，它有阶级性；孝，就其要求儿子要无条件服从父母，尤其是服从父亲而言，显然是封建的家长制；仁，强调爱人，但爱什么人显然有阶级性；爱也是如此，没有无缘无故的爱和无缘无故的恨。在任何特定社会中，都会规定你应该忠于什么，爱什么，如何对待人，如何对待父母。这是抽象范畴中内在的阶级性。忠孝仁爱作为处理人类之间关系的原则是永恒的，但具体内容是不同的。冯友兰先生的抽象继承法就是为解决这个矛盾而提出来的。但我们不可能完全摒弃它的内容只继承一个抽象的范畴，因为范畴一旦没有内容就不再是范畴，而只是一个词语，已经失去了作为道德范畴的价值。这样继承的只能是一个抽象概念，是一个空壳子。

实际上，传统道德的继承不仅是抽象的，而且是包括内容中合理因素的。道德具有可继承性，因为道德之所以是道德，是在导人向善，没有一种道德是鼓励人作恶的。但由于时代条件的限制，好坏善恶的标准并不相同。因此，没有一个道德规范，可以从古至今、从内容到规范原封不动。道德是变化的，因时而变，但它的合理因素可以继承下来。我们否认永恒不变的普世道德，但承认道德的继承性，即继承有利于维护社会正常秩序和正常人际关系的共同认可的内容。

道德评价和评价道德不同。道德评价是指如何用道德规范评价人和事，而评价道德是指这个社会的道德规范是否具有合理性。五四时反对旧道德和旧伦理，就是评价道德；而当我们用旧的道德规范评价人物时就是道德评价。用旧的道德和旧的伦理评价人物时，一切维护旧制度的人物都是对的，一切反对旧制度的人都是坏人。这就是为什么共产党被称为乱党、赤匪，而维护旧制度的顽固不化者则是有气节、有骨气。评价完全相反，因为它用以评价的标准完全相反。

我们需要道德评价。个人利益并不是评价标准，而是如此评价的原因。普列汉诺夫说，"个人利益并不是一条道德诫命，而只是一件科学事实"[1]。完全用利益作为评价标准可能是非道德的，而道德评价可能超越利益的限制，正因为如此道德评价具有某种神圣性和超越性。

---

[1] 《普列汉诺夫哲学著作选集》第 2 卷，生活·读书·新知三联书店 1961 年版，第 92—93 页。

17. 事实与哲学

事实与哲学不同。哲学是对事实的哲学思考，而事实并不会因为哲学思考而丧失它的客观性。面对同一事实，可以有不同的哲学观点，但客观并不因此而变成哲学家个人头脑中的存在。

以人与自然的关系为例。人来源于自然界，是从自然界演化或曰进化而来，人依赖自然，不能脱离自然，因而人是自然的一部分；可当人从自然界产生后，又不完全依赖自然的恩赐以维持自身的生存，人必须在依赖自然的同时改造自然，向自然索取。但无度的索求会破坏自然。因此，就人与自然的事实关系来说，二者是对立统一关系，人依赖自然，又改造自然。

人以自然为对象才能生存。自然是无意识的存在物，而人是有意识有思维有意志的存在物，因此人与自然的关系，表现为主体与客体关系。人与自然的主客体关系不是由任何哲学造出来的，而是人与自然相互关系的特性所决定的，与任何哲学无关。不管承认与否，人与自然都是主客体关系。没有任何一种哲学能造出人与自然的主客体关系，连上帝也没有这个能耐。可对人与自然关系作为主客体关系的看法却是多样的，这属于哲学学说，不同的哲学学说可以有不同的说法。例如，主客二元或主客对立的观点（形而上学的观点），在主客关系中客体处于主导地位的观点（旧唯物主义观点），或主体处于主导地位的观点（笛卡尔我思故我在），或主客体关系是万物一体的看法（天人合一的观点）等等。这都是一些哲学观点。无论它们如何看，都无法改变一个事实，在世界中，人处于主体地位，而自然处于客体地位，主客之分是不能否认也无法否认的，关键在于正确处理主客体关系。主客体不是在哲学学说中实现统一的，而是在实践基础上统一的，人是在认识世界、改造世界的实践中实现这种统一的。实际上，人类产生和发展的历史，就是一部主客体相互对立而又统一的历史。至于仁者视万物为一体，或者达到天人境界，这是道德境界学说，无法改变世界存在主体与客体之分这个事实，也无法改变人在认识世界和改造世界中永远达不到绝对统一的事实。这只能理解为人类进步和社会发展的过程。

在人类进入工业社会后，随着科学技术的发展，人改造自然的力量越大，与自然的矛盾也越尖锐，因此天人合一成为一种理想追求，天人合一就是追求改善人类的生态环境。

人们正在采取各种方法修补生态，企图恢复被破坏的人与自然的平衡。但恢复人与自然的和谐关系，不单纯是人与自然的关系，而是"人—社会—自然"之间的三角关系。只有通过社会制度才能恢复人与自然的统一。在这里，社会是中介。人与自然的平衡遭到破坏是社会问题，恢复两者统一不仅是个生态问题，同样是个社会问题，而且会受根本制度的制约。无论是把生态问题单纯看成一个伦理学问题、生态学问题，或哲学问题都是片面的，它本质上是一个受社会利益制约的实践问题。只要自然成为被掠夺对象，成为利润来源，成为满足无穷私欲和消费的仓库，生态问题就最多只能得到暂缓和修补，不可能根本上得到解决。科学发展观、新发展观，同时也是一种社会制度观。

18. 是什么，为什么

任何问题都包括是什么，为什么。是什么，事关对象自身的真实面目，这属于本体论，为什么是关于原因的探求。可这两者都不能离开主客体关系。是什么，都是主体眼中或思维中的客体是什么，"存在是被感知"这个难题正在于存在是什么这个问题必须经过主体感知，如果不被感知我们就不可能知道它是什么甚至它是否存在。所有的唯心主义者振振有词，其论据都是源于此。正如王阳明南镇看花一样。花在山中自开自落，你来看花时花存在，你走了花仍然存在，可是王的说法是：你来看花，花在你心中呈现，你走了，花与你的心一同归于寂静。你来时有无花，你走后花在不在，这属于本体论的问题，但无人的本体论毫无意义，只要引入人，一切存在都必然经过人并在心中呈现才是可知的。正如海德格尔所说，人是存在中最重要的存在，他称之为此在。没有此在，一切存在都毫无意义。

马克思主义反对这种唯心主义观点。存在作为客体与主体具有相关性，它们构成主客体关系。但这种关系不是抽象的主客体关系，而是以人的实践为基础的关系。实践证明，只有客体具有客观性和先在性，它才可能成为认识的对象，才可能和人形成主客体关系。客体的客观属性并不属于认识的主体，也非主体赋予，而是客体本身固有的，主体只是反映客体，能动地改造客体，但改造能否成功并不取决于主体，而是取决于它在何种程度上正确反映客体。正像人之所以会碰钉子，是因为确实有钉子，而非只有自己头脑中的钉子，头脑中的钉子是碰不到人的。碰钉子表明主体不能无视钉子的客观性。

不存在没有对象的认识。从根本上说，认识就是对对象的认识，而不是返回人的本心。回到本心没有可认识的东西，"身非菩提树，心非明镜台，本来无一物，何处染尘埃"。如果这样，一切现代科学、自然科学、社会科学都不可能存在。自然科学就是以自然为对象，社会科学就是以社会为对象，哲学就是以世界（包括自然和社会）和人为对象。这都是实实在在的存在，是对象性存在。

当然对象是客观存在的，是认识的对象，但对对象的认识并不是绝对的、全面的、完整的，而是一个逐步把握的过程。人的认识的过程性表现在科学上，就是任何科学都有个发展过程，任何时候科学都不能达到不能再发展的程度。不再发展，表明对世界的认识已经穷尽。这样的科学终结论是荒唐可笑的，正如哲学终结论一样。正因为这样，历史才能构成一切科学的基础，因为离开了对象的历史发展，我们就对对象一无所知。人不可能认识没有历史起因的东西。

19. 哲学是历史性存在

哲学家属于历史，每个哲学家都有自己的时代。他们的生卒年就是他们的时代；每个哲学家面对的问题都是时代性的，是他自己时代的课题；每个哲学家的回答都具有历史性，因为他不仅要回答历史上哲学家没有解决的问题，而且自己给出的回答也不可能不受历史条件的限制。衡量一个哲学家的地位，取决于他的智慧在何种程度上超越自己的时代限制，对人类具有长久的价值。转瞬即逝的哲学是时髦哲学、流行哲学，而热衷转瞬即逝哲学的哲学家是流行哲学家。正如流行音乐或流行歌手一样。这种哲学家只能算哲学过客，而不是真正的智者。

为什么真正的哲学既具有时代性又超越时代呢？哲学具有时代性，因为哲学是哲学家的哲学，任何哲学家都是具体的现实的人，都生活在一定时代，他的哲学思维水平必然受具体时代的科学发展和社会发展程度限制；另一方面，哲学不是技术而是追求智慧和真理，因此它必然包含有超越自己时代的具有人类普遍性的因素。这就是为什么我们现在仍然读《道德经》、读《庄子》、读苏格拉底、读柏拉图的原因。只看到鼻子底下的事，只看到现实中发生和存在的事，这叫时事，叫新闻，哲学则要穿透事实而看到其中的普遍性，从特殊中看到普遍。而普遍性则必然具有某种超越性。

庄子说，小知不如大知，小年不如大年。小知即小的智慧，小智不是哲学智慧，至多叫聪明，即使精于计算，但仍然目光短浅。《红楼梦》中的凤姐，机关算尽太聪明，反误了卿卿性命，这叫精明而非智慧。哲学是大智慧。大智若愚，考虑的是大问题，而忽略小问题，因而在生活上显得木讷甚至愚蠢。不与人争夺，不与人计较，仿佛很蠢，但不争是大智慧。《道德经》说，"水善利万物而不争，处众人之所恶，故几于道"①。在老子看来,"夫唯不争,故无尤"②。

所有哲学都离不开人类普遍存在的大问题,即人与自然的关系、人与社会的关系、人与自我的关系。这三种关系既是人类面对的永久性关系,又是具有时代性特点的关系。它们是人类面对的永恒关系,这决定于人的生存方式。人不可能没有自然界,否则不能生存。人本身既是自然的一部分,又是自然的对立面,因此在任何时代,人与自然都存在矛盾关系。处理好这种关系,是人类的大智慧。

人生活在社会中,天生是社会动物。人的社会性决定了每个人永远处在人与人的关系之中。古人有所谓"隐",其实"隐"是对现实社会不满的一种表现,或避官、或避市,但绝不可能避人。在人之外,人不可能成为人。即使陶渊明的归隐也是不为五斗米折腰,辞官归隐:"少无适俗韵,性本爱丘山。误落尘网里,一去三十年。羁鸟恋旧林,池鱼思故渊。开荒南野际,守拙归园田。"田园将芜胡不归?没有田园,没有人烟,也是隐不成的。任何时代的人都只能生活在社会中。

人除了与自然的关系、与社会的关系外,还存在与自我的关系。人是类存在,即社会存在;但人又是个体性存在,每个人都是独立存在的唯一者,即我。我作为我,存在肉体与精神的关系。在原始人那里,它被视为肉体和灵魂的关系。原始人不理解梦,把梦视为灵魂与身体分离。死亡也是如此,被看成是灵魂离开肉体。肉体可以腐烂,但灵魂可以不死。当人从宗教进步到哲学思维时,肉体和灵魂的关系就变成思维与存在的关系。

人与自身的关系极其复杂,涉及宗教、哲学、心理学、医学、精神医学等众多学科。自我像自然、社会一样是一个永恒研究的领域,而且在一定意义上比自然、社会更为复杂。我们的自然科学在突飞猛

---

① 《道德经·八章》。
② 同上。

进，上天入地，对社会的研究也不断进步，特别是马克思主义创立后人类对社会规律的认识也取得了重大跨越。可是人类对自身的认识仍然很落后。人类对自身生理的解剖，随着医学和生物学的进步有了长足进步。可人对自身最重要的领域即精神领域的认识，仍然在艰难探索之中。

从哲学来说，人与自然、人与社会、人与自我都既是永久性关系，又是历史性关系。因为是永恒关系，中外哲学有共同性；因为是历史关系，哲学具有时代性、民族性和个体性。

从人与自然的关系来说，社会的发展同时就是人与自然关系的变化。农业社会靠天吃饭，人们懂得尊重自然，顺从自然。孟子说，不违农时，谷不可胜食也，讲的就是这个道理。农业社会既是靠天吃饭，重点不在改造自然而在顺从自然。何止生产，就养生来说也是顺从自然。老庄学说的突出之点就是回归自然，道法自然。一切人为的都是伪。伪者，人为也。这种思想在工业社会被颠覆。

工业社会的产品都是人造的。工业化时代，是强调人改造自然的时代。可是物极必反。过分开采自然，向自然无限索取导致生态恶化。这种教训，使一些哲学家主张回归人的自然本性、回归自然界的固有本性。因此，后工业时代的学者批判现代化。可没有现代化，人类社会重回风光绮丽但生活贫困、交通不便的农业时代，人们愿意吗？后退是没有出路的。只有前进，在人与自然的关系上的出路不是片面强调自然，或片面强调人，而是强调人与自然和谐共生。显然，这是中国经过几十年发展后中国传统文化得以重新热络的重要原因。可这不是单纯的哲学观点问题，而是涉及社会制度的安排。资本的逐利本性不是哲学宣传能解决的。不解决现代化的社会性质问题，不解决人类发展方向问题，人与自然和谐共生问题是难以解决的。只要看看美国反对气候条约，发达国家把洋垃圾运往发展中国家，就能明白这一点。

人与人的关系也是变化的。小农社会是熟人社会，人与人温情脉脉，充满人情味；而市场经济条件下是陌生人社会，充斥着竞争，认钱不认人。人与自我也不是独立的，它受人与自然、人与人的关系制约。由于这两者的矛盾激化而导致人与自我矛盾也随之激化。现代人尽管生活可以现代化，可焦虑和抑郁远远超过农业社会。农业社会就没有当代这样的人与自然矛盾，更没有由于工业污染产生的生态恶化问题，也没有现在市场经济条件下人与人的竞争关系，没有现代人的焦虑和烦恼。因此，一些人产生复古思想，也有不少人逃避城市，逃避现代文明，逃避工业化。这都是一种消极方法，不懂得问题的实质所在。在当代社会，逃避社会，回归山林，独善其身是不可能的。我们非常需要一种能够理解和改变这三种关系的哲学，这就是马克思主义哲学。马克思主义哲学不是停留在这三种关系的层面，而是深入问题的实质。

在马克思主义哲学看来，人与自然关系的优化与社会制度的优化不可分。当自然成为被掠夺对象，成为利润来源时，自然的恶化是必然的。破坏自然环境的是人，而支配人的是对利益的追逐。只有当人不把自然单纯作为获利对象，而看成人类共同的生存环境，并看成审美对象，爱护自然与保护自然才有可能，而这种可能必然最终要求消灭私有财产制度；同理，只有消灭贫富对立，才能消灭仇恨，和谐人际关系；只有消除失业，人人没有后顾之忧，才能减少社会性的和个人的焦虑。企图依靠逃离社会、遁入空门或参禅修道来追求平静和灵魂的安宁，对一个人可能，但对一个社会不可能。而且对个人来说，依靠逃避来追求内心的安宁，或服用心灵鸡汤之类大补丸，代价也太大。中国人说，哀莫大于心死，肉体活着，而心已死了，这同样是一种痛苦，被麻醉的痛苦。社会主义社会该是人与人和谐的社会，人与自然和谐也优于资本主义社会。这叫制度优越性。在社会主义制度下，由于社会原因而造成的精神性疾病和各种焦虑应该大大减少，因为精神性疾病有社会和文化原因。当然，作为一种疾病不可能消灭，因为它有生理因素乃至遗传因素，这是个复杂的问题。

马克思主义的伟大之处在于它改变了考察上述三大关系的视角，不再把它们单纯作为道德问题、人性问题，而是把它们置于社会经济制度和政治制度下来考察。在合乎人的共同利益的基础上重建新的人与自然、人与社会、人与自我的关系。马克思在《1844年经济学哲学手稿》中说过，摒弃私有制，是人和自然矛盾、人和社会矛盾的解决，是人向人自身作为社会存在物的社会本性的复归。阻碍这种复归的就是社会的阶级制度和财产制度。因此，在一个国家范围内构建人类命运共同体，与消灭贫富对立、实现共同富裕相联系；在世界范围内构建人类命运共同体，与反对霸权主义、反对白人至上主义和种族歧视主义相联系。这是人类面对的艰巨任务，也是一个长期的过程。中国共产党高瞻远瞩，提出构建人类命运共同体，代表世界历史前进方向，引领世界历史潮流。

20. 马克思主义哲学是哲学中的变革

无论中外，历史上都出现过不少著名的哲学家，至今仍然是哲学天空灿烂的明星。但我们强调马克思主义哲学是哲学中的变革，为什么？这并不是从哲学思想的思辨水平说的，并不是因为我们认为马克思主义哲学在思辨水平上超越一切哲学，而是因为马克思主义哲学开辟了一条不同于以往哲学的道路，把哲学从哲学的星空降落到人间，即创造了一种真正为人民服务、为实践服务的哲学。哲学从神圣殿堂走向民间，从思辨走向实践，从小众走向大众，从单纯解释世界走向同时改变世界，这在人类哲学历史上是第一次。马克思主义哲学是真正从哲学家的课堂和书本里解放出来的哲学。

卢梭说，"我需要我自己的哲学"。这句话并没有错。哲学体系从来都是哲学家个人的思想创造物，它打上了个人的烙印，并直接以个人命名。几乎没有不可以冠以个人名字的哲学。从苏格拉底哲学、柏拉图哲学、亚里士多德哲学、康德哲学、黑格尔哲学，乃至于马克思主义哲学，如此等等，无不如此。哲学体系具有独特性，没有两个一模一样的哲学体系，照抄成不了哲学家。而且哲学应该成为哲学创造者自己信奉和身体力行的哲学。为什么要强调哲学是属于个人自己的哲学呢？因为哲学只有属于自己的思想创造，才能成为真正的哲学，创建这种哲学的人才是真正的思想家，而不是从别人思想的瓶装水里倒水的哲学家。用自己的水杯从别人水瓶里接水，不是思想家，而是模仿者。模仿不属于思想创造，只属于工具制造。工具可以批量生产，而哲学体系永远是个人的创造。

哲学思想体系属于哲学家个人，但哲学内容不能只属于哲学家个人。只属于个人的哲学思想是一种哲学妄想。马克思说过："任何真正的哲学都是自己时代的精神上的精华"，"哲学家并不像蘑菇那样是从地里冒出来的，他们是自己的时代、自己的人民的产物，人民的最美好、最珍贵、最隐蔽的精髓都汇集在哲学思想里。"[1] 我就遇见过有些自称创立了体系的哲学家，其实完全是个人的独白。哲学是智慧、是真理。智慧不能只是一个人的智慧，而是人类实践和知识的结晶；智慧可以共享，可以得到人们的认同，能滋润众多人的心灵，而且传之于永久；真理也不是一个人的真理，而是属于大家的。马克思说过，我关心的不是一个人的真理，而是大家的真理。只属于个人的想法不是真理，最多只能算是一种意见，一种个人的看法。而意见和看法不等于真理。真理必须具有共性和普遍性。当然，真理不是依照人数多少来决定，投票不能决定真理。真理有时会掌握在少数人手里。因此真理是顽强的。个人可以向权威屈服，而真理永远不会低头。这就是为什么马克思说真理是不会谦逊的。谦逊可以是个人的美德，却是真理的蒙羞。

真理是需要传播的，要有接受者。永远没有观众的演出，不算演

---

[1]《马克思恩格斯全集》第1卷，人民出版社1995年版，第219—220页。

出；永远没有读者的著作，不算著作；永远没有人相信的真理，不是真理，而是胡说。真理可以一时被遮蔽，但不会永远被埋没。真理是要人接受才能发挥真理作用的。一个真正具有智慧的哲学家无论是生前或死后，他的深邃思想终究是会被发现或发掘的。所谓藏之深山，也还是期待后世有知音，而不是永世湮没无闻。像黄宗羲的《明夷待访录》还是传之后世而没有湮灭于深山杂草之中。

马克思主义哲学产生之前，真正能超越少数知识分子范围而在大众中传播的哲学是很少的。以往哲学的特点可以说是精英哲学，而不是大众哲学。正因为这样，以往的哲学家可以有学派，有传人，但没有群众性基础。因而，随着某一著名哲学家的逝世，学派往往发生传承的中断。作为研究某一思想的专家会有，但作为持续不断存在的某一学派并不多见。我们现在很难说仍然存在苏格拉底学派，存在黑格尔学派等等，只存在苏格拉底、黑格尔思想的研究者和专家。中国儒家哲学算是例外，是传之最久、影响范围最大的政治伦理哲学。可是儒家哲学不能说是老百姓的哲学，它是为统治者设计的维护长治久安的哲学。在《论语》中真正从老百姓立场出发，为老百姓服务的东西并不多，而大多是教导统治者如何有效治理百姓。"半部论语治天下"，说的是"治"。这个"治"字说出了儒家何以能为历代统治者信奉持守的原因。当然，不要说半部论语，一部论语也难以治天下。历史上没有一个统治者能长期有效治理国家，每个王朝最后无不由于苛政而导致灭亡。这是剥削阶级国家的本性决定了的。由兴到亡，王朝更替是常态。儒家学说作为治国理论，永远是理想多于现实。它是"维持会"的哲学，而不是"革命党"的哲学。

儒家学说在中国长期的主导地位，既是由于其中包含治国理政的观念和道德教导，确有许多超越时代的智慧，又是因为它得到历代统治者的大力提倡和保护，尊儒尊孔已经上升到法律层面，在封建社会非儒非圣就是非法，会受到法律制裁。因此，我们现在提倡继承中国传统文化，尤其对儒学学说，应该采取"取其精华，去其糟粕"和"创造性转化、创新性发展"的态度，而不是不辨是非地全盘接受的立场。

马克思主义哲学之所以是革命的，因为它改变了哲学只属于哲学家、哲学只是哲学家个人的哲学的传统，把哲学变成大众的哲学。当马克思说，哲学是人类解放的头脑，无产阶级是人类解放的心脏，说理论一旦掌握群众就会变成物质力量时，就突破了哲学家的圈子，把哲学变成了无产阶级革命的一种武器。这种武器一旦为群众所掌握，就会变为摧毁旧世界的物质力量。正因为马克思主义哲学负有这样的使命，它才必然是大众的哲学，必然要成为大众的哲学。必须向群众宣传，而不是把它关在学者的书斋里，让它成为一种精妙的玄谈。

马克思主义改变了哲学与人民的关系，它也必然改变哲学与世界的关系。人民按其本性来说是实践家，他们的生活就是他们的日常实践，他们要求改变自己的生活处境和状况，改变自己不合理的社会地位。有一种鸡汤不断宣传说，任何人都不能改变世界，能改变的只是自我。这种说法没有超越狭隘的个人眼界。的确，单凭个人单枪匹马是不能改变世界的，但世界确实在人民革命和人民实践中被改变。整个人类社会发展史和自然人化的历史都证明了这一点。因此，为人类解放而创立的马克思主义哲学，就不能继续走思辨哲学的老路，不能满足于解释世界，而必须把改变世界摆在首位，并把认识世界和改变世界结合起来；马克思主义哲学家不能满足于自己做哲学家，而是要把如何认识世界和改造世界的道理告诉群众，用哲学武装无产阶级和劳动群众。《关于费尔巴哈的提纲》第十一条"哲学家们只是用不同的方式解释世界，而问题在于改变世界"[①]，不仅是具有哲学意义的论断，也是马克思宣告要创立改变世界的学说的政治宣言。

研究马克思主义哲学，不能避开规律，更不能否认规律。只强调

---

① 《马克思恩格斯选集》第1卷，人民出版社2012年版，第140页。

哲学是智慧之学，是追求智慧的学问，而不谈对客观规律的把握，就没有马克思主义哲学。马克思主义哲学是关于自然、社会和人类思维普遍规律的科学。如果要发挥马克思主义哲学既能认识世界又能改变世界的功能，就不能不把对规律性的认识提到首位。没有对自然和社会发展一般规律的认识，就无从认识世界，更谈不上改造世界。我们可以比较一下，马克思主义哲学和其他哲学体系的一个最大区别，就是马克思主义哲学无论是关于世界的本质，关于世界运动变化和发展，还是关于人类社会基本矛盾及其运动，都是规律性的论述，而且都有关于这些规律的科学表述。没有对规律的认识，就没有马克思主义哲学。没有对立统一规律、量变质变规律、否定之否定规律，就没有唯物主义辩证法；没有社会存在与社会意识相互作用规律、生产力与生产关系、经济基础与上层建筑矛盾运动规律等等，没有对人类社会发展规律的认识就没有唯物史观。马克思主义哲学是可以验证的，可以作为基本理论和认识方法来运用的，而非只是供人清谈和思辨的，因为它的根本内容是自然、社会和人类思维的规律。正因为马克思主义哲学包括规律性内容，因此马克思主义哲学可以称为马克思主义哲学原理。马克思主义哲学原理包含的哲学智慧是无穷的，原理似乎是一些条条，但它的内容的奥妙和运用是无穷的。同样一个对立统一规律可以针对不同的对象，在不同环境和条件下发挥它的思维方法和工作方法作用。其他原理，也是如此。

马克思主义哲学之所以遭到统治阶级及其理论家们的反对，就是因为它是关于规律的学说。统治阶级及其理论代表们最不能接受的就是规律。马克思在讲到辩证法时说过："辩证法，在其合理形态上，引起资产阶级及其空论主义的代言人的恼怒和恐怖，因为辩证法在对现存事物的肯定的理解中同时包含对现存事物的否定的理解，即现存事物的必然性灭亡的理解；辩证法对每一种既成的形式都是从不断的运动中，因而也是从它的暂时性方面去理解；辩证法不崇拜任何东西，按其本质来说，它是批判的和革命的。"① 可见接受唯物主义辩证法，就是接受剥削阶级统治的暂时性，接受私有制的非永恒性，接受资本主义并非历史的终结的结论。这当然是他们不可接受的，也是一切为统治者辩护的理论家们不可接受的。

不仅是辩证法的规律，马克思主义哲学所揭示的全部规律都是统治者不可接受的。历史经验证明，当一个阶级处于上升时期其利益与社会发展存在某种一致性时，他们可以在一定程度上接纳规律，而当其统治地位和社会发展相冲突时，他们就会否定规律。资产阶级及其理论家们像害怕瘟疫一样抵制马克思主义，就是因为他们害怕规律。正是对规律的揭示，赋予马克思主义以不可战胜的力量，也正因为它站在人类社会发展规律一边，代表人类大多数的利益，从而也站在了道义的制高点上。

21. 时代精神的精华

真正的哲学是时代精神的精华。时代精神很抽象，但实际上就是隐藏在一个时代深处的历史走向和内在规律，它代表历史的进步潮流和方向。当哲学家用哲学的思维把社会发展矛盾及其走向，提升为哲学问题并经哲学方式表达这个走向时，这种哲学就是时代精神的精华。

哲学不应该与实际生活脱离，与时代脱节，变成单纯的学院哲学，变成书本哲学。哲学可以在学院里生长，可以在书本中表达，但它要成为具有时代影响的哲学，都会以种种不同的方式反映时代的要求，或直接，或间接，或明显，或隐晦。如果是高居于哲学殿堂，沉迷于空头议论，这种哲学往往是徒有其表，貌似吓人，实则对人类智慧并无用处。

---

① 《马克思恩格斯选集》第 2 卷，人民出版社 2012 年版，第 94 页。

马克思不是学院派，虽然他是著名的柏林大学毕业又获得哲学博士学位，但他关注现实，关注社会问题，从评书报检查令、林木盗窃法到对资本主义社会的经济学解剖，无一不是运用哲学这把解牛之刀剖析资本主义社会的矛盾，解答无产阶级和人类解放的历史之问。

哲学存在方式是多样的，功能也是多样的。马克思主义哲学是哲学中的一种，是独树一帜、号召革命和解放的哲学。也是有人类以来，真正代表受苦受难的被剥削者被压迫者翻身求解放的哲学。我们不会要求所有哲学都成为像马克思主义哲学这样有如此鲜明的阶级性、战斗性和实践性哲学，而且这事实上也是不可能的。

历史上的哲学是哲学家的哲学。哲学家们可以在学院、在研究院，甚至身居陋室，进行自己的哲学探索。其中不少哲学家对人类智慧做出了杰出的贡献，在哲学史上占有重要地位。但他们最大的弱点，是只能在极少数哲学知识分子中流传，影响范围有限。这种哲学往往因为他的创始人逝世、哲学学派逐渐消失，而只留下传世经典；马克思主义哲学不同，因为它不是单纯植根于学术界，而是面向群众，面向实践，因此它的存在土壤、传播土壤、接受者遍及全世界每个角落，因此受到各国反动派的打压，但它仍然存在和发展而且不断获得群众拥护。因此马克思主义哲学不仅是共产党的哲学，同时也是群众的哲学。

22. 哲学与答案

据说，哲学是没有答案的，只有问题。尤其是没有唯一的答案。因此，哲学是永远的提问。有答案的是科学，无答案的是哲学。这种说法正确与否？如果此说成立，哲学就无是非对错，可以信口胡言，这样哲学还有什么意义？

以王阳明著名的南镇观花为例。如果我们问，你不来看花时，在山中自开自落的花存在不存在？当然有答案：存在。你不来看花时，知不知道它存在？不知道。不知道，你何以肯定花存在？你来看花时，花才显现在你心中，而你走后花与你的心同时归于寂静，对不对？对。但结论不应该是花存在于你心中，而是花在心外，当你赏花，见到花，花才进入你心中。一个属于本体论问题，一个属于反映论问题。无反映，则不知道有花存在，但是心外无花则主体不可能有对花的反映。你走了，花与你的心同时归于寂静，但不是归于无，因为赏花的游客众多，你来我往，人人都能见到花。因此哲学不能因个人而立论，执着于我，否则就成为唯我论。大家都能见到花，这叫集体意识，而不是个体意识。而集体意识是共同意识，大家共同意识到有花的存在，至于各人对花的喜爱与否则属于价值评价，它是多样的。存在是客观的，是一；评价是多样的，是多。唯心主义以多否定一，而机械唯物主义则以一否定多。主客体关系往往包含一与多的关系。主体反映是多，这属于主体世界，而多中有一，这个一属于客观世界。朱熹说的理一万殊，天上一轮月，水中有无数月，凡有水处都有月。这种说法是合理的，不合理之处在于，朱熹讲的是理，是外在于物的理，这个理只能是理念世界。相当于说，水果是一，而其多种存在是水果的表现，这是头脚倒置的。

哲学回归生活是由天上回到地下。柏拉图的理念世界，是现实世界之外的世界，程朱理学中的理，是离事而言理。这个理存在于何处？黑格尔的绝对观念是一个凌驾于现实之外的世界。这些都是非生活世界。生活世界是人们的实践的现实的世界。人们要研究现实世界的规律，而理不过是现实世界规律的升华。

中国哲学与西方哲学尤其是西方近现代哲学不同。中国哲学是言简而意深，它的智慧蕴藏在命题之中。这需要体悟，是言有尽而意无穷。而西方哲学注重"前提—论证—结论"的联系。可以说，中国哲学，概念比较含糊，可解读空间大，争论空间也大，而西方哲学注重概念清晰，推论清楚，结论明确。因而可解读性空间少。西方哲学受自然科学影响大，而中国哲学接近诗意，受文学影响大。或者说，中国哲学类似写意画，神似而不在形似，而西方哲学近似油画，讲究画面清晰。

哲学是追求真理的学问，真理不仅在于结论的真实性，而且在于达到真理的过程的合理性。学习哲学，不仅在于掌握结论，而且要知道这个结论的根据和如何得出这个结论的。比如说，阶级社会存在阶级斗争这是结论，这个结论是研究全部阶级社会历史得出的结论。如果只知道这个结论而不懂它是如何得出的，则这个结论对于我们仍然是抽象的真理。可以说，马克思主义哲学中的基本原理都有一部认识史，正像列宁说的，哲学应该是关于世界的全部具体内容及其发展规律的学说，即对世界的认识历史的总计、总和、结论。如果哲学学习的只是一个个抽象的结论，只知其然而不知其所以然，那么这个哲学是学不好的。知其然，是结论，知其所以然，是其何以得出这个结论的依据和过程。

中、西、马哲学有一个共同的主题，即关于人与他生存其中的外在环境的关系。这个关系在西方哲学中称为主客体关系，在中国哲学中称为天人关系，在马克思主义哲学中称为人与世界关系。它们的理论各不相同。

西方哲学中的主客体关系，是从主客对立到主客统一的关系，但统一的基础是主体。在古希腊罗马时代，自然哲学处于主导地位，宇宙是人仰望的天空，自然是外在于人的研究对象。这时主客体处于二分的阶段，这种区分当然是对的，没有主客体的区分，任何科学研究和人类的认识都是不可能的，人不能认识主客不分的对象。可是当西方哲学发展到笛卡尔提出"我思故我在"后，我思成为我存在的根据，思成为存在之根。这样主客体关系倒置，成为思想决定存在。思想的决定作用表现在黑格尔的"实体即主体"的命题中。实体虽然是人的认识对象，当实体逐渐被主体把握时，人类可以发现，其实作为对象的实体就是主体的体现。主体与客体并非二分的，而是同一的。这也就是恩格斯说的，在黑格尔那里认识对象的本质或内容就存在于思想之中，对象无非是主体的异化，人变得不认识作为自身体现的异在的东西，仿佛不知道回家的孩子，精神处于流浪之中。最后才认识到认识和认识对象其实是同一的。这显然是唯心主义观念。它的合理之处在于，揭示了人对对象本质的认识是个过程，而思维与对象具有同一性。

中国哲学研究天人之际，重视天人关系。但它不是把对天人之际的认识导向科学地认识外在世界，而是把它导向道德修养，以求达到最高的道德境界，即天人境界。这种关于天人关系的思想一直是儒家学说的主流。因此儒家学说，不可能是科学学说而只能是道德学说。天人境界是什么？就是知天命、识天理，行天道、有天良。天理天良是最高道德境界。

马克思主义哲学是一种认识世界和改造世界的哲学，它强调世界是有自己规律的客观世界，它的存在和运行并不依赖人，即不依赖主体。但人可以认识世界和改造世界。因此，人是在实践基础上达到主体和客体统一的，客体的内容是客体自身固有的，而不是主体的显现。相反，主体所获得的认识内容是从客体中获得的。真理，并非主体赋予客体的，而是主体的认识和客体相一致，即主体中包含着的来自客体的内容。只有这样人类才可以有科学。各门科学的最高目标就是探求对象的规律，否则科学不能成立，即使研究人，也要把人这个主体当作不依赖研究者主体的对象，研究有关人的生存和发展的规律。人之所以能改造世界，正因为有主客二分，世界是不依赖主体的外在世界，人之所以能改造世界，同样因为在实践中能消除主客二分的对立而达到主客统一。当人类认识到主体认识中的客观内容就是客体，当人们在改造客体中实现了自己的目的，就是在实践中达到了主客体的统一。没有客体，就没有主客体统一的客观前提；没有主体，就没有主客体统一的动力。主客体统一是一个过程，是在实践基础上逐步达到的。

在当代世界，天人合一并没有也不可能消除天与人的区别。天仍然是人的认识和改造对象。如果人违背自然规律就会受到惩罚；人可以知天，但不可能灭天；天不知人，但可以施恩于人或报复人。这是自然规律的作用，不是天的意志。

人在任何时候都不可能达到绝对的天人合一，即不能达到完全把握自然运行规律。人永远在认识天，从主客观角度说同样如此，主客体绝对统一是不可能的。主客体绝对统一意味着人的认识穷尽了绝对真理，穷尽了世界。这在任何时候都不可能。恩格斯说过，我们现在的认识在后世子孙看来可能是原始的可笑的。后人纠正我们的错误比我们纠正前人的错误要多得多。否定主客二分，梦想主客绝对统一是狂妄可笑的。主客实现统一对个人来说是个过程，对人类来说也是个过程，而且是个无止境的过程。只有这样，人类才能发展和进步。

胡塞尔的现象学，本质上与康德、黑格尔的哲学一样。胡氏的回到事物本身，并非回到意识之外的客观存在本身。因为未被意识到的存在，不可能被意识掌握，它存在于意识之外，表明它是不可知的，至少是未知的。凡是在意识中的存在，都是被意识到的存在。因此回归事情本身，实际上是回归于意识中的存在本身，但既然是意识中的存在，就不再是客观意义上的存在，而是意识中的存在。这是个认识论中的矛盾。没有被意识到不可能知道它存在，当其被意识到时已经是意识中的存在。黑格尔解决这个矛盾的路子，是规定"实体即主体"，实体是被主体化的实体，因此主客体二元对立是异化，而消除异化则是主客体的统一。统一于什么？统一于主体，或者说统一于绝对精神或绝对观念。再一条路就是康德的物自体。凡是进入人的思想的东西都是现象，而物自体本身是在认识之外的，永远不可能进入人的认知。因此，胡塞尔的回归事情本身不可能是回归物自体，因为物自体是不可能回归的，它在认识界限之外。一句话，凡被意识到的东西必存在于意识之中，凡不存在于意识之中的东西，一定是未被意识到的。无论是贝克莱的存在是被感知，还是王阳明南镇看花，逻辑都是一样的。这可说是个难题。这个难题只有马克思主义哲学才予以解决。

毫无疑问，只有进入意识才能被意识到，意识是被意识到的存在的前提。马克思和恩格斯对此并不否认。于是，我们需要解决两个难题：第一，既然存在是被意识到的存在，未被意识到的存在我们是一无所知的。可是被意识到的存在，是否由于它被意识到而失去它的客观性呢？是否由于被意识到就会变为主体性存在呢？究竟是我们的意识由于反映存在才成为真正的意识，成为真理性意识呢，还是存在由于被意识而成自身非客观性存在呢？马克思已经解决了这个问题，既反驳了彼岸世界的物自体，也反驳了凡被意识到就只有主体而不可能有真理的观点。这就是马克思著名的《关于费尔巴哈的提纲》第一条、第二条。第一条阐述了唯物主义的主客体观，它既反对旧唯物主义也反对唯心主义。强调在实践基础上的统一，既保持了客体的客观性，又高度重视主体对客体的能动作用。第二条，进一步明确：人的思维是否具有客观的真理性，这不是一个理论问题，而是一个实践的问题。人应该在实践中证明自己思维的真理性，即自己思维的力量，自己思维的此岸性，关于离开实践的思维的现实性或非现实性的争论，是一个纯粹经院哲学的问题。什么不可知的物自体，或回归事情本身就是回归意识中的存在本身，都是脱离实践的抽象议论。第二个问题是个难题，何以断定世界的物质性，断定没有被人意识到的世界仍然是物质世界？按照最新时髦的实践哲学，人不能承认实践之外的存在，只能承认实践之内的存在。世界物质性的观点是形而上学，是拜物教。这个观点我多次驳斥。人的实践是有限的，世界是无限的，以人类有限的实践来限定无限世界是荒谬的。在人的已知世界之外还有一个无限的世界,一个人类实践还没有达到的世界。只要有点头脑,这还不容易理解吗!如果世界只能存在于实践之内,那人类实践就是个封闭的牢狱,人类实践的扩大是向一个原本不存在的世界扩大,岂不荒唐?

中国哲学中存在过贵无和贵有的争论。其实,这种争论在马克思主义看来都是片面的。无和有是一对范畴,它们彼此不可分。任何具体事物的产生,就这个事物来说,肯定是从无到有。例如,收音机的产生,从无到有。从没有飞机到有飞机,中国航天航空事业对新中国来说都是从无到有。从无到有是辩证法,是产生、发展的辩证法。可是任何东西都不可能从绝对的无中生出有来,不能无中生有。无之可以生有,因为无不是空无,不是一无所有,而是包括产生有的因素。这是唯物主义原则。马克思主义哲学的发展观承认具体事物的发展都是从无到有,因为任何一种事物都有其产生、发展的过程。中国古人说,物有本末,事有终始。这是辩证法。但事物不可能从虚空中产生。人是从无到有的,可人的产生有一个从猿到人的过程。鸡生蛋,蛋生鸡,可以是一个圆圈。但无论是鸡还是蛋,都有其来源。家鸡来自野鸡,而野鸡可以来自非野鸡,生物学可以研究这个问题。总之,第一只鸡不是鸡蛋的产物,而是由其他禽类进化来的,然后才能进入鸡与蛋的相互关系的链条。

23. 对象化意识与自我意识

人应该有两种意识,一种是对象化意识,即认识外在世界;一种是自我意识,即认识自我。人离开外在世界就无法生存,因此必须认识外在世界。无论是对事物的认识,还是对自然规律和社会规律的认识,都是对外在于我的外在世界的认识。心外无物,心外无理的说法,无论就哲学或科学来说都是说不通的,也是与人们的生活实际相违背的。没有外在世界，就没有认识。

可人与动物不同。人不仅有对象化意识还有自我意识，即人能返观自身，认识自我。人能对自己的意识、对自己的心理进行自我分析，即解剖自己。越是能解剖自己的人，能返身求诸己的人，越是具有智慧的人。人最难的不是认识对象，而是认识自己。因此认识对象可以成为有知识的人，能认识自己才是最有智慧的人。而哲学则不仅重视对象化知识，而且重视自我认识，提倡认识自我。可认识自我，必须把自我对象化，这是最难的，自我既是认识主体又是认识客体。这二者合一的情况，给自我认识带来极大的困难，因此自知比知人更难。

卷二

历史之思

1. 历史观为什么重要？

　　历史是人的实践活动，它要变成可考察的历史必须呈现为历史上活动着的人的实际生活，以及历史事件和历史人物。劳动者的日常生产和生活是历史的基础，但并不显眼，而历史过程最有标志性的往往是历史事件和各式历史人物。因此历史评价突出地表现为对历史事件和人物的评价。

　　不同的历史观，对同一历史事件和历史人物会有完全不同的评价。我们只要看看马克思和恩格斯当年对鸦片战争、太平天国的评价就可以知道。至今，中国一些精英们仍然为英国发动的鸦片战争辩护，说起因是中国拒绝贸易，而不讲是什么贸易，只说太平天国愚昧，而不懂得为什么会有太平天国运动，它究竟有何历史意义。我们还是读读马克思和恩格斯的论述吧："中国的连绵不断的起义已经延续了约十年之久，现在汇合成了一场惊心动魄的革命；不管引起这些起义的社会原因是什么，也不管这些原因是通过宗教的、王朝的还是民族的形式表现出来，推动这次大爆发的毫无疑问是英国的大炮，英国用大炮强迫中国输入叫鸦片的麻醉剂。"[1]"历史好像是首先要麻醉这个国家的人民，然后才能把他们从世代相传的愚昧状态中唤醒似的。"[2]

　　马克思恩格斯从鸦片战争和太平天国革命中看到了中国民族复兴。恩格斯指出："旧中国的死亡时刻正在迅速临近。……中国的南方人在反对外国人的斗争中所表现的那种狂热本身，似乎表明他们已觉悟到旧中国遇到极大危险；过不了多少年，我们就会亲眼看到世界上最古老的帝国的垂死挣扎，看到整个亚洲新纪元的曙光。"[3]

---

[1]　《马克思恩格斯选集》第 1 卷，人民出版社 2012 年版，第 779 页。
[2]　同上书，第 779—780 页。
[3]　同上书，第 800 页。

观察和评价重大历史事件应坚持历史唯物主义原则。为什么会发生鸦片战争？为什么会发生太平天国革命？鸦片战争本质上是西方资本主义争夺市场的战争。当中国拒绝鸦片贸易时，英国就为了这个不道德的贸易而寻找借口发动战争。为什么会发生太平天国革命？太平天国革命是腐朽的清王朝由于受西方资本主义逼迫而不断割地赔款的背景下，引发的广大农民反对清王朝和西方帝国主义的革命。正如马克思说的，太平军给人的印象就是凶神恶煞下凡，而这种凶神恶煞只是在中国才可能有。它是停滞的社会生活的产物。它具有以前农民革命不曾具有的新的特点，它因为没有别的思想武器就只能借用宗教的平等学说，因为中国的儒家学说不可能为农民反抗压迫提供理论和道义上的支撑。

西方资本主义产生后的各种对外战争，都是为了贸易，为了市场，往往最后采取炮舰政策，打不开的国门，用炮舰轰开。当然，他们总要站在道德制高点来装饰自己的强盗行径。当年马克思就揭露英国对华战争：惯于吹嘘自己道德高尚的约翰牛，却宁愿隔一定的时候就用海盗式的借口向中国勒索军事赔款，来弥补自己的贸易逆差。现在的战争仍有可能是产生于贸易逆差之间。只要听听特朗普的言论，就知道了。

2. 历史和历史观

中国强调不忘历史，只有不忘历史才能开拓未来，而日本片面强调不要纠缠历史，而应该着眼未来。这是两种历史观，它背后的原因：一个是曾经的侵略者，有着沉重的历史欠债，一个是被侵略者，有着历史的苦痛记忆。侵略者声称不要纠缠历史，就是否认侵略；而被侵略者牢记历史，就是防止历史重演。事实上，应该有相反的提法，侵略者应该强调牢记历史，认真承认错误，不再重走过去的道路，而当侵略者承认过去罪行，被侵略者可以忘记历史，一笑泯恩仇。只要侵略者一天不承认侵略的历史罪行，被侵略者就决不能忘记历史，以防再度遭受侵略。前事不忘，后事之师。这对侵略者和被侵略者都是真理。可侵略者很难接受这个简单道理。

历史是过去，可作为曾经发生过的历史事实是客观的，它不会因年代久远而成为非存在。这就是历史事实的客观性。不是历史观决定历史事实，不是有什么历史观就有什么历史事实，而是面对同样的历史事实，可以有不同的历史观。由于不同的历史观而形成各人心目中的不同"事实"。这种不同的所谓事实，只是对事实的不同看法的另一种说法。侵略者眼中的事实就是侵略有理的事实：日本没有侵略过中国，只是进入；侵略是不可定义的，也没有定义；南京大屠杀不存在，因为谁也说不出人数。以历史细节的问题否定整体的历史，是侵略者的常用手法。这样的障眼法我们不能上当，正如托克维尔所说，当过去不再照亮未来，人心将在黑暗中徘徊。

3.历史观与历史

历史观是由历史决定的，而非历史决定于历史观。由商朝的"我生不有命在天"，到周代时的"天命靡常，以有德者居之"，都是存在决定意识。到战国时礼崩乐坏，天下大乱，则意识到"天道远，人道迩"，于是必须研究人道，研究治道。这样才可能有孔孟的王道仁政学说的出现。而老庄则从另一角度观察历史，主张避世无为。诸侯国相互征战，则有变法说，变法才能图强，于是法家历史观及其改革思想登上舞台。法家不是法治而是为人治服务的："民一于君，事断于法，是国之大道也。"到了汉时则出现维护王朝大一统的学说，因为汉继秦成为大一统的王朝。

从历史的角度看，包括儒家思想在内的中国传统思想文化中的优秀成分，对中华文明形成并延续发展几千年而从未中断，对形成和维护中国团结统一的政治局面，对形成和巩固中国多民族和合一体的大家庭，对形成和丰富中华民族精神，对激励中华儿女维护民族独立、反抗外来侵略，对推动中国社会发展进步、促进中国社会利益和社会关系平衡，都发挥了十分重要的作用。

当今世界，人类文明无论在物质还是精神方面都取得了巨大进步，特别是物质的极大丰富是古代世界完全不能想象的。同时，当代人类也面临着许多突出的难题，比如贫富差距持续扩大，物欲追求奢华无度，个人主义恶性膨胀，社会诚信不断消减，伦理道德每况愈下，人与自然关系日趋紧张，等等。要解决这些难题，不仅需要运用人类今天发现和发展的智慧和力量，而且需要运用人类历史上积累和储存的智慧和力量。

林毓生在其《中国传统的创造性转化》序中说，自由、理性、法治与民主，不能经由打倒传统而获得，只能在传统经由创造性的转化而逐渐建立一个新的、有生机的传统的时候才能逐渐获得。这个说法有一定道理，但必须有个前提。创造性转化并不是纯粹从阅读文本中，或用解释学解读传统文本而能实现的。从《庄子》的精神自由中解读不出当代自由，从孔孟关于王道和霸道的论述中解读不出当代中国不称霸的和平外交，等等。在我看来，中国共产党人提出的创造性转化和创新性发展是基于社会制度变革的社会条件变化，而不是基于从解释学出发的新解释。儒学，从原始儒学到董仲舒的天人感应，再到宋儒的心学和理学，都是在儒学范围内的转化，道统一脉相承。我们的创造性转化不是解释学的，而是以马克思主义为方法论指导，立足中国实践，采取"去粗取精、去伪存真"的改造制作方法，使它成为马克思主义中国化的精神资源。我们并不是沿袭儒家道统的老路走，而是沿着马克思主义中国化的传统，沿着马克思主义与中华民族文化相结合的要求走。

人文学科能不能叫人文科学？有不同意见。有学者认为，因为人文学科是寻找人生意义的学科，而人生意义是没有最终答案的，因此与人生意义有关的学科，哲学、文学、历史、宗教、艺术等等，都不能寻找规律。这种说法有一定道理，但却不能因此把人文研究排斥在科学之外，因为其中每个部门的研究都是有规律可寻的。如果没有规律，就没有办法研究。

究竟如何对待传统？要有辩证的态度，并做具体分析。我们不能抽象地讨论传统能反不能反，如果传统不能反，我们就永远生活在传统之中，不能进步；如果说传统应该反，那我们就没有前进的台阶，因为传统是后人进一步发展的垫脚石。按照马克思主义的观点，传统有双重特性，一个是惰性，是历史包袱，是阻碍前进的陈规旧矩，另一种是人类文化和智慧的积累，它是后人能够前进的思想文化动力。因此我们对待传统必然是批判与继承同在、继承与创新同在。

4. 镜子与影子

习近平十分重视历史，认为历史是最好的老师。他在2015年8月23日致第二十二届国际历史科学大会的贺信中说："历史研究是一切社会科学的基础，承担着'究天人之际，通古今之变'的使命。世界的今天是从世界的昨天发展而来的。今天世界遇到的很多事情可以在历史上找到影子，历史上发生的很多事情也可以作为今天的镜鉴。重视历史、研究历史、借鉴历史，可以给人类带来很多了解昨天、把握今天、开创明天的智慧。所以说，历史是人类最好的老师。"[①] 这里有两个重要的比喻：镜子和影子。

镜子，是说历史经验可以成为现实的借鉴。以历史为镜，可以知得失兴替。影子，是说历史有相似之处，这种相似性，仿佛现实是历

---

① 《习近平致第二十二届国际历史科学大会的贺信》，《人民日报》2015年8月24日。

史事件的重演。当然不是真正的重演，但从其相似性中，或者说，从影子中可以看到应该如何处理问题的经验和教训。

影子和镜子都是从历史经验和教训来说的。历史能否成为镜子和影子，取决于主体对待历史的态度。史学研究的职能和作用就在于此。历史和现实不是截然割裂的。现实由历史发展而来，而且历史就存在于现实之中。历史不仅存在于史学家的著作中，存在于文献中，存在于档案中，更存在于现实中，存在于我们现实的每个人的血脉之中。

我们不是为历史而研究历史。历史并不仅仅是过去发生了什么，如果这样的话，历史对现实并无影响。其实历史和史学是有区别的。史学，是对历史的研究，对历史经验的总结，以提供借鉴的方式发挥它的作用。观今宜鉴古，重点在鉴。可是，历史本身不仅以鉴的方式来影响现实，而且本身就作为民族文化基因存在于现实之中。我们不仅要从文献中寻找历史，还要在现实中寻找历史。中国现实为何如此？为何中国发展道路不同于美国不同于欧洲国家？因为国情不同，国情何以不同？因为历史不同。各国有各国发展的历史，中国的历史影响着中国发展的道路，中国的历史和文化塑造着中国人的思维方式、民族性格和民族心理。离开中国的历史，就无法理解中国的现实。

只要我们仔细观察现实，就会发现在当代的社会现实中仍有许多不良的历史残留。比如婚姻中的门第观念、官贵民贱的思想、等级观念、情大于法的观念等等。就像马克思说的，死人纠缠活人的头脑。因此历史传统总是有两方面，好的和坏的。好的传统是现实中的积极因素，而坏的传统是现实中的惰性因素。我们在改革开放中强调解放思想，就包括从历史的陈旧观念中解放出来。

5. 镜鉴的价值

任何问题都是自己时代的问题，问题的答案存在于问题之中。历史提供的是历史经验和教训，它可以借鉴，但不是现成答案。传统文化可以提供智慧和前人的思考，但也不能为解决当代问题提供现成答案。当代的问题都由当代解决。前人都只是借鉴，故称镜鉴。

观今宜鉴古，无古不成今。历史不会重复，文化具有时代性，任何传统文化都是为时代而产生，它虽具有超越时代的智慧，但不是当代问题的答案。问题永远是时代的、现实的。而解决问题的答案永远存在于问题之中，不能从古人那里去寻找解决当今问题的答案。任何古书都不可能载有现代问题的答案，因为问题还没有提出来。即使是马克思主义也不是现成答案，而是当代人回答问题的思想方法的指导。问题如何解决还要靠当代人自己。

6. 历史与人

研究历史当然离不开人，因为历史就是人的活动造成的。但历史研究不可能研究每一个人，否则就是无法完成的任务。对于伟大的历史人物，我们当然要研究其个人，而对于广大的普通群众，我们不能去研究其中的每一个人，而是把他们当作整体去研究，把他们作为历史的创造者去研究。这样历史研究才会包括阶级、政党、群众、领袖的问题。

我们说，历史是人民群众创造的，这是因为社会得以存在和发展的物质基础的直接生产者就是劳动群众，没有他们的劳动，社会就不能存在。其他一切活动，包括科学、政治、艺术、宗教等等，都是在直接生产者满足从事这些活动者的生存需要时才有可能，没有不吃不喝的思想家、科学家、政治家。这是最基本的，但人民群众创造历史的作用不限于此，否则人民群众的伟大作用就和一个供应吃喝的服务员没有区别了，这岂能成为历史的创造者？

人民群众是直接的生产者，是劳动者。劳动往往是静悄悄的，不是轰轰烈烈的。可就是这种日常的劳动在一步步改变世界。当人们在劳动积累中孕育产生出科学技术的突破时，就会引起社会生产方式、思维方式的变化。劳动是社会存在的基础，是引发社会变革的动因。劳动确实是在地底下不断掘进的"老田鼠"。当地底下的活动变成地面上的活动时，就是社会变革到来的时候。政治家扮演的角色，是从地底活动转变为地面活动的发起者。适应这种变革的是革命家，阻碍和反对这种变革的是逆历史潮流的反面角色。

在封建社会，农民的劳动是日出而作日落而息，年复一年的劳动，可就是这种分散的、个体的农业劳动构成了中国封建社会的经济基础，全部封建社会的上层建筑都是由它决定的。当封建生产关系和上层建筑严重阻碍农业生产力发展时，就表现为农民生活贫困，田地荒芜，正常劳动无法进行。革命变革就会到来。资本主义社会也是一样。资本主义社会就是建立在工人的日常劳动基础上。机器可以轰鸣，可工人的劳动仍然是静悄悄的。就是在工人这种静悄悄的劳动中积累着资本主义社会的矛盾，并最终引爆社会变革。

没有雇佣工人的劳动，就没有资本主义社会。资本主义社会的全部上层建筑都是建立在这种雇佣劳动基础上的。如果工人停止劳动，资本主义社会就不复存在。文学家、艺术家、科学家当然是杰出的个人，但他们是怎样产生的？哪个艺术家、文学家能跳出由当时的劳动者为他们搭建的社会平台？没有封建社会的农民生活和社会状况，能产生杜甫的"三吏三别"吗？能产生陶渊明这样的田园诗人吗？工业社会难有陶渊明。有，也是假的。至于科学家也是如此，没有一个科学家能离开社会生产对新技术的需求，没有一项科学技术是完全脱离社会条件而凭空从头脑中产生的。否则，爱因斯坦就可以出生在中国，也可出生在非洲。可能吗？不可能。

人民群众以自己的劳动构建了人类生存的经济基础，并为人类的文化活动、政治活动提供了历史舞台。再伟大的政治家、革命家都是受社会经济背景制约的。农业社会只能产生农民革命领袖,产生秦皇汉武、唐宗宋祖式的人物,而只有在工业社会,只有无产阶级出现后才能产生马克思和恩格斯,产生无产阶级革命领袖。同样只有中国才能出现毛泽东这样的人物。只要你深入研究杰出人物、伟大人物,都可以发现他们的民族特性、时代特性,而构成这个民族特性时代特性的,就是劳动者看似平常的静悄悄的劳动。革命时期的狂风暴雨,其实是从平常的静悄悄的劳动的矛盾积累中孕育出来的。革命风暴是短暂的,而平凡劳动是永恒的。劳动是人类永恒的存在基础,是人类生存的常态。可以说,人类历史是一部劳动创造史。雅斯贝尔斯说,"在历史当中,惟有物质的基础,才是一而再、再而三地反复出现的"[1]。这种说法是对的。

7. 再谈历史与人

人类历史是人的活动和创造的历史。它并不是毫无情感色彩的平静的时间之流。斯特恩说得对,"显然,一个没有'需要刺激'、没有羡慕、没有欲望的世界将是一个没有历史的世界,因为——正像维科、康德、黑格尔和马克思后来向我们证明的那样——羡慕、情感和需要构成了历史的燃料、支持着历史的前进。我们确实可以说,历史是连绵不断的,历史就是要摆脱被认为是不完美的梦想向着一个完美的构想前进的现在。历史存在于为各个集团所确认的,真实的消极的价值与想像中的积极的价值之间的这种对立之中"[2]。这种观点是深刻的,它揭示了历史发展中的主体方面,但不能把历史发展归结为不同

---

[1] 〔德〕卡尔·雅斯贝斯:《论历史的意义》,载《历史的话语:现代西方历史哲学译文集》,广西师范大学出版社2002年版,第53页。

[2] 〔美〕A.斯特恩:《历史哲学——其起源及宗旨》,载《历史的话语:现代西方历史哲学译文集》,广西师范大学出版社2002年版,第342页。

价值的斗争。因为在需要、情感和欲望深处，存在利益的对立，而利益对立的基础是生产方式。这是马克思的高明之处。

历史整体的可解释性是历史哲学的核心。可唯心主义把某种单一观念作为解释根据。黑格尔用绝对观念，奥古斯丁用神的观念，理性主义者用理性，抽象人本主义者用人性，作为解释历史的依据。与所有这些不同，历史唯物主义基于社会存在的发展而肯定历史整体的可解释性。社会发展是由于生产力的进步推动生产关系的变化从而导致上层建筑的变化。社会基本矛盾是根本动力，而基于社会基本矛盾的阶级斗争和革命则是直接动力。历史的整体性解释是必要的，但它不能代替具体的历史研究。整体提供的只是理解历史的哲学方法。

把握历史的整体性，不能用目的论，因为历史没有目的，而应该用规律论。目的只属于人，是人的追求，而历史是人的活动过程，规律则属于历史而不是属于个人。规律是客观的，目的是主观的。两者可能产生矛盾。在历史规律面前，人的目的达不到是常见的。没有一个逆历史潮流者能达到目的，而符合历史规律的活动，无论开始如何弱小，结果总是会胜利的。当年毛泽东说的星星之火可以燎原，就是这个意思。历史不是历史事件和历史人物的偶然无序的堆积，历史是整体，是过程，有规律。因为历史从根本上说就是社会发展史。这里说的社会不是狭义的小社会，而是包括社会的生产方式即生产力和生产关系、经济基础和上层建筑的社会形态发展的历史。社会有结构，社会的发展和变化有规律，因而历史必然是有规律的。没有社会，就没有人类历史，人类历史都是作为社会形态存在的。同样，没有历史，社会就是一种抽象的存在。因为不变化发展的社会就是无。只有在历史发展中才显现出人的社会本性，只有在社会发展和变化中，才显现人是历史存在物。社会变化不仅构成人类历史，而且显现人的变化。

克罗齐说，只有对现实生活产生兴趣，才能进而促使人们去研究以往的事实。所以，以往的事实不是符合以往的兴趣，而是符合当前的兴趣。为历史而研究历史，是不能成立的。有的历史学者自以为靠的是超脱世外的纯学术兴趣，而没有意识到个人兴趣背后隐藏着社会的动因。

克罗齐作为一个黑格尔主义者，只承认精神的历史而不承认客观的历史。在他看来，只有对研究者来说才有历史，而对非研究者来说只有文献和史料。历史只有对历史研究者才存在。这显然是把史学与历史混为一谈了。历史是客观的，它不属于任何一个人，而是属于人类，是人类经历的过程。中国历史属于中国各民族人民而不是只属于历史学家。史学研究当然是属于一部分人，属于历史研究者，但历史学家是研究历史而不是创造历史。创造历史的是人民，历史是由曾经生活其中的人民创造的。秦汉的历史是由秦汉时代的人民用自己的实践创造的。当代的秦汉史研究者对秦汉时代的历史既不可能增加什么，也不可能减少什么。

8. 历史研究与文学描绘

虽然历史学不像文学那样主要是描写人，但同样也离不开对人的研究，因为历史就是人创造的。只是历史学对人的研究与文学有所不同。文学可以研究典型环境中的典型性格，可以通过一个人描写一群人。历史学则不能。第一，历史学不可能研究所有的人，历史中的人都是有名有姓的人，无论是伟大人物、杰出人物，或者遗臭万年的人，也都是个体。没有帝王将相，没有伟大人物或杰出人物，不可能成为历史。第二，历史研究的是有个性的人，而不可能描述典型的人。秦皇汉武、唐宗宋祖，以及毛泽东、邓小平，作为历史人物都是各有特点、各有个性。因此，历史人物，没有典型的人，只是有个性的人。也不可能只研究某一个典型的人来理解历史。文学中可以塑造出阿Q，历史人物中不能有人物塑造。假想人物不是历史人物，而是文学人物。

9. 历史的前台和后台

在哲学思想史上，还没有一种哲学像马克思主义哲学这样如此重视劳动，从而重视劳动人民在创造人类历史中的决定作用。世世代代被哲学史所渺视的劳动人民，在马克思主义哲学中上升到历史创造者的地位。我们之所以把马克思主义哲学的产生称为哲学变革，这是很重要的一个原因。

社会历史和自然界一样存在着现象与本质的关系问题。从现象来看，在重大政治变革和历史事件中的首倡者、组织者都是领袖人物；同样，在思想文化领域中像群星闪耀的也都是些历史名人。相比之下，人民群众往往是沉默者，至多是参与者。这就是人们在经验生活中看到的现象，历史舞台前面的都是杰出人物。他们有名有姓，青史留名，而劳动群众无名无姓，属于路人甲、路人乙，是历史舞台上跑龙套的。这就是从纯感性视角看到的社会历史现象，也是所有英雄史观的眼界无法超越的界限。考察人类社会历史，必须有个总体视角，即考察人类社会何以存在，人类社会存在和发展的基础是什么。当我们这样提出问题时，必然会重视劳动和劳动者的历史作用。

历史唯物主义关于人民是历史创造者的观点，它的理论和事实根据就是劳动创造人类世界。人类面对的对象化世界，是由劳动者的劳动创造的。如果停止生产半个月或一个月，社会全部活动都会停止运转，社会就难以维持。这是人人都知道的事实。农民种田，工人做工，生产出人们需要的生活资料，不正说明他们只是普通的人，并不是杰出人物吗？真正杰出人物应该是卓尔不凡、闻名遐迩的人物。但熟知并非真知。正是在普通劳动者的平凡劳动中隐藏着社会发展的内在动力。恩格斯《在马克思墓前的讲话》中说过，"直接的物质的生活资料的生产，从而一个民族或一个时代的一定的经济发展阶段，便构成基础，人们的国家设施、法的观点，艺术以至宗教观念，就是从这个基础上发展起来的，因而，也必须由这个基础来解释，而不是像过去那样做得相反"[1]。生产劳动不仅是社会存在和发展的基础，而且正是普通劳动者的日常劳作为政治革命、为艺术和科学创造准备和积累着必要的元素。如果没有生产力的发展，没有生产的进步，革命不能从天而降，伟大的思想也不能从思想家头脑中突然产生。

在阶级社会中，劳动者仿佛一生注定做牛做马，只是为人类生存提供物质生活资料。尤其是因为普通劳动者长期生活在社会底层，受压迫和缺少教育，因而仿佛永远是沉默的大多数，是社会变革的旁观者。其实，在社会矛盾尚未激化，统治者的统治相对稳定时可能如此，可当社会矛盾激化，群众揭竿而起时，人民就再也不是沉默的大多数，而成为荡涤一切的狂风暴雨，冲决堤岸的滔滔洪水。列宁说过，"群众在'和平'时期忍气吞声地受人掠夺，而在风暴时期，无论整个危机的环境，还是'上层'本身，都促使他们投身于独立的历史性行动"[2]。历史上所有的革命队伍都是由群众组成的，他们是革命的中坚力量。而站在革命队伍前列的领导者，大多数都是从人民群众中脱颖而出的杰出人物，或是背叛自己的阶级先辈的仁人志士。这时，也只有在这时，人们才容易看到人民的力量。如果没有这些平时沉默的大多数的参与，任何革命都是不可能的。

历史唯物主义充分肯定杰出人物的作用。谁要说一个杰出人物高出成百成千的普通个人，我看不会有人反对，如果不比普通人胜出，岂能称为伟大人物？但历史唯物主义反对英雄史观。卡莱尔说，世界史，人类取得成就的历史，归根到底就是这个有过作为的伟大人物的历史。这不符合历史事实。历史不只是英雄豪杰的历史，如果没有被领导者就没有领导者，没有士兵就没有统帅。马克思说过，我们知道

---

[1] 《马克思恩格斯选集》第3卷，人民出版社2012年版，第1002页。
[2] 《列宁选集》第2卷，人民出版社2012年版，第461页。

个人是微弱的，但是我们也知道整体就是力量。确实，滴水不可载舟、不可覆舟，可当滴水汇聚成大河时就具有载舟、覆舟之力。没有任何力量可与人民的力量相抗衡。中国共产党的伟大不仅在于拥有数千万党员，更在于领导着全国人民。我们党一直强调群众观点和群众路线，强调民心，也是这个道理。

杰出人物对历史的作用，领袖人物的重要性当然要充分肯定。但杰出人物并非天生，而是形势造成的。《战国策》秦客卿造对穰侯说，"圣人不能为时，时至而弗失。舜虽贤，不遇尧也，不得为天子；汤武虽贤，不当桀、纣，不王；故以尧、舜、汤、武之贤不遭时，不得帝王。"[1]时势造就伟大人物，所谓时势就是人的活动和人心的凝聚。因此，每个时代的造势者说到底是人民大众。中国历史上所谓尧、舜、汤、武的"遭时"，本质上就是得到人民的拥护。得民心者得天下，得民心就是得到人民拥护。

在文化领域中仿佛人民群众无所作为，但这只是一个表面的看法。毫无疑义，无论中外古今，伟大的思想家、文学家、艺术家等等，对文化的个人贡献值得我们尊敬。但是人民的生活才是一切思想文化的源泉，没有人民的实践和他们在实践中积累起来的智慧，也就不可能有伟大的文化产品。马克思说过，"哲学家并不像蘑菇那样是从地里冒出来的，他们是自己的时代、自己的人民的产物，人民的最美好、最珍贵、最隐蔽的精髓都汇集在哲学思想里"[2]。马克思关于哲学所说的话，适用于作为观念形态的一切时代的思想文化。"最美好、最珍贵、最隐蔽的精髓"，就存在于人民群众普通的日常生活或激烈的斗争生活中。只是这个"最美好、最珍贵、最隐蔽的精髓"并非人人可见、人人能见。哲学家、思想家、文学家之所以是哲学家、思想家、文学

---

[1] 《战国策·秦策三》。
[2] 《马克思恩格斯全集》第1卷，人民出版社1995年版，第219—220页。

家，正在于他们有善于把握事物本质的哲学眼光和善于捕捉生活之美的审美眼光。他们越是深入人民生活，就越能发现别人看不到体会不到的人民生活中的"最美好、最珍贵、最隐蔽的精髓"，也就越能成就自身的伟大。在人类思想文化史上，凡是与人民为敌的所谓"思想家"都只能随反动统治而退出舞台，而不可能在思想史上绽放光芒。"人民性"可以说是一切思想理论和文学艺术的通灵宝玉，得之者生，失之者死。

在文化领域，人民大众的生活不止是从根本立场和价值观上影响文化产品的优劣高低，而且人民大众同样是文化的创造者。他们虽然不是传世的文化典籍的作者，但在非物质文化领域，普通人民往往占有突出的地位。精美的石雕、木塑、泥塑，各种传统的工艺、手艺给人类文化留下无数瑰宝。他们是没有留下姓名的木匠、石匠、泥瓦匠、裱匠、绣工、织工等手艺人。我们引以自豪的敦煌石窟、龙门石窟，以及隐藏于天下名山中的诸多寺庙建筑，还有江南园林等等，其建造者大多是普通的劳动者。"高手在民间"，我们不仅要牢记那些著名思想家和他们留下的经典作品，同样要记住那些生活在底层而对人类文化做出贡献的无名无姓的百工技师。我们的故宫博物院中，除了名人字画外，还有作为国宝的青铜器和各种名窑瓷器，一般没有人知道制作者是谁。如果排除了这些文化遗产，就不可能有全面的人类文化。

历史上有些进步思想家、哲学家、历史学家也认识到人民的力量，所谓"民为邦本，本固邦宁"，"水可载舟，亦可覆舟"等等，可由于历史条件和种种原因无法向前跨进一步，由此得出人民是历史发展决定力量的思想。因为统治者总是怀着一种恐惧心理看待人民的力量，认为治民如以缰索而驭六马，弄不好就会车毁人亡。他们不是出自内心地尊重人民，而是对人民的力量感到害怕和恐惧。他们看重的是治民要术，而非人民自身的创造力量。历史唯物主义关于人民是历史的创造者的观点，是与科学地认识人民群众在历史中的作用，追求根本改变人民的地位以实现人民解放相联系的。马克思主义把被颠倒的历史颠倒过来,把劳动和劳动者放在人类历史的高处。对中国共产党人来说,人民是历史创造者并非应景虚言,而"以人民为中心"也是贯穿包括思想文化领域在内的社会一切领域的根本政策的灵魂。

10. 历史的意义

历史是有意义的,而且历史的意义是可以理解的。否则,何必研究历史呢?我们必须承认,历史有其意义,历史发展作为一个整体有它的趋向、意义和可理解性,因为事件之间存在复杂的因果关系和内在必然性。理解历史的意义,就是揭示存在于历史过程中的因果关系和历史必然性。

历史的意义并非人强加的,因为客观历史自身必然包括人称之为意义的东西。历史事件有其内在联系,比如为什么中国只能走这条路而不是别的道路,为什么不能像日本、美国,而只能走自己的路呢?因为中国的历史条件及与外在世界的关系决定它只能走这条路,别的路走不通。试过,都失败了。但历史自身并不会说话,说话的是历史学家。有些道路走不通,这个道理并不是人人明白的,因为到现在还有人想走。这就需要政治家、历史学家把道理说明白。像沃尔什说的,"尽管历史事实的许多细节还隐晦不明,历史事件的相互联系还模糊不清,但无论如何,历史学家的目的却是要减少蒙昧和排除阴霾,一句话,就是要依任务的性质和担负此项任务者的资质与能力之不同,尽可能使过去能够为人所理解。总之,任何一个历史学家都不会接受历史不可理解这种说法"[①]。

[①] 〔英〕W. H. 沃尔什:《历史中的"涵义"》,载《历史的话语:现代西方历史哲学译文集》,广西师范大学出版社2002年版,第248页。

历史过程当然是人创造历史的过程。它包括已经成为客观事实的历史过程、历史事件和历史人物，这都是无法改变的过往存在。可就人的活动而言，人是有思想有情感有意志的生物，因此我们不可能把历史变为无主体的客观过程，因此历史总是包括主体客体两个方面。就客体而言，它是事实，就主体而言，它包括人的意志和观念。比如战争，就包括交战双方将帅士兵的意志对决；革命，就包括革命者追求理想信仰的活动，包括反对革命者的意志和思想的活动。因此历史研究可以是多角度的，既可以研究经济、政治、战争的历史，也可以研究在历史活动中人的观念的历史。现在风行的心理史学就是着重人的心理活动的历史。这无可非议，但如果把人的历史归结为心理史学、变成观念史学就是错误的，是由片面而步入歧路。因为心理和观念不是自生的，必然有其根源。我们在不同时代可以发现，人的不同观念和心理活动归根结底只能用物质根源才能解释。不同时代有不同的观念和不同的心理活动，就是因为时代决定观念和人的心理。项羽对秦始皇的心理是"彼可取而代也"，张献忠失败时乱杀无辜者的心理，是"我得不到的你也别想得到"的小农心理。心理史学，一旦变为独立的，与时代、与其产生的根源相脱离的单纯主体的观念过程，就会陷入混乱。

历史有意义，历史可以理解，就是因为历史事件的相互关系特别是因果关系可以解释。毫无因果关系的两件事放在一起，仍然是不可理解的。因此，从历史研究中排斥因果关系，就不可能有历史研究，只有毫无关系的事件的排列。正如沃尔什所说，"一个历史学家如果只能确定发生了什么事件，却不能说明那些事件何以会如此这般地发生，那就绝没有完成他的任务"[1]。"历史学家的任务不仅是对过去发生的事件作出一般的叙述，而是要作出表达意义的叙述……这种叙述在某种

---

[1] 〔英〕W. H. 沃尔什：《历史中的"涵义"》，载《历史的话语：现代西方历史哲学译文集》，广西师范大学出版社2002年版，第249页。

意义上是'自我阐明'的，它可以使我们不仅看到事件的先后顺序，而且看到其间的联系。"[1] 说明意义的历史叙述便是因果叙述。

伯林强调，"我们主张，'任何事物'都不能成为一个梦，因为如果都是梦的话，梦没有对比的东西，'梦'的概念也就失去了全部具体的依据"[2]。梦与现实是相对比而言的，如果没有现实，何以知道什么是梦，什么是非现实的？梦是非现实的，而现实并非梦。我可以说我昨晚做了一个梦，这是真的，因为我昨晚确实做了一个梦，但不能说我昨天做的梦是真的现实。做梦是事实，但梦的内容并非正在进行的事实，否则不称为梦。中国人说，人生如梦，但不说人生是梦。"如"有比喻的意义，"是"则是真实所指。历史也是如此。"古今多少事，尽付笑谈中。"历史已经不存在了，"青山依旧在，几度夕阳红"。但历史并不是梦，而是曾经发生过存在过的事实。

感情会不会影响历史判断的公正性？这是历史学研究的一个难题。自然科学家不会把自己的感情放入自己的研究对象中，历史研究则不同，因为历史研究的对象总是与人相关，研究者难以怀有一种超然的态度，而往往会怀有对研究对象的同情或憎恨，例如可以痛恨秦桧，赞扬岳飞。因此，历史学家的确在自己著作中放进的东西比自然科学家多得多。自然科学家面对自然，要求的是客观性，不能夹带私人的东西。可以有个人的发现，但不能发现仅属于自己的公理或公式。而历史著作则可以充满个性。这就涉及历史学的科学性问题。

历史学的科学性是什么？是排除研究者的感情和评价的纯客观记载吗？不可能。历史学的科学性一是要求史实真实，这一点和自然科学一样，二是要判断公正，即评价准确。史实真实，要求使用经过充

---

[1] 〔英〕W. H. 沃尔什：《历史中的"涵义"》，载《历史的话语：现代西方历史哲学译文集》，广西师范大学出版社 2002 年版，第 249 页。

[2] 〔英〕以赛亚·伯林：《决定论、相对主义和历史的判断》，载《历史的话语：现代西方历史哲学译文集》，广西师范大学出版社 2002 年版，第 242 页。

分考评的证据。历史学中关于同一历史事件的事实应该是相同的，不能各有各的事实，事实是唯一的；如果发生对同样的历史事件的不同描写，那就不是事实，而是不同历史学家对所谓事实的选择性应用。当出现两种相反的"事实"时，肯定一真一假。那就要做辨伪和考证的工作。事实是事件的真相，是可以找到的，因为它是曾经存在过的不可更改的事实。判断准确，则有个立场和历史观问题。一种判断是否属于正确的判断，有两个标准：判断的依据是否是事实？判断是否代表大多数人民利益和社会进步方向？历史虚无主义在这两点上都是错误的。历史书写可以多种多样，但其中不能变的，一是事实不能伪造，二是评价不能逆历史进步方向和人民利益。

历史学家试图解决的问题是由他对当前的关切引起的。历史学家立足当代研究过去，为了当代研究过去，而不是立足历史研究当代，为了历史研究当代。历史永远是研究的对象，而不可能是研究的立足点。

历史学关注个别，自然科学关注普遍性，但都不能绝对化。自然科学研究个别中的同一性；而历史学则研究特殊性中的规律性现象。自然科学中的普遍性即共性，是从个别中概括出来的，没有个别就没有一般；历史学当然着重特殊性，特殊的历史事件、特殊的历史人物，都不会重复出现，但如果历史学中没有一般，就是无尽头的特殊事件和特殊人物的叙述，而不能发现其中的规律性，这样的历史就是一大堆历史事件和一大群历史人物的汇集。这种历史书只是各不相同、互不相关的历史故事，讲述不同的历史细节、历史情节，完整而有规律可寻的历史变为无数的历史碎片。如果把规律性、必然性、因果性完全从历史过程中赶走，剩下的就是一连串的偶然性。

11. 历史事实和历史意义

历史事实和历史意义是结合的。历史事实并不是简单的一件事，而是承载着历史的意义。每年有多少人游泳横渡长江,并不进入历史学家的眼中,而毛泽东1966年横渡长江,成为中国历史上的重大事件。正如上井冈山一样,每年多少万人次参观井冈山,这只是个统计数字,而毛泽东重返井冈山是重大历史事件,因为其中承载着政治意义。普通人的生命长短只是长短而已,而伟大人物则不同,它牵涉到历史的变动。如果斯大林晚死几年,如果毛泽东晚死几年甚至晚死一年,苏联历史、中国历史就可能呈现另一种面貌。这不是说伟大人物决定历史,而是说伟大人物的死亡和普通人物的死亡不一样。前者是历史事件,可以影响历史;后者只是单纯死亡,对历史并无影响。当然我只说影响历史而不是决定历史。历史有自己的规律和走向。当一条路走不通时,历史自身的规律会逼迫人探索新的道路。毛泽东早逝或晚逝,中国都不可能不改革,完全按照改革开放以前的道路走下去,这不可能。改革开放是世界历史和中国历史相结合的一种必然趋势,至于具体措施当然可能不同。考虑一个国家的历史发展,不是立足于我们现在是怎样的,而假定如果不走这条路而走别的路会如何如何。

中国人常说,人心是杆秤,也就是说人人心中有把尺子,用以衡量事物。这种尺子实际上就是价值判断的标准。由于人都是个体,是一个个主体,因而这杆秤或者说尺子是各不相同的。这就是评价的主体性,对同一事物,可以有不同的评价。要找一杆人人适用的评价之秤,是不可能的。西方鼓吹的普世价值,企图作为一种衡量各种不同制度的唯一的秤,实际是不可能的。但如果只说这一面,只能停留在公说公有理,婆说婆有理上,结果是天下无公理。这样必须由价值进入真理的范畴。如果只就价值谈价值,只能是打不完的官司。与真理相符合的价值判断是科学的价值判断,违背真理的价值判断是主观判断。人有两种尺度,即对象的尺度和主体的尺度。这两种尺度应该是统一的。对象的尺度求真,因而对象尺度属于认识论,而主体尺度求美，属于主体的内在尺度。

没有一件历史事实不包括无数细节。没有细节的历史事实的陈述是空洞的，这种历史事实不成其为历史事实。例如，没有共产党就没有新中国，这个判断是历史事实，这个事实就包括中国共产党为中国人民解放而斗争的无数更具体的事实。但是任何细节都不如这个事实更能表现中国共产党的作用和地位。如果抛开这个基本历史事实，在无数细节上纠缠，否定没有中国共产党就没有新中国这个基本事实，就是一叶障目不见泰山。现在我们看到的否定毛泽东的文章的手法都是如此。毛泽东是中国共产党的领袖，带领中国共产党战胜了国民党，建立了新中国。把外国一切占领军都赶走了，中国获得了解放。这是事实。这个基本事实中会包括许多细节，包括毛泽东也会犯错误，也犯过错误，但这是基本事实中的细节。但整体比较起来，前者是更基本的事实，后者是事实中包括的某些细节。如果纠缠于细节而否定毛泽东是中国人民的伟大领袖，就是歪曲历史。历史研究最大的困难是什么？它不同于自然科学，自然科学研究直接面对对象，如解剖学直接面对身体，天文学直接面对天空，而历史研究不可能面对过去了的事实。历史学是面对历史的残片，即历史的遗迹，包括地下发掘出的文物，以及历史的文字记载，可以说都是残缺不全的东西。历史学家是根据这些来重建历史。历史记载是公认的，如何重建则可以各不相同。因此在历史研究中，历史观是不可缺少的。可以说如何面对历史残片，如何重建，如何解释，每一步都有历史观的作用。在历史研究中，历史事实是基本的，但要历史事实说话是不可能的。说话的是学者，而历史事实是提供说辞的依据。因此，历史研究中的斗争往往是历史观的斗争。而不同的历史观会选择不同的材料构建历史。历史事实和历史记载的事实有区别。历史事实是曾经存在的事实，是实然，而历史记载的历史事实属于史实，是记载在文字中的事实。符合历史事实的史实是真实的史实，不符合的是历史的伪造。因此历史材料的辨伪、考证，是历史研究中必不可少的。

任何历史研究都不可能展现历史的全过程。即使人人是历史学家，也无法毫无遗漏地再现历史的全过程，因此历史是过程性的，是留不住的。历史研究只能是研究历史中的问题，而过程的叙述是为了解答历史问题，而不是单纯研究过程本身。我们研究岳飞为什么会被陷害绞杀于风波亭，除了事实上岳飞确实被绞以外，更重要的是对原因的探索。而原因探索离不开当时的矛盾，宋与金的矛盾，主和与主战的矛盾。把这个问题弄清楚了，事实就弄清楚了，不可能把全过程的细节都一一还原，既无可能，也无必要。

历史唯物主义的最大价值就在于它给我们一个历史研究方法，不是追求历史细节，而是探求历史的本质和规律。所谓中国通史、世界历史，都是一连串的问题，而历史过程的叙述就是对问题的呈述和因果关系的探索。没有问题或不说明问题的历史著作不是著作，是断烂朝报。研究秦王朝的历史，当然要研究秦朝何以能战胜六国实现统一的原因，何以二世而亡的原因，楚汉相争中刘邦战胜项羽的原因，秦朝确立的郡县制何以能成为中国的基本制度，等等。因此，研究秦汉史是要解答一连串问题，而不是再现历史全过程。全过程是无法再现的，而问题是可以研究的。贾谊的过秦论、柳宗元的封建论也都是研究历史中的问题。

史学家绝不是一面镜子，如实反射历史的一面镜子，而是人，是有感情、有立场、有思想的人。他研究历史会有自己研究的目的，并总是与现实需要相联系的。郭沫若的《甲申三百年祭》就是很明显的例子。现在一些史学家歌颂慈禧的宪政和改革，歌颂北洋军阀的开明，为袁世凯翻案，都不是研究历史而是借历史表达自己的现实要求。

毛泽东非常重视历史研究，因为他把研究历史与思考未来联系在一起，把历史研究作为观察未来走向的一种重要依据。尤其在社会变动之际，各种矛盾错综复杂，成败兴亡中包含历史的经验、教训和历史规律。从胜利者何以能胜利吸取经验，从失败者何以失败吸取教训，综合对矛盾双方的考察，发现历史向何处去，什么是新生力量，什么是腐朽力量，为什么要站在历史潮流前进方向一边，而不能逆历史潮流，站在历史的对立面。全部历史都证明，顺应历史潮流、符合民心民意者昌，反之则亡。

历史编年不同于专门历史著作。编年重视的是历史事件，但不是历史问题，因此事件之间并不存在因果关系，而是排列逐年的事件。而历史著作，是重视历史事件的因果关系，而不独是事件的叙述。历史叙述中如果见不到因果关系，还不如历史编年呢。

12. 历史学与历史哲学

先有历史著述，后有历史哲学。如果没有人写历史，也就不可能产生对历史哲学的需要，因为历史哲学是用来解释历史的。从历史哲学到历史唯物主义，又是一大进步。可以说，由历史学到历史哲学，再到历史唯物主义，这其中确实存在历史的和逻辑的联系。

历史学与历史哲学的区别在于，历史学的对象是历史的具体方面，是如何叙述和把握历史的事件和人物，而历史哲学的对象则是历史的抽象方面和宏观方面，即历史有无规律，有无因果关系，支配历史的动力是什么等，它属于历史本体论的哲学思考。当进入历史学的认识论思考，即对历史认识的可能性以及史学认识方法的思考时，则进入历史认识论。可以这样说，史学写历史，而历史哲学是讨论如何写历史。史学研究的是具体历史问题，而历史哲学研究的是抽象问题。曹操做了些什么，属于史学，能否写出一个真实的曹操，以及如何评价曹操，则属于历史哲学。

历史哲学的发展是哲学发展的缩影。哲学的发展，从本体论到认识论，到语言哲学，到后现代主义。历史哲学也类似。历史哲学首先讨论的是历史本体论问题，然后再进入历史认识论，由思辨历史哲学发展到批判历史哲学。然后是借助语言分析的历史解释学，最后是后现代主义的历史哲学。这种发展符合社会发展水平，也符合人的认识规律。当人类对历史的认识摆脱了天命论和神学史观后，首要问题就是历史自身有没有客观规律的问题。因此，历史自身有没有规律的问题成为历史哲学的首要问题。历史哲学就是从历史自身有没有规律开始的。被称为历史哲学开创者的意大利哲学家维科的历史哲学开创之作《新科学》的最大成就，就是探讨了历史规律问题。维科把人类历史看成一个有规律的发展过程。他说，我们观察到，一切民族，无论是野蛮的还是文明的，尽管是各自分别创立起来的，彼此在时间和空间上都隔离很远，却都保持下列三个习俗：它们都有宗教，都举行隆重的结婚仪式，都埋葬死者。维科从历史相似性得出一个结论，认为人类诸民族都是按照三个时代即神的时代、英雄时代、人的时代的划分向前发展。随后一些著名的思想家也都对历史规律问题作过论述。当把历史规律的研究引向精神和观念，就是思辨的历史哲学。思辨历史哲学的特点是认为历史规律是绝对观念或人的观念的体现，历史就是精神史或观念史。黑格尔关于人与时代的关系很有见解，他说："个人作为时代的产儿，更不是站在他的时代以外，他只是在他自己的特殊形式下表现这时代的实质，——这也就是他自己的本质。没有人能够真正地超出他的时代，正如没有人能够超出他的皮肤。"[①]

历史是变化的。历史这个用语就意味着变化，没有变化就没有历史。但不能因为历史是变化的，我们就堕入相对主义，否定任何稳定的东西，否则历史就会变成一切真理和价值的杀手。斯宾格勒的历史观就是这样的，他说："我自己的哲学就只能表现和反映西方的（区别

[①]〔德〕黑格尔：《哲学史讲演录》第1卷，贺麟、王太庆等译，商务印书馆1959年版，第61页。

于古典的、印度的或其他的）心灵，只能表现和反映现存文明状态下的西方心灵和在这状态下它对世界的概念、它的实际范围和它的有效的领域。"[1]因此，"在历史世界里没有理想，只有事实——没有真理，只有事实。没有理性，没有诚实，没有平等，没有最终的目的，却只有事实"[2]。历史是变化的，因此人们关于真理的观念，关于平等，关于哲学，关于世界观都会变化。但变化中有不变，这就是人类文化积累的可能。

斯宾格勒谈到文化与民族的关系时说："每一种文化都以原始的力量从它的土生土壤中勃兴起来，都在它的整个生活期中坚实地和那土生土壤联系着；每一种文化都把自己的影像印在它的材料，即它的人类身上；每一种文化各有自己的观念，自己的情欲，自己的生活、愿望和感情，自己的死亡。"文化不是封闭的，它可以交流，但不可能整体移植，像移一棵树或一座建筑物一样。

维科历史哲学中最有名的论断是，人类能认识历史，因为历史是人创造的。他说："自然界既然是由上帝创造的，那就只有上帝才知道；过去哲学家们竟忽视对各民族世界或民政世界的研究，而这个民政世界既然是由人类创造的，人类就应该希望能认识它。"[3]还说，"这个民族世界确实是由人类创造出来的，所以它的面貌必然要在人类心智本身的种种变化中找出。如果谁创造历史也就由谁叙述历史，这种历史就最确凿可凭了"[4]。这个思想非常具有历史意义，为历史哲学和社会科学的存在和发展开辟了道路。可是其中的困难仍然很多。从道理来说，人能够认识自己的创造物。一个木工肯定能认识自己制造的家

---

[1] 〔德〕奥斯瓦尔德·斯宾格勒：《西方的没落》上册，齐世荣等译，商务印书馆1963年版，第76页。
[2] 同上书，第588页。
[3] 〔意〕维科：《新科学》（上册），朱光潜译，商务印书馆1989年版，第154页。
[4] 同上书，第164—165页。

具,一个雕塑家能认识自己的雕塑品。可是把这个原则运用到人类社会和历史就不那么容易。因为历史是由众多合力形成的,参与历史活动的是所有社会成员,而认识历史的则是个人,要以个人之力认识人类历史及其规律绝非易事,因而历史学可以有一家之言,但绝不可能只有一家之理。历史唯物主义也是继承和创造性发展了众多思想家的智慧,而非只是一家之言。

从人类认识发展史来说,在哲学方面,自然唯物主义远远早于历史唯物主义,自然辩证法早于历史辩证法。古希腊自然哲学出现两千多年后,马克思才创立了历史唯物主义,而历史唯物主义就是历史的唯物论和历史的辩证法的统一。自然规律早于社会历史规律,自然科学早于社会科学。一直到现在,哲学社会科学的发展仍远远落后于自然科学的发展。当代,人类已经进入太空,到达月球,探索火星,可以对人体进行基因测试,可人类对社会规律的认识仍然在争论不休。因为社会没有实验室,社会实验室就是社会实践本身,因此必须投身社会实践才能认识社会,而且由于实践范围的限制,只能认识社会的很小一部分。

按道理来说,自然界不是人类的创造物,可人类对自然界的认识比人类对自己的创造物,即人类社会和人类历史的认识要深刻得多。为什么会如此?这存在多方面的原因。

第一,自然界是不依存于人类的对象性存在,对自然的认识是对对象存在物的认识,而人类社会和人类历史是人类创造物,是人的自我存在的另一种方式。认识自然是认识对象,而认识人类社会和历史是人认识自我的活动。自然的唯一特性是客观实在性,而人类社会和人类历史的客体化包括人的主体性和意识的渗入。因此社会和历史的主体特性妨碍了人类对社会和人类历史的认识,使人们长期跳不出人的意识和主体的范围,因而难以跳出意识决定存在,观念决定历史的栏杆。可以说人类对社会和历史的认识都在主体性和意识性这个问题上栽了跟斗。历史唯物主义的最伟大成就，就是没有停留在人的主体性和意识的层面，而进入到追问是什么决定着人的主体性和意识性的问题。马克思和恩格斯从人的劳动中发现了人类历史的奥秘，发现了物质资料生产的决定作用及其规律，从而走向历史的深处。

第二，人类对自然的认识是探求自然界的规律，无论这种探索的动机是什么，自然规律的客观性都不受利益支配，而人类对社会和历史的认识与人的阶级利益存在紧密联系。如果说在对自然的认识中不可能有两种相互矛盾的真理存在，只要是真理就是可验证和可实践的共识，那么作为人类对社会对历史的认识的理论往往是多元的，因为利益是多元的。因此人类社会和历史达到共识很困难，这是阻碍社会科学和历史科学发展的重要原因。

第三，人类对自然的认识受到物质生产需要的强大推动，而人类对社会的认识则缺少这种物质力量的推动。对自然的认识与物质生产发展不可分，生产发展是自然科学技术发展的强大动力。近代生产的日新月异的发展，必然是科学技术发展的强大动力。而社会科学的发展缺少这种强大动力。相反，如果使社会科学与物质生产及物质利益挂钩，可能会带来社会科学工作者的堕落。因此，推动社会科学发展的强大动力，应该是对真理的追求，是学者的社会责任的自觉性。可是在阶级社会中，真正具有这种社会责任感的并不多。

历史的本质是社会的变化和发展。社会是历史的集体主体，社会是复杂的，因为构成社会的人的活动就是复杂的。人有思想有观念，人的活动都是有思想和观念参与的，历史学家看到了这一点，于是把历史看成观念的历史。柯林武德就是这样，他在《历史的观念》中说："自然的过程可以确切地被描绘为单纯事件的序列，而历史的过程不是单纯事件的过程而是行动的过程，它有一个由思想的过程所构成的内在方面；而历史学家所要寻求的正是这些思想过程。一切历史都是思想史。"① 这种说法有没有道理？有，但历史的本质和过程不能归结为思想和观念。因为思想和观念并没有脱离社会经济和政治制约的完全独立的历史。

历史中有伟大人物，有英雄人物和反面人物。没有各种类型的扮演不同历史角色的伟大人物，就没有历史。但不能说，历史就是伟大人物的历史。因为没有士兵的元帅，是空头司令；同样，没有群众的伟大人物，只是虚构的伟大人物。

历史中还有地理环境、气候，各种自然因素的作用。一次地震可以毁灭一座城市甚至一个国家，一场瘟疫可以死亡无数人，甚至毁灭一种文明形态。但人类仍然要继续生存和发展，而且经历过瘟疫后的人类社会也获得了抗瘟疫的经验和教训，人类在与自然灾害和瘟疫的斗争中前进。毫无疑问，当代社会的发展比起西班牙流感时期的发展水平要高得多。

总之，人类社会中发挥作用的因素是多种多样的。任何一个因素都可以发展成为一种历史观的主导观念，从而决定历史观的本质，可以强调历史的本质就是观念，可以强调历史是伟大人物的历史，可以强调地理环境和气候对历史的决定作用等等。因此，我们如果看到许多不同的历史观，不必感到奇怪，它们都各有所本，从局部看都有道理，可从历史总体来看则是错误的。马克思主义历史观之所以是历史观的变革，是因为抓住了历史总体，找到了在人类社会历史中起基础作用的因素，这就是人类的物质资料生产方式，从而建立起关于社会基本矛盾的理论。马克思的历史观并不否认观念的作用，不否认伟大人物的作用，不否认地理环境的作用，因为社会基本矛盾中就包括这些因素，但它并不是多因素结合的折衷主义，而是把它们纳入到历史

---

① 〔英〕柯林武德：《历史的观念》，何兆武、张文杰译，中国社会科学出版社1986年版，第244页。

总体中来考察它们各自的作用和地位。因此，历史唯物主义包括观念精神的作用但不成为唯心主义，包括地理环境作用但不成为地理环境决定论的自然主义，包括伟大人物的作用但不成为英雄史观。

自然界发展是有规律的，社会发展也是有规律的。从自然界看，大到天体运行，小到动植物成长，无不遵循规律。一棵树能否成活，什么条件适宜，什么条件不适宜，都是有规律可寻的。一个人的生命同样如此，有的长寿，有的短命，肯定都有其原因。从主体因素说，或者是违背生命的规律，自我摧残，或者善于养生，按自然规律调节自己的生活节律；从外部客观因素说，包括社会环境、个人遭遇以及遗传因素等等。这两者当然是结合的。遗传因素好，不加爱护，生活无度，仍然不行；反之，父母寿命不算长，但自己掌握生活规律，加以爱护和合规律生活，仍然可以安享天年。就像曹操《龟虽寿》中所说："盈缩之期，不但在天。养怡之福，可得永年。"

万物存在规律的客观事实，反映在中国哲学观念中称之为"道"或者称之为"理"，合起来就是道理。为什么要讲道理呢？因为有道理表明符合规律，符合事实，不讲道理或无理可讲，表明违背规律，违反事实。任何一门科学都是探索规律，都有道理可讲。如果科学不讲道理，只强调"我认为"、"我相信"之类的是无用的。哲学之所以称为哲理，就是因为哲学智慧中包含有人们在实践中在生活中可以体悟、可以证实的道理。如果哲学讲的只是自己一个人的道理，自弹自唱，就不能称之为哲学智慧，只能称之为胡说，至多是高超的胡说。

孟德斯鸠把规律变成法，认为万物都有法。他说："从最广泛的意义来说，法是由事物的性质产生出来的必然关系。在这个意义上，一切存在物都有它们的法。上帝有他的法；物质世界有它的法；高于人类的智灵们有他们的法；兽类有它们的法；人类有他们的法。"[1] 这里孟

---

[1] 〔法〕孟德斯鸠：《论法的精神》上册，张雁深译，商务印书馆1961年版，第1页。

德斯鸠所说的法，就包含着万物都有其必然性的观点。不过他把必然性称之为法。因此，法应该是有理可讲的，法理学就是如此。

13. 历史哲学

马克思和恩格斯是高度重视历史的。恩格斯在《英国状况——评托马斯·卡莱尔的〈过去和现在〉》一文中说："我们根本没有想到要怀疑或轻视'历史的启示'；历史就是我们的一切，我们比其他任何一个先前的哲学学派，甚至比黑格尔，都要重视历史。"[1] 历史与历史唯物主义不可分，没有历史唯物主义就不能理解历史，而脱离历史就不可能确立历史唯物主义。

历史唯物主义两个基本原则：一是唯物主义，一是辩证法。在历史问题上坚持唯物主义首先要坚持历史的客观性。虽然历史是人的活动，是人创造的，但历史一经创造出来就成为既成事实，也就是说人的活动成果就获得了不依人的意志为转移的客观性。无论是历史事件、历史人物都是实实在在曾经的存在。唯心主义历史观否定历史的客观性，比如柯林武德强调历史是观念的历史，黑格尔强调历史是绝对观念的外化。如果历史是观念外化，那历史事实根本不存在。所有否定历史事实的历史哲学在历史客观性问题上都持否定态度，认为历史没有事实，历史事实是史学家构建的。所有的历史虚无主义的哲学基础都是否定历史事实，似乎历史只能是任人打扮的小姑娘。

第二条，历史辩证法。认为社会是发展的，不是静止的。虽然不同时期的历史发展有快慢，但不是绝对停滞的，更不是倒退的。"天不变道亦不变"，是一种形而上观点。看看儒学发展史，看看当代社会现实就会知道，鼓吹回归儒学，回归传统，就像人走路不是朝前走而

---

[1] 《马克思恩格斯全集》第 3 卷，人民出版社 2002 年版，第 520 页。

是倒着往后退。辩证法并不否定传统而是继承传统，因为传统也属于历史的客观存在。如果说，历史客观性既以物质方式存在，也以精神方式存在，那么以物质方式存在的就表现为生产力，而以精神方式存在的就表现为文化传统。但传统是变化的，是变化中的存在，正如流动着的河水一样。我们可以追溯河的源头，但不可能回归源头。回归意味着断流，那文化就不可能是我们现在看到的文化，而是一种原始的文化。原生态绝不是文化发展的前途，而只是文化的初始形态，它的朴素性表明它的粗糙、幼稚和原始。西方文化不能回归苏格拉底、柏拉图，东方也不能回归孔子、孟子。

什么是历史的真实性？历史的真实性是历史整体的真实性，而构成历史整体的单个事实，可以是真实，但并非历史整体的真实。因此历史的真实性只属于历史的整体，单个事实只是历史细节而非历史整体的真实。例如，"文化大革命"是毛泽东晚年的错误，但这并不是毛泽东一生的整体，而是一部分，以其概括毛泽东一生则不是真实。以历史细节的真实性取代历史整体，必然是以偏概全，一叶障目。无论对历史事件、对历史人物的评价都要讲客观性，而客观性存在于整体之中，细节只是整体中的部分，以部分代替整体必然遮蔽历史的真实性。正如鲁迅说的，人要吃饭、性交、排泄，伟人与凡人都如此，可要说伟大人物只是吃饭、性交和排泄，就不是事实。脸上有眼睛是事实，说眼睛就是脸不是事实。事实是整体的、全面的。部分可以是事实，但只是就具体而言是事实。如果以其代替全体就不是事实，而是谬误了。

14. 历史和历史规律

哲学与历史有着不可分割的联系。从广义来说，任何事物的存在都是历史性存在，因为任何事物都是运动变化的，都有其产生、发展和消亡。不运动不变化的存在只是存在的概念，而非真实的存在。

历史学是关于研究对象的持续性和变化的实在内容的科学，而哲学则是研究运动变化的规律。历史唯物主义是研究历史发展变化规律的，自然辩证法则是研究自然界运动变化规律的。它不研究具体对象内容的持续性，这是具体科学的任务。但哲学要不陷于纯思辨，必须从总结人类历史和自然历史实际过程的具体科学研究成果中得出结论。我们的哲学研究最大的缺点，是研究历史唯物主义而又不懂历史，既不懂中国史也不懂世界史；研究自然辩证法的不懂自然科学；研究中国道路、中国制度的不懂中国社会。空对空，这是我们哲学研究的致命伤。哲学家不是万事通，但不能对任何事都一窍不通。

海登·怀特认为，历史是一个杂乱、无序、矛盾、混沌的领域，没有任何统一性和普遍联系。写作是作者以主观意识和特定解释赋予历史以联系、生命和意义。写作的这一切主观因素，可以归结为语言，而且历史的叙述必须以语言的形式出现，所以在历史的写作中处于核心地位的不是历史，而是对历史的书写，因此史学家应该更多是文学性写作，而非科学性写作。

为什么理解历史规律比理解自然规律难？没有人敢于反对自然规律，因为自然规律是立竿见影，没有例外。苹果往上抛只能往下掉，这是万有引力的作用；人一定会死，这是生理规律。现在有所谓科学宣称人体可冷冻，百年后复活。百年后连保证你复活的人都早死了，找谁要保证金去！其实，不仅人会死，万物都会死，这是自然规律。再蠢的人，再异想天开的人，也不会相信人可以不死。

可社会历史不同，社会的主体是人。每个人都有自己的思想、意愿、行动，仿佛是一团乱麻。在如此众多的互不相关的个人意志中，人们在历史中能看到的只是偶然性。种种偶然性的因缘际会，哪来什么必然性呢？可是当我们进一步思考，为什么不同的人有不同的意愿和思想呢？由于他们的地位不同。他们为什么地位不同？因为他们在社会关系中的地位不同。而社会关系是什么？最主要的社会关系就是人们在生产中不同的地位。有的占有财产，有的没有财产。这样人们思想不同的原因，不在头脑而在于脚跟，即在于他们在生产中站立的不同位置。为什么人们在生产中有不同的地位呢？因为人们要生活必须进行生产，要进行生产必然会结成一定的生产关系，也必须用一定工具进行生产。人们结成关系属于生产关系，用什么生产工具属于生产力。不生产，人类就不能生存，没有生产关系和生产力就不能生产，因此生产关系和生产力即生产方式构成社会存在和发展的基础。人类社会的结构就是建立在它的基础上的。为了保护既定的生产关系就必须有国家，必须有法律。为了论证它的合理性必须有理论，为了反对它的合理性也必须有理论。为了表达自己的感情必须有文学，最早的文学是诗歌，因为人开始时不会用笔只会用嘴，而嘴唱出来的就是歌，而诗就是有韵的歌，因此诗和词都是能唱的。可有财产的人光有财产不行，有人抢怎么办？有人不服怎么办？要维持这个社会必须有军队、有警察、有法院，还得让人服服帖帖，必须有套理应如此的道理，这就是上层建筑。历史唯物主义发现的就是这个规律。

阶级斗争之所以是阶级社会发展动力，并不是因为它能直接推动社会发展。相反，阶级斗争尤其是战争，往往在一定时期内破坏生产，血流成河，田园荒芜，十室九空，白骨蔽野。那为什么还说它是动力呢？这是因为只有革命才能改变旧的生产关系，才能打倒既得利益集团维持旧制度的力量。革命是没有办法的办法，是不得已而为之的。从根本上说，是被迫的，因为不革命别无出路。所谓官逼民反，不得不反。在任何一个社会，但凡老百姓有点活路是不会革命的。因此，革命过程中的牺牲，革命过程中的代价都会由后来的胜利补偿的。

15. 历史教训和历史规律

对于历史的意义，不同历史观有不同的看法。马克思和恩格斯重视历史，说过，"我们仅仅知道一门唯一的科学，即历史科学"①。当然，他们说的"历史"是广义的，包括自然史和人类史，而我们通常指的是人类的历史。中国共产党人继承了这种传统，注意研究历史。毛泽东非常重视历史经验，他本人就是历史学大家，对历史非常熟悉，在革命和治国中，都非常重视历史的经验。在《改造我们的学习》中，毛泽东专门讲到研究历史的重要性，批评说："不论是近百年的和古代的中国史，在许多党员的心目中还是漆黑一团。许多马克思列宁主义的学者也是言必称希腊，对于自己的祖宗，则对不起，忘记了。"②"历史的经验值得注意"，这是毛泽东关于历史的名言。毛泽东推崇郭沫若的《甲申三百年祭》，就是一个著名的例子。毛泽东经常向常委们推荐自己读到的历史名篇。

习近平同样重视历史学习，说"历史是最好的教科书，也是最好的清醒剂"。要求我们的干部学习历史。

黑格尔认为历史不能教导人们什么，人类唯一从历史中吸取的教训是，人类从来都不会从历史中吸取教训。这和马克思主义理论如此重视历史的意义和价值不同。在这个不同后面必然要面对一个问题，人们能从历史中得到教训吗？如果能够，为什么人们还一再重复历史的错误呢？如果人们不能从历史中得到教训，那历史经验有什么用呢？在这个两难的问题中，我们应该提出一个更重要的问题，即为谁吸取经验教训？站在什么人的立场，为了什么目的吸取历史经验教训？这是最关键之点。

中国文化重视以史为鉴，称历史为"史鉴"。"夫以铜为镜，可以正衣冠；以史为镜，可以知兴替；以人为镜，可以明得失。"③这是关于历史重要性的名言。中国最重视修史，每个新王朝都要为前朝修史，

---

① 《马克思恩格斯选集》第 1 卷，人民出版社 2012 年版，第 146 页。
② 《毛泽东选集》第 3 卷，人民出版社 1991 年版，第 797 页。
③ 《旧唐书·魏征传》。

以明兴亡之道。二十四史，再加上正在修的清史已经有二十五史。这既说明对历史的重视，也说明任何一个王朝都并未因重视历史而长治久安。就像杜牧《阿房宫赋》总结秦王朝经验教训时得出的一个普遍性结论："秦人不暇自哀，而后人哀之；后人哀之而不鉴之，亦使后人而复哀后人也。"历史证明，历史错误会一再出现，并不因为有历史的经验后人就不再会犯同样错误了。

在封建社会，没有一个帝王不知道要亲贤人远小人。我们读《前出师表》，诸葛亮教导刘禅说："亲贤臣，远小人，此先汉所以兴隆也；亲小人，远贤臣，此后汉所以倾颓也。先帝在时，每与臣论此事，未尝不叹息痛恨于桓、灵也。"可是，即便有这条历史经验，每朝每代往往发生以忠为奸、以奸为忠的事。宋高宗以秦桧为忠，以岳飞为奸，岳飞被绞死于风波亭。保卫明朝的名臣于谦被冤杀。此种例子俯拾即是。为什么会发生这种是非颠倒、以忠为奸、以奸为忠的事呢？因为当局者迷。迷于什么，迷于私利，迷于短见，迷于忠臣之耿直、奸臣之揣摩逢迎。因此忠奸之分，往往是成为历史后才变成经验教训，才有后朝为前朝翻案平反之事。这种事在历史上并不罕见。这说明，亲贤人远小人这条经验，即使皇帝们知道，但真正能分辨的人并不多。这就是历史和现实的区别。历史，是别人家的事，是前朝的事，前朝可以有错，现实是自己的事，是现朝的事，现朝永远正确。为什么中国历代新王朝注重修史，最后都避免不了末代皇帝呢？因为它们注重的是如何通过历史经验达到王朝永继、万世一系，而不是真正从导致前朝灭亡的暴政、腐败和繁重剥削中吸取教训。因此，它们总结历史经验的立场是以永远维持统治为目的，这个目的是与历史辩证法相矛盾的。

封建统治者很难真正一以贯之地牢记前朝灭亡的经验教训。建国之初处于战乱之后的休养生息时期可以做到，甚至几代人都可以做到，可是随着社会发展，社会矛盾的积累和尖锐化，没有一个王朝不加重赋税，很少官员不贪污腐败。后代皇帝大多生于深宫之中，长于妇人之手，很少有真正懂得民间疾苦的。即使有专门老师，也都是纸上的东西。因此，每个王朝都有前后期，有兴盛期和没落期。没有一个王朝能真正从前期灭亡中得出教训并始终坚持。秦皇汉武、唐宗宋祖都是大有作为的开国皇帝，照样国祚难以永续。唐朝魏征奉旨编的《群书治要》中说："崇巍巍之盛业，开荡荡之王道，可久可大之功，并天地之贞观，日用日新之德，将金镜以长悬。"用心极好，可是唐代至后来也经过战乱分裂而后统一于宋。中国的历史就是这样在朝代更替中前进的。统治者从巩固统治出发难以真正把握历史规律，只图一家一姓之天下久存本身是违反历史规律的。

王朝改姓，政权易手，只是中国历史演变的一个方面，而不是历史潮流的全部。历史是人民创造的，内容丰富多彩，有声有色。其中出现了许多杰出的思想家、哲学家、政治家、军事家、科学家，有丰富的文化创造和许多发明创造。它们不会因政权易手和易姓而随之消失，相反各个不同的朝代都具有自己独具特色的创造。从楚辞到汉赋，从唐诗到宋词元曲，到明清小说，各有千秋。其他许多方面也是如此。在历史变化中有些优秀的东西失传，但从总体上说人们不会抛弃创造的成就，因为它是全社会的财富。这就是社会得以发展的原因。绝不要把一家一姓的王朝变化，视为历史的中断，因为正是在这个过程中，各时代的人民的创造不断积累成为中华民族的宝贵财富。新王朝不能完全从前朝历史的失败中而学到什么是一回事，不能永远巩固统治而重犯前朝的错误是一回事，而一个民族却能从自己的历史中学到自己祖先为后世留下的东西。因为王朝易姓而断言人们从历史中学不到什么是片面的观点，因为这种观点着眼的是政治统治，而不是全部历史的丰富内容。

中国共产党人重视历史经验和教训，认为历史是最好的教科书，也是最好的清醒剂，因为我们是站在人民的立场，为了人民的利益而总结历史经验和教训的,包括中国历史上的经验和教训,和中国共产党自己的历史经验和教训。一个民族的历史是一个民族安身立命的基础。不论发生过什么波折和曲折,不论出现过什么苦难和困难,中华民族5000多年的文明史,中国人民近代以来170多年的斗争史,中国共产党100年的奋斗史,中华人民共和国70多年的发展史,都是人民书写的历史。历史总是向前发展的,我们总结和吸取历史教训,目的是以史为鉴、更好前进。

中国人民对战争带来的苦难有着刻骨铭心的记忆,对和平有着孜孜不倦的追求。纵观世界历史,依靠武力对外侵略扩张最终都是要失败的。这是历史规律。中国将坚定不移走和平发展道路,并且希望世界各国共同走和平发展道路,让和平的阳光永远普照人类生活的星球。

中国共产党重视苏联社会主义失败的教训,重视历史虚无主义和新自由主义导致苏联社会主义失败的历史事实。中国共产党人之所以能以苏共历史为鉴,因为我们是站在马克思主义立场上,坚持以人民利益为中心来总结苏联社会主义失败的教训。离开了这个基本点,不仅不可能真正总结经验教训,还可能重蹈覆辙。我们重视历史,但更重视历史观,没有科学历史观,我们就不可能真正从历史中吸取经验教训。历史中不存在统治者能永远统治的"宝藏",即使像中国经典中的民本主义、"水可载舟,亦可覆舟"等等宝贵的思想,统治者们也很难真正吸收。他们的统治和阶级本性,决定他们的确不可能从历史中学到什么东西。

16. 历史细节与历史情节

历史唯物主义反对那种历史哲学,似乎在历史之外存在一个历史发展的计划和蓝图,历史过程就是这一预定的历史剧的展开。比如黑格尔的绝对观念的展开。这是唯心主义观点。

历史唯物主义不认为历史发展进程是预定的。历史是人的活动创造的，它没有草案，没有工程图，只有人的活动和在人的活动过程中形成的规律。五种社会形态理论并非预定的路线图，而是已经出现的历史发展的总结。只有原始社会末期才显现出人类向奴隶制过渡的必然性，只在当封建社会末期资本主义萌芽时才可以说明封建社会向资本主义发展的必然性，只有当资本主义社会中矛盾尖锐化后马克思才发现社会主义必然性的基础在资本主义生产方式矛盾自身。而共产主义则只是个远景，它是建立在社会主义取代资本主义后的自身发展基础上，它不是目的而是一种运动，是人类向更高更合理社会的前进运动。

历史唯物主义不是把五种生产方式交替强加于历史而是从历史自身总结出的规律。这只是个总的趋势，至于各国的情况都会有特点，有跳跃，有曲折，但人类总的趋势是如此，不经过封建社会的高度发展很难进入资本主义，没有资本主义高度发展很难进入社会主义。如果可以跨越"卡夫丁峡谷"的话也要充分吸取资本主义先进成果，在封建社会基础上，在小的手工业技术的基础上是不可能建设社会主义的。社会主义必须现代化，在各方面比资本主义更高。

历史唯物主义不是预言学，它不可能预言任何具体的历史事件和人物。它不可能预言中国必然出现毛泽东，即使当毛泽东已经出生，当他还未走出韶山而仍然是农民，后来是小学教员，谁也无法预料他会成为伟大领袖。毛泽东成为人民伟大领袖是在长期斗争中造就的，而非预定的。只有成为毛泽东后他才是毛泽东，之前并没有任何历史规律、天命或任何人的意志决定他必然成为毛泽东。杰出人物是造就的，而非是预成的。

历史有细节，无论是历史人物或历史事件都有细节。历史有情节，历史情节包括无数细节。但历史细节不能代替历史情节，历史情节高于历史细节，因为细节是个别性的，而历史情节是有整体性的。但无论历史细节，还是历史情节，都不能代表对历史本质的分析。例如八一南昌起义，每个参与起义的人都会有细节，但个人细节不取代起义的整体情节，而八一起义的整体情节即如何筹划、如何发动、如何失败等等，不是细节的总和。要对八一起义的原因、失败及其在中国革命中的地位进行分析和评价，必须进行理论分析，把它放在整个中国革命过程中才能理解。对任何重大历史事件和重要历史人物的研究，都可以包括细节与历史情节。中国革命过程中出现过诸多领导人，各有各的历史细节；而某次重大历史事件会有历史情节，无论是某次重大战役、某次重要党代会等，都会有战役或代表大会总的情节。对某个历史人物的评价不能陷于个别的细节，而必须放在历史总体情节中考察。而要分析历史情节，就必须把历史情节放在总体历史过程中来考察，上升到规律性认识。毛泽东一生中肯定有许多细节，但毛泽东的历史作用不能淹没在细节之中，必须从细节中寻找那些对毛泽东之所以成为毛泽东有重大决定性的细节，而不能无所不包；历史有情节，历史情节与历史细节可以重合，这样历史才具故事性，不能把历史总体情节看成细节的总和，而把历史学只看成描绘历史情节的总和，只描绘情节而不注意历史细节或历史情节中的历史规律。如果历史中没有规律只有情节，将历史故事化，历史就变成了文学。学历史，就是讲故事，写历史，就是写历史故事，这样的历史研究并无多大价值。

　　历史不能假设，因为历史是既成之事；对既成之事不存在假设，只存在对事实何以如此的分析。如果假设第二种可能，就是对既成事实的否定。以没有出现的假设否定既成事实，这不是历史研究，而是历史思辨。历史研究的立足点是事实，而思辨立足点是抽象的可能性和任何假定。历史研究需要因果性思维，而假定则只是历史的分析，而不是事实的描述。如果我们全部近代史的研究都是立足于假设性思维，而不是近代史的全部事实，那就不是中国近代史。既成之事是可以研究的，而假设是不可验证的，因为它已经不属于历史，而只属于历史研究者的个人假定。假定慈禧立宪成功、假定洋务运动成功，假定不拒绝鸦片贸易、全部开放等等，中国能成为另一个明治维新后的日本，只是痴人说梦。当然，我们可能再假定，日本侵略中国，假定中国没有共产党，假定蒋介石一统天下，中国现在就可以和英美一样成为发达的资本主义国家。何以见得？没有证据，除了假历史之名的别有用心之外，没有其他解释。

历史就是历史，它是由事实构成的而不是由假定构成的。中国近代史，就是我们实际存在的历史。中国走到现在，中国共产党成为执政党领导中国，中国现在成为第二大经济体，中国人民在中国共产党的带领下正在实现中华民族伟大复兴的中国梦。中国道路，建设中国特色社会主义的道路，是一步步走出来，而不是预先设计的，也不是历史观念的实现，而是在现实的中国人民的实际活动中形成的。其中存在因果性和必然性，这种因果性和必然性存在于人们的物质活动中。没有中国封建社会面临灭亡，没有西方资本主义兴起和对外扩张，没有中国被列强侵略，就没有近代反对帝国主义和封建社会的民族民主革命；没有一个腐败无能的中国政府和动荡不安的中国社会，就不可能有迅速壮大和取得胜利的中国共产党；没有中国共产党的胜利和执政，就没有一个新中国，就不可能有现在的中国。这是步步相连的。其中存在因果关系，存在生产力与生产关系、经济基础与上层建筑的矛盾运动规律。至于具体人物和情景，都是特定条件下形成的。具体的历史情景，包括历史细节可以是多种多样的，但基本的事实是不可改变的，这才叫历史。能改变的不是历史，而是历史的假说。

17. 历史决定论的误读

什么是历史决定论？"先搜集事实，再按因果关系把它们联系起来。"这是在决定论概念中表述的历史著述方法。事实确实是粗糙的、不易识别的。必须通过寻找原因，才能赋予事实以可理解的性质。历史决定论寻找单一的因果链条，而且是必然的、不可改变的链条，是一种机械决定论；历史唯物主义的决定论是辩证决定论，它承认历史的规律和历史中的因果关系，认为历史变化是可理解的，但也承认历史的偶然性和复杂性。因为因果关系是多重的而非单一的，规律并非是无人身的自然过程，而是有人的活动参与的过程，因此规律和规律的实现都不是预成的而是形成的，它是在过程中而不是在过程之外指挥历史。历史条件不同，同样的原因可以产生不同的结果，同样的规律实现方式也可以不同。因此辩证决定论包括偶然性、因果多样性和条件性，以及人的主观能动性。一个事实的必然产生必定是多种原因和条件结合的产物。七七事变的发生之所以具有必然性，是因为日本的强大和中国的弱小，因为中国统治者内部矛盾重重，投降派不少，日本认定他们必然胜利。至于事变是不是一定发生在七月七日这一天，并非不可改变的，七月六日、七月八日均有可能，但日本向外扩张，侵略中国是必然的。至于具体细节肯定有许多偶然因素。机械决定论是预成论，神学决定论是神定论，天命论是天的意志决定的命定论，而辩证决定论是形成论。环境恶化并非天命论，而是人自己的活动造成的。当人的活动以掠夺自然满足自己的需要为目的时，环境恶化就是必然的，只有当人类认识到这一点，并改变自己的活动目的，才可以防止生态恶化。

历史当然不会像机械决定论者设想的那样，是由粗糙的事实材料、由因果关系的黏合剂、由目的的魔力这三者构建起来的，无论是书写的历史或客观历史都不是这样。毫无疑问，人的活动中有目的，历史过程中存在因果关系，但这不是历史的全部。因果关系是多样的，历史中还存在必然与偶然，目的也不是单一的。因此，恩格斯说，即使研究清楚一个历史问题也需要花费多少年的努力。一本真正能科学地阐明历史走向的历史著作是非常宝贵的。像马克思《路易·波拿巴的雾月十八日》这样的著作，是很少很少的。

18. 历史的目的

历史本身是没有目的的，目的属于人的活动。历史是过去了的现实，它永远不是追求的目标。人类追求的目标应该是未来，而不是回到过去。一个真正的历史研究者不应该是复古主义者，不能赞美过去而无视现实。

历史研究不是向往历史，而是为了当代人的生活需要，为了更好走向未来。历史的价值不是为人类树立目标界碑，而是提供人类过往的经验教训。人类的眼睛是向前的，背才是朝后的，而人类的脚永远是立于现实。历史研究也应该是这样，立足于现实需要，总结人类走过的道路，朝着未来前进。

历史本身没有目的，共产主义社会并非人类社会发展的目的，并非当人类出现时就注定多少年后走向共产主义。共产主义社会产生的可能性和必然性，是建立在资本主义社会自身包含的内在矛盾发展的基础上。马克思主义关于共产主义学说的科学性就在于此，它立足于资本主义社会矛盾的现实，而不是把共产主义当作预定目标。共产主义理想之所以区别于中国古代关于大同社会的理想，正是在于它们产生的社会基础不同。科学共产主义是大工业的产物，是建立在生产力高度发展和资本主义基本矛盾充分展开的基础上。我国人民公社之所以失败，原因就在于此。

19. 历史存在于哪里

历史存在于哪里？历史是过去的存在。历史是尝然，是由现在转化为过去。每代人都不可能直观历史，只能靠历史的记忆，寻找历史遗迹、文物、旧址，但这些已不是历史本身而是历史的遗留。历史不会变成无，历史演变的结果就存在于现实之中。可以说，现实之根存在于历史之中。要想真正去寻找历史，就从现实存在中去寻找，因为历史的结果存在于现实之中。

任何一个人仅凭一己之见，只能是短见。因为生命短暂，所见有限，只有历史才能提供大智慧。历史包含着全部以往的经验和教训，历史的规律则存在于历史的连续变化之中。没有一条历史规律是短期的规律，是三五年见效的，失民心者失天下，绝不是三五年的事，时间长了就显现出来了。这就是为什么每个王朝都有或长或短的统治时期，最长的三百多年，最短的七八十年，像元朝。秦朝二世是指从秦始皇称帝算起，至于从秦朝祖先创业起同样经历过一个长时段，有六世之余烈。规律的特点是长时段，事件是短时段的，一次政变也许是几个小时或几天，战争也是如此。第一次世界大战只有几年，第二次世界大战在中国最长也是十四年。至于日美战争只有几年。

规律是长期的，历史人物、历史事件是短期的。但是短期和长期是不可分割的。长期的历史就是由不断变化的短期事件、人物构成的。没有短期，长期是句空话。但是考察的视角是不同的。短期着重人物和事件的具体因果关系，它是对具体事件的解释；而长期则着重从一再发生的事件中揭示历史的规律。规律是长波段的，事件是短波段的。如果把事件放在历史长波段中来考察，就能理解它出现的历史规律性。七七卢沟桥事变是一次性的，可这一次性事件如果离开中日关系的长期历史是无法理解的，会把它看成是一次偶然冲突，而放在长期历史中来考察就可以发现它的必然性。绝不能把历史事件、历史人物与历史规律割裂开来。如果割裂，就会把历史事件和历史人物视为与规律无关的不能再现的一次性事件，而规律则成为处于事件之外的抽象存在。实际上，规律的普遍性就存在于具体事件之中，它是存在于一连串看似孤立的事件之内的，而具体事件是规律存在的外在表现。偶然性是表现方式，必然性才是内在本质。例如，日本侵朝、甲午战争、九一八事变、七七事变，都是一个个事件，实际上是相互关联的，而关联的内核就是日本军国主义向外扩张的必然性。只有从规律高度观察事件，事件的本质才是可以理解的，也只有通过具体事件来把握规律，规律才是可以言说的。规律不但可见而且可说，就因为它存在并表现于具体事件之中。如果不把历史看成有规律的过程，那人类社会就是一大堆互不相关杂乱无章的历史事件和历史人物的堆积，是一个堆积杂物的大仓库。

人类历史本质上是人类社会发展的历史，没有人类社会就没有人类历史。而社会的产生不是自然的延伸，而是质的变化，是由无人的世界变成有人的世界，从此开启了不同于自然发展无意识过程的人类发展的历史。

人类历史不同于自然的历史。自然变化是缓慢的，自然界的重大变化动不动就是以亿万年计，而人类社会的发展是迅速的。人类真正有据可考的历史、文明的历史不过数千年，但人类创造了多少辉煌的文明成果！人类社会出现后带来的自然变化，是自然界多少万年的进化无可比拟的。这有好处也有危险。好处是为人类造福，坏处是可能破坏自然原有生态。这就是人类社会产生后，自然与社会关系面临的两难困境。不能不改造自然，否则社会就不能存在，也不能发展；而无视自然规律地征服自然，就会破坏人类自身存在的环境，并受到大自然的报复。这就是我们当前世界面临的重大问题。

20. 历史和历史的书写

柯林武德把历史和书写历史混在一起。历史是客观的，而书写历史是史学家的主体作为。他说："一切历史都是思想史。"还说，"一切历史，都是历史学家自己的心灵中重演过去的思想"[1]。

---

[1] 〔英〕柯林武德：《历史的观念》，何兆武、张文杰译，中国社会科学出版社1986年版，第244页。

显然，柯氏把历史和书写历史混为一谈了。历史是人的活动过程，人是有思想有意识的，但人有意识参与的过程所构成的历史事件和社会结构以及它的发展方向，并不是由人的思想决定的，而是多种复杂因素作用下形成的，人的主观因素只是其中一个方面，而不是历史的全部。而且参与创造历史的人的思想和意识，并非从天上掉下来的，本身也是由历史条件制约的，因此要解释人的思想和意识必须求助当时的现实即后人眼中的历史。历史是客观的、已成的，即使是当时人的思想和意识，在后人看来也已是不可改变的事实。孔子、孟子的思想，秦始皇的思想，戊戌变法人物的思想，当时都是活生生的，而成为历史后则是不可改变的思想事实。史学家应该重视历史人物和历史参与者的思想，包括伟大人物的身体健康和心理活动对历史的影响，但更重要的是分析为什么会产生这些思想，把创造历史者的思想放在被创造的历史过程中来考察。马克思讲人是剧作者又是演员，既是创造者又是被历史创造的。这样的历史观才是科学的。

所谓一切历史都是观念的历史，与心理学史观有相同之处。心理史学过分强调人的心理对历史的决定作用，认为史学就是应用心理学。历史学家记录和探索一个人或一群人的心理的变化，并根据他们的心理变化来说明历史。我们不否认心理的作用，大众心理的趋向往往会表现为一种社会思潮。而社会思潮对社会的影响是勿庸置疑的。像"文革"中那种狂热思潮对社会产生的影响就是巨大的。但是社会思潮是由社会产生的，产生社会思潮的原因是客观的，而不仅仅是人的心理倾向变成了思潮。

历史的事实观和价值观有区别。历史学应该尊重历史事实，寻找信史，即历史在当时当地的实际情况。我们可能不容易复原当初的面貌，但要力求接近事实。一代历史家也许对某个历史事实认识不全面，下一代人会纠正或补充，历史考据辨伪，地下考古与书面史料的结合和印证，就是在解决这个问题。至于如何评价历史事件和人物，这是历史价值观问题。历史价值观永远是属于当代人的,是当代人对历史事件和历史人物的评价,因此评价是可变的,有时甚至截然相反。柯林武德说,"历史学家不仅是重演过去的思想,而且是在他自己的知识结构之中重演它;因此在重演它时,也就批判了它,并形成了他自己对它的价值的判断,纠正了他在其中所能识别的任何错误"[1]。这个意见包括合理的因素。历史学和哲学相通之处也应该是批判性思维。叙述历史同时就是在评价历史。但是,绝不能因此而认为历史不是事实,把历史事实变为在史学家思想中重演的历史观念。其实,历史事实有真伪,而历史评价有对错。历史事实是过去的人们的活动成果,而历史评价是当代的主体判断。违背事实的所谓史实是戏说,违背事实的评价是歪理邪说。历史应该寻找真相,寻求历史事实。可对历史的真实的认识,特别是对历史的评价是不可能纯客观的,因为历史研究者总是有阶级和时代的局限性。一个编写滑铁卢战役的史学家,不可能写得使不论法国人、英国人、德国人与荷兰人阅读后都能感到满意,正如一本叙述中日战争尤其是南京大屠杀的历史著作,不可能使中国人和所有日本人都满意一样。历史客观主义有可取之处,但纯客观主义是不可能的。我们要求的是历史的价值评价不能违背历史事实,而历史事实的叙述不能是戏说,而应是力求真实。真实的比较可靠的依据是经过考证辨伪的材料。"横看成岭侧成峰,远近高低各不同。不识庐山真面目,只缘身在此山中。"苏轼的诗充满哲理。前两句,说对同一对象不同的主体可能产生不同的映象。确实,换个视角看人、看物,都会产生不同的主体映象。物理学家眼中的世界不同于化学家眼中的世界,自然科学家眼中的世界不同于人文学者眼中的世界。《醉翁亭记》、《兰亭集序》中的美景,是诗人眼中的美景,如果一个自然科

---

[1] 〔英〕柯林武德:《历史的观念》,何兆武、张文杰译,中国社会科学出版社1986年版,第244页。

学家去看，也会有另外的印象。这样说，是否意味着对象不存在客观性，不存在真实面目，一切取决于主体视角，取决于怎样看？如果这样，就不存在客观世界和客观真理，一切依存于主体。其实世界是一，对象是一，视角是多，不同视角下呈现的是世界的不同侧面，而不是对象的全体。事物的真实性在于整体，而视角下的对象是整体中的侧面。正如瞎子摸象，就局部而言都是对的，就整体而言都是错的。因此苏轼下半联说，"不识庐山真面目，只缘身在此山中"。对象的多种呈现是因为主体的视角造成的。而主体视角之所以造成多种对象，并非凭空而来，而是对象本来就是多面的。

人在认识中，不可能一下子达到全体，总是逐步深入的。只要不执着于自己的一面，就可以逐步从部分到整体，从片面到比较全面。最怕的是以偏概全而不自觉。这在佛教里叫"执着"，在我们生活中叫执迷不悟。

历史唯物主义不等于历史主义，但并不否认历史主义包含的合理因素。因为历史主义强调，对任何事物性质的恰当理解和对其价值的恰当估量，只有通过考虑它在某一发展过程中所处的地位和所起的作用才能达到。脱离历史条件，任何事物及其本质都是不可能理解的。任何概念，包括"公平"、"正义"、"人道"，如果把它变成与历史和社会条件无关的概念，就成为不可能理解的。只有历史才能赋予概念以真实的内容。没有绝对的公平、正义、人道，因为不同时代、不同社会条件和不同阶级中人们对它们的看法都是不同的，都是基于自身的利益和价值观赋予它们不同的内容。如果要找一个永恒的普遍适用的定义，则只能假设这些概念都是基于人性，而人性是普遍的不变的。这当然完全违背历史事实。没有一个奴隶主与奴隶共有的公平正义观念，正如没有一个资产阶级和无产阶级共同拥有的公平正义观一样。只要放在历史境遇中来考察，一切绝对的、抽象的定义都会化为荒谬。

21. 再谈历史和历史书写

历史和历史书写是不同的。历史是人类经历的过去，它是客观的过程。人类的现实不断地转变为历史。今天的现实就是明天的历史。历史书写中的历史著作，是对历史的回忆或者记述。实际上人们对历史的把握未及历史实际的百分之一，因此历史是智慧的海洋，可以不断地总结，其中包含的智慧和经验是取之不尽用之不竭的，每代人都可以从历史中找到自己时代所需要的智慧。历史是客观的，是不可能伪造的，但历史书是可以伪造的。一个有科学精神的历史学家所力求的就是真实地反映历史，这是很不容易的。

人类为什么要研究历史？因为研究历史从本质上就是研究现实，研究现实是从何而来。我们可以在现实中发现历史的因素，但也可以在历史中发现未来现实出现的某种可能性。前者，我们的古人称为"观今宜鉴古"，后一种则是"无古不成今"。今天的中国是由历史的中国发展而来，历史中包括发展为现今的某种可能性。这是两种眼光，但都是历史的眼光。前者称为借鉴，后者称为展望。立足现实，利用历史的经验和智慧来观察当代的问题，是古为今用；站在现代的立场，观察我们国家和民族未来的走向，叫展望。前一个是回头看，看看我们是如何走过来的，后一种是朝前看，看看我们往哪里走。可以说，无论我们研究从何而来，还是研究朝何而去，都离不开历史研究。这就是为什么马克思和恩格斯如此重视历史，说自己只知道一门科学即历史科学的原因。

现实的人能从历史中学到什么？历史中有什么经验和教训？现实不仅是历史的延续，而且是历史的现实的存在，即我们社会中好的东西或坏的东西都可以从历史中发现它的原因，中国社会中如此顽固的官贵民贱、等级思想或种种恶劣的社会风气既有现实根源又有历史遗传。不研究历史就不知道我们从何而来，为什么现在是这样而不是那样，一个民族的特点都是历史的凝结，是长期发展中形成的，绝非是一朝一夕之功。因此与历史积累的层垢斗争，是非常艰难的。凡是用革命手段消除的东西，只要有条件就会死灰复燃。因为一个是社会呈现的现象，一个则有深厚的历史之根。为什么要对传统取其精华去其糟粕？就是因为传统不等于优秀传统。以为凡是留下来的都是好的，是一种抽象的说法，忘记了我们是生活在阶级社会中。凡是真正不利于统治者的东西，往往停留在书本上，成为经典，凡是有利于统治的东西，则通过各种方式变成群众的意识。

22. 历史与研究历史

萨特说过，我们正是为了将来才评价我们的过去。这个说法是对的。正如历史研究，我们不是为了古人而研究古人，为历史而研究历史，而是为了活着的现代人而研究历史，研究古人。历史研究最大的意义就是借鉴，为了我们当代人从历史中吸取经验和教训。如果离开当代，研究历史对我们没有必要。

历史和研究历史是不同的。历史从其客观性来说，作为过去了的现实，无论研究与否，它对后世的客观作用都是存在的，因为没有历史就没有当代。无古不成今，今天的中国就是历史上中国的延续。可是研究与不研究是大不相同的。当我们不去研究历史，即没有对历史认识的自觉，就不能理解当代中国和历史上的中国存在什么联系。存在联系是客观的，知道存在什么联系是主体认识。只有认识历史，具有历史自觉，才能吸取历史的经验和教训。

23. 历史研究中的诠释

历史研究包括对历史的诠释，但不能归结为诠释。历史唯物主义的理论与方法和诠释学的方法有根本区别。诠释学，或者注重文本的文字构成，或者注重解释者自身的体悟和解读。这两种方法，都抛开了文本作者的历史处境和文本出现的历史背景，只关注文本自身和解释者。

不知人，难以知文，不知世，难以知人。要知人必论世，要知文，必知人。这是历史唯物主义，况且一本著作不可能是孤立的，某句话必然是整体即全书中的一句话，不可能是孤零零地突然冒出的一句话，而且作者可能还有其他著作可供参照。可以与同时代的人，无论是支持者或反对者的观点进行比较。如研究原始儒家，必须放在儒墨道法的思想斗争中来考察。这样对文本的考察就超出了文本与诠释者的范围，在更大的历史条件下来研究文本和诠释者。把一切放在历史范围内来考察，是考察文本的方法。这种方法超出单纯诠释学的范围而进入历史唯物主义的基本方法。

理论发展之路是实践，思想源于时代的需要。诠释，只是对文本的一种理解和解读，它增加的是自己的理解（正确或错误的理解）而不是实践的总结。任何新的理论创造都是基于实践或新科学总结的发展，新观点并非从原有的文本中体悟出来的。你只要看看，一代又一代的所谓新儒家，并没有提出新的思想而只是对旧的思想的解释，是反复咀嚼已经嚼过千百次的馒头。如果根据自己时代需要的解释，加上宪政、人权、民主、自由等等完全产生于不同时代的政治诉求，就必然走向非历史主义观点。从奴隶社会或封建社会中去找当代的宪政、人权、民主、自由、平等，除了强作解人、曲说臆测外，不可能有任何科学根据。

24. 历史研究和研究者

历史研究从来不是目的本身。为历史而历史，也许可以表达一个学者的愿望，他希望历史研究不为政治操弄，而追求真实性。但是历史研究本身从来不是为历史而研究历史，人们是要从历史研究中得出对我们现实生活有用的结论，这就是历史的经验和教训。如果与现实需要无关，何必研究历史呢？中国古人说，观今宜鉴古。古今不同时，但一些规律性现象可供借鉴，例如历史周期率，如因腐败而丢失政权。萨特说，"我们正是为了将来才评价我们的过去"。我们不是为了过去而评价现在。此处所谓将来就是现实，因为对历史而言的将来就是现在。我们评价岳飞是因为我们希望爱国，我们评价秦桧是反对汉奸，否则何必去评价岳飞和秦桧呢？对历史事件、历史人物的研究无一不具有现实意义。只要我们不是搞影射史学，不是歪曲历史而是真实探讨历史，就能够从历史中得出一些有益的教训。否则历史科学对人类的生存发展就没有价值。

日本右翼政治家挑起历史问题争论的实质，就是要抹杀日本的侵略历史，让自己的后代忘记自己祖先的罪恶。当然，对第二次世界大战的失败之痛，不少军国主义者没有忘记，对广岛、长崎的原子弹他们不会忘记。为了美日同盟的需要，他们可以暂时失忆，但内心并没有忘记自己的曾经失败，仍然想东山再起。中国人如果忘记了历史，将会遭受历史的惩罚。一个没有历史记忆的民族是不可能在世界立足的。

25. 历史事实与历史史实

历史事实是客观事实，是曾经的客观存在；如果你怀疑历史事实的真实性，你也可以怀疑现实的真实性，因为历史是过去了的现实，而现在的现实就是未来的历史。如果历史不具有客观性，等于说现实不具有现实性。如果我们面对的社会现实是客观的，何以我们面对的现实成为后人的历史后就不具有客观性呢？这是历史与现实二元对立的思维。

有人说现在的现实是客观的，因为我们就生活在其中，是我们看到的、我们经历的。那我们所说的历史，不同样是过去人的现实生活、过去人的经历吗？如果因为当代人没有亲身经历就否认历史的客观性，那么未来的人，可以同样的理由否认我们现在的生活的客观性。历史是客观的，因为它曾经是当时的现实；我们经历的现实也会变为以后的历史。现实不会由于它变为历史就由客观性变为非客观性，正如历史不会因为是我们现代人的历史就不是前人的现实。

历史的客观性何以证明？你怎么知道曾经有过秦皇汉武、唐宗宋祖？何以知道有玄武门之变、安史之乱、徽钦被俘，诸如此类历史事件呢？这是史书的记载。历史事实进入历史记载，就由历史事实转变为历史史实。历史记载的材料是多种多样的，有前人的记载，这里的前人是指当时人，是亲历者，亲历者的回忆和日记、文章或其他文字资料；有地下文物、考古发现，还有各种可能的历史的遗迹。总之历史史实只要没有完全湮没，总会留下历史的信息。后人就是根据历史信息来重构历史事实的。

当历史事实变成历史记载，就进入了历史的书写，或者说历史的叙述。这就是我们说的史书。中外都有大量史书，特别是中国历史记载最为丰富，光二十四史就汗牛充栋，还不说各种稗官野史、笔记书信。历史书是由历史研究者书写的，有真实和非真实之分。记述者对史料掌握程度不同，这属于科学性问题；有自己的不同判断，这属于历史价值观问题。所有的争论，往往存在于历史的书写上。史书要求真实，要求信史。至于历史小说、历史戏剧，因为是艺术，真实性并非首要的，它允许虚构，只要合情合理，并不要求完全合乎事实，这是文学与史学不同之处。

后人无法直接接触历史，学习历史必须通过历史的叙述，即以文本的形式存在的历史书写。文本当然要运用文字，而当历史以文本形式存在时可能会陷入唯心主义解释学设置的困境。其实，这个矛盾中国哲学家庄子已经发现了。他在《齐物论》说过："夫言非吹也。言者有言，其所言者特未定也。"意思是说，言论出于机心，与无心而吹的"天籁"是不同的。发言者知持一端，他们的话并不能作为衡量是非的标准。[①] 只要有言说，或者用文字表达，就会有是非，有争论，这是不可避免的。

史书是文本，可历史本身并非文本。詹姆逊在《政治无意识》中也说，"历史并非一个文本，因为从本质上说它是非叙事的，非现实的。然而还应该附加一个条件，历史只有以文本的形式才能接近我们，换言之，我们只有通过预先的再文本化才能接近历史"。这是我们认识历史的最大的难题。后人不可能亲身经历历史事实，只能通过历史记载。可记载必须通过语言，书面语言即文字。当阅读史书时，由于阅读者的立场、史观不同，对同样的记载可以有不同的解读。因此，无论是历史的书写或历史书的阅读都有个历史观的问题。

在历史观上，历史虚无主义和历史唯物主义是对立的。这种对立可以是对历史史实的不同的看法，特别是对历史人物和历史事件的不同评价。按历史唯物主义观点，我们承认历史有客观事实，历史研究首先要尊重历史事实。在历史事实基础上进行历史总结。当然，历史记载可能会出现错误，但历史记载的错误可以通过考证得到纠正。不同时代的历史学家的共同研究，使历史认识逐步接近事实。章太炎先生在反驳曾经风行的疑古思潮时曾经说过，"其有传闻异辞而记载歧异，经后人之考定者，如司马温公《通鉴考异》之类。取舍有准，情伪自明，歧异之说，遂成定案，斯亦实录之次也"[②]。何况历史研究中对事实的客观性，不可能要求绝对的客观真实，而是逐步地无限地接近真实。这并不影响历史的书写，因为历史不仅追求事实，而且重在

---

① 《庄子》，方勇译注，中华书局 2015 年版，第 24—25 页。
② 章念驰编订：《章太炎全集》演讲集（下），上海人民出版社 2015 年版，第 72 页。

总结历史经验，只要事实基本准确并非虚构，在正确的历史观指导下并不影响对历史经验的总结。历史虚无主义者往往无视客观历史事实。例如在抗日战争史的研究中，极力夸大正面战场的战绩，对大片国土的沦陷，对国军成建制的投降，则避而不谈，而对中国共产党坚持抗战，反对投降，在敌后游击战的功绩则轻描淡写甚至多加诋毁和加以莫须有的罪名。

历史价值观当然必须以事实为依据。虽然我们不是从事实直接引出价值，不能从"是"如此引出"应"如此，但价值判断是对事实的价值判断，违背事实的所谓价值判断，往往是偏见或成见，是歪理曲说。历史虚无主义者往往以自己的价值判断为据构造或改写事实。一些反对毛泽东的学者声称以"三七"开为依据，说我写的是"三"，殊不知离开"七"的"三"已经不是"三"，而成为"十"，是百分之百，是对一个人的总体评价。所谓"攻其一点，不及其余"，玩弄的就是这种手法。对新中国成立七十年历史的书写同样如此。如果看不到新中国七十年的伟大成就，看不到我们在一穷二白基础上的艰苦奋斗和取得的重大成就，而是把前三十年仅仅描绘成大跃进、反右斗争和"文化大革命"的历史，能说是真实的历史吗？！

26. 历史与语言

历史是客观的，它自身不可能表现自己，而必须通过历史学家的语言描述。而一旦进入语言就不再是事实，而是对事实的一种语言表达，这样就进入无休止的争论领域。罗兰·巴尔特说，历史的话语本质上是意识形态的产物，或更准确些说，是想象的产物。如果这样看，历史事实就淹没在种种语言表述中。历史曾企图成为一门独立自存的学科，可横卧在事实和表述之间的语言，成为不可逾越的障碍。

以语言作为否定历史事实的客观性的依据，涉及一个普遍的哲学问题。人不可能离开语言，人思考客观事物都必须使用语言，因为语言是思维的物质外壳。不止是客观世界，任何科学领域都必须使用语言，无论是自然科学还是社会科学，以及人际交往都必须使用语言。如果因为转化为语言就失去客观性，那世界没有任何事物是客观的，因为没有不用语言表达的事物，而且人们相互交流也不再可能。如果语言不是交流的工具而是障碍，语言就不可能产生，因为语言就是适应人们认识世界和改造世界，适应人们交往而产生的。如果语言或文字成为人类生存的障碍，按照社会发展规律它早就被淘汰了。正因为如此，各国都有死的语言和活的语言之分。

从人与世界的关系来说，我们不是在静观中认识世界，而是在改造中认识世界。正如我们吃梨，不是在看梨时认识梨，而是吃时知道梨的滋味。人是在改造世界时认识世界，不通过改造就不可能认识世界。有人说，我们通过五官不是可以认识世界吗？不可能。五官只是大门，把守大门的是思维。心不在焉，则视而不见，听而不闻，食而不知其味。况且，通过五官，我们得到的只是现象。而要从现象进到本质，必须通过理性认识。无论是感性认识或理性认识，以及由感性认识上升到理性认识，都是在实践基础上进行的。有人说，实践论过时了，现在是互联网时代，秀才不出门能知天下事，用不着实践。这是错误的。我们通过互联网得到的是人们告诉我们的，而不是亲知亲见，是一种间接认识，真正直接认识的人还是亲自参加实践的人。互联网只是扩大了传播范围速度方式而没有改变认识来源于实践的本质。

27. 历史事实

按照柯林武德的观点，根本没有事实，在实际经验中，我们从来也没有得到过这种纯粹的材料。一切我们称之为材料的东西，实际上早已被思维所解释过。知觉的对象就是一种"所与"的东西，而这种东西的本身又是关于另一种所与东西的解释，如此以至于无穷。

毫无疑问，一切所谓历史事实都离不开历史材料。解释学用主观解释否认历史事实，唯心主义直接用所指与所与的区别来否定历史事实。其实，这里总是要回到那个令人困惑的哲学问题，就是回到只要是有人参与的东西就没客观性，因为人的主体性把一切客观性都溶化在主体之中。只要解释者是人，它就不可能具有客观性；只要历史材料接受者是人，材料只能是经过知觉改造过的所与。只有历史唯物主义才能回答这个问题，主体不是单纯个体，而是群体。一个人的解释不能代替群体的解释；一个人的知觉不能取代群体的知觉。要解决这个矛盾只有诉诸实践。

实践超越单个人的主体，而把个体的认识交给群体性实践。自然科学的实践较容易，围绕历史性材料的客观性人们会争论不休，因为实物，包括地下和史籍记载，包括历史研究者的考辨和辨伪，这都是科学研究范围，从而进入主体认识范围。如果把历史学家只看成一个个孤立的个人，互不相关，那只能每个人自己说了算；如果把历史学家看成一个群体，看成可以相互探讨的群体，而不是单凭个人自己的知觉作出结论的知觉主义者，就有可能突破历史不可能成为科学的困境。

当然历史思维会陷入对象与自我的矛盾。柯林武德说，历史学家考虑他的对象，而不考虑他本人对对象的认识。他根据自己的观点进行思考，而不考虑自己的观点。可是当他考虑自己的思维时，即对此进行哲学思考时，他就认识到自己是一个单子，而认识到自己处于自我中心困境中就得超越这个困境。当思维回过来思考它本身，并且遇到它自身与其对象的关系这个问题时，它通过评论自己考察那个对象所依据的观点，而超越了这个观点。因而要对历史思维进行哲学思考，就得超越历史思维的单子论。历史研究是有限的思维，因为它把注意力都集中在对象上面，而没有考虑到它同其他对象的关系。哲学是无限的思维，因为在哲学中，它的对象是什么的问题，就是它的对象和它本身之间的关系问题。哲学只是由于认识到历史认识的局限性，才能克服这种局限性。说历史容易陷入自我困境是容易理解的。因为历史认识的主体是个人，史学家是个人，研究历史就是研究者个人与历史的关系。可是要打破这种思维的自我困境，跳出历史而进入哲学就行吗？哲学不是照样有哲学家主体与对象的关系吗？只要有主体就会产生主体困境。解决的方法必须是实践，以实践作为主客体之间的纽带、桥梁和验证。历史结论不是历史学家一个人说了算的。历史是人民写的，历史是人民说了算，人民的评价才是最终的评价。哲学的客观性问题，也不是哲学家个人说了算的，必须付诸实践，实践才是标准。这就是为什么在主客体之间绝不可缺少中间环节即实践。离开实践的哲学就是经院哲学。

28. 历史学科中的历史学家

历史学家可以建成一门统一的科学吗？不可能。历史学家对材料的选择和解释必定具有个体性。我们是人，是有情感意志的生物。历史学家在研究历史和写作历史时，不可能对历史人物和历史事件无动于衷，只作纯客观的描述。因此，不同的人在描写历史时都会渗透着情感、意图以及理论解释，这是无可避免的。但不能因此就说，历史是观念的历史。史学是人的观念对历史的描写或叙述，但历史不是，历史是人类经历的客观过程。事实是客观的，人人面对的是同一客观历史事实，而解释可以是多样的。前者是事实判断，后者是价值判断。事实判断如果说是一的话，价值判断则是多。价值判断可能曲解事实，但事实终究会胜过雄辩。事实一百年后仍然是事实，可雄辩终究会烟消云散。历史绝不是观念的历史而是事实的历史，而观念则是对事实的解释。

以赛亚·伯林说，人们时常提出这样的命题，就是我们所做的和所遭遇的一切都是一个固定的模式的一部分，拉普拉斯的信徒们能在历史时间内任何一个时刻准确地描述过去的和未来的每一件大事，包括内心生活的大事，如人的思想、感觉、行为等等，并从这个命题中引出各种各样的含义。这当然是对历史规律论的丑化。除了上帝没有任何创造物有这个本领。即使上帝也不可能决定人的一言一行，至于中国的天命论，也是天道无常，惟有德者居之。决定论有机械决定论和辩证决定论之分。把主体能动因素作为决定论中的一个重要组成部分的决定论，这就是历史唯物主义的辩证决定论。决定论绝不能推卸道德责任。因为人是能动动物，面对同样的客观环境，人可以采取不同态度。面对强敌可以投降当汉奸，也可以牺牲报国。决定论并不否定人的选择，相反，马克思主义关于历史规律论的观点是充分考虑人的参与对历史的作用和影响的。

以赛亚·伯林说，"我们不想谴责中世纪的人，理由很简单，因为他们缺少18世纪巴黎的起义的知识分子的道德标准或思想标准，也不想谴责后者，因为他们也遭到19世纪英国的或20世纪美国的道德顽固派的谴责。或者，如果我们真正谴责某些社会或个人的话，只有在考虑了用这些社会或个人自身的处境与看法来衡量的社会条件与物质条件、愿望、价值规范、进步与反动的程度之后，才能加以谴责"[1]。是的，只有把当事人摆在当事人的生活条件下才能加以评价。

29. 历史学是科学还是艺术？

这是个有争论的问题。就历史唯物主义来说，历史学当然是科学，因为它以事实为依据，注重历史事件的因果关系的分析。任何一本有价值的史学著作，总是事实比较可信，对历史事件和历史人物的分析

---

[1] 〔英〕以赛亚·伯林：《决定论、相对主义和历史的判断》，载《历史的话语：现代西方历史哲学译文集》，广西师范大学出版社2002年版，第245页。

具有可信度和说服力。至于就史学写作的方式来说，水平可以各不相同，有人表达历史事件和人物的水平达到艺术水平，可以同时成为文学杰作。但史学著作的艺术性不能成为第一位的，它必须服从客观性、服从事实，而不能完全虚构。一本好的史学著作既具科学性又具可读性，像《史记》、马克思的《路易·波拿巴的雾月十八日》都是这样。

30. 历史学有预见作用吗？

罗素说，"任何历史学家，不管他多么有学问，都无法在14世纪预言哥伦布和达·伽马所带来的变化。由于这些原因，我认为，历史中的科学规律并不像人们有时认为的那么重要，或那么容易被发现"[1]。其实，历史学并不是预言学，它面对的是过去的事实而不是未来的尚未出现的历史事件。历史事件具有不可预测性，因为它是具体的事件。谁能预料到美国会在广岛投下原子弹？以后世界还会有什么新的发明以及怎样来运用，也是难以预料的。

但我们应该把具体的历史事件、具体人物与人类社会发展的趋势区别开来。历史具有趋势，这个历史趋势具有可预测性，虽然不能准确到人物和事件，但历史大趋势仍然具有可预测性。例如随着科学技术的进步，人类会有许多的发明创造则是肯定的，因为发展是永恒的规律；历史事件不可预测，但历史趋势可以预测，因为它不是事件而是人类历史的走向。为什么历史趋势可以作某种预测呢？这就必须进而承认历史的规律。我们根据历史的规律来预测历史的总趋势，而不是预测具体的历史事件。

我们不可能根据日本和清朝在朝鲜的战争，预测到一定会发生

---

[1] 〔英〕伯特兰·罗素著，王雨、陈基发编译：《走向幸福——罗素精品集》，中国社会出版社1997年版，第451页。

九一八事变，也不能根据九一八事变，预测七七事变，因为这都是具体历史事件。可是我们如果具有历史唯物主义观点，懂得资本主义必然向外殖民的历史观，就会提防日本明治维新后资本主义与军国主义相结合必然导向的向外扩张，就不可能面对新崛起的日本高枕无忧。这样史学就必须进入历史哲学，而不能就历史事件谈历史事件。要从一连串事件中看到其中的趋势。

31. 历史与现实

我们的历史研究，究竟是为历史而研究历史，还是为现实而研究历史？这是个难题。为现实而研究历史，可能导致歪曲历史为现实政治目的服务，死人为活人服务；可为历史而研究历史，处于自己时代的人怎么可能站在古人的立场研究古人的现实，即我们说的历史呢？研究历史让活人为死人服务，有什么必要，有什么意义？活人即每个时代的人只能为自己时代而研究历史。要解决这个难题，历史研究必然会包括两个部分。一是为历史而研究历史，目的是追求信史，是历史事实的考证辨伪；二是为现实而研究历史，是历史研究为现实服务，因而如何确定历史研究的选题，如何总结历史经验，必然是现代人站在现代立场而研究历史，就此而言，是为活人研究古人。前者是为古而古，后者是为今而古。为古而古是史实的求真，为今而古是求理。这两者缺一不可。克罗齐的"一切历史都是现代史"，只强调历史研究的第二方面，容易导致否定历史事实的客观性，导致历史虚无主义。

卡尔·贝克尔说，历史必须与生活在过去的人们的思想、行为打交道。这当然是对的，没有行为，没有思想，就不可能有历史。说历史是观念，仿佛历史就是观念的历史，显然是错误的。没有行为哪有观念？历史包括人的活动，无论是生产、战争都是行为；而在行为中必然有思想，因为行为是受思想支配的。思想，不仅是伟大人物的思想，而且包括普通人的思想。每个时代各种思想的精华凝结，就表现为那个时代的学术和理论。

历史是多面的，可以从不同角度研究，可以研究人的物质资料生产的历史，可以有生产力的历史、生产关系的历史、分工史、战争史，可以研究人的观念历史，包括学术史、思想史，等等，可以说人类的任何一种行为都同时是一部历史。没有思想，人的行为就是本能活动，本能活动的历史属于动物范围，没有行为的观念史，就是无根的历史，这种历史不可能存在，因为思想只能产生于人的实践行为。

历史是伟大个人的历史，还是人类的历史？这种问题包含着明显的陷阱。没有人物，尤其是伟大人物，历史就是一张没有山峦的平面图，就是小人物的历史。可是如果历史没有人民，没有群众，伟大人物如何产生，从何而来？伟大人物是群众中的伟大人物，是产生于群众又高出于普通群众的人物。元帅是从战士中产生的，领袖是从人民中产生的，伟大科学家是从广大科研人员中脱颖而出的。可是真正创造历史的是群众，因为再伟大的人物也只是个人，任何一个单独的个人都不能支撑一个社会，而群众才是历史的真正创造者，因为群众是支撑整个社会存在和发展的集体性力量。分开来看群众是无力的，但作为集体它是社会存在和发展的基础，有不可战胜的力量。伟大人物的伟大取决他与群众的关系，正像神话中的安泰与大地的关系一样。

人生可以有两种态度，一种是积极的、进取的，按中国的说法是入世的，一种是消极的、退让的，即出世避世的。所谓一切都看破了，人生到头来仍然是两手空空，魂归地府。不论多大的富豪，或者风云人物，结果都是一样。如果这样，出生就是一种痛苦，一种负担。那么，人生还有什么意义呢？人生无非是一次从出生到死亡的痛苦旅行。我读到过许多心灵鸡汤，归根到底都是以不同方式表达这个思想。另一种是积极进取的人生态度。人不同于动物的本能生存，人是能动的能思想的动物，是万物中最具创造性的动物。人要对得起作为人的价值，必须过有意义的生活，这就是创造价值，无论是政治上的反对不合理的制度还是对人类文化和文明的贡献，尽一个人应该起的作用，否则，人与猪一样，只是吃和睡，繁殖后代，这就失去了人作为人的价值。宁愿做一个痛苦的人，不要做一个快乐的猪。

不要把积极有为和名利心等同，和争权夺利等同；也不要把看破一切，无所作为与没有名利心、情操高尚等同。积极进取的人生观，是就个人对社会、对国家、对人类的态度说的，作为社会的一分子应该有贡献于社会，作为国家的一员应该有贡献于国家。这样的人多了，社会才能进步，国家才能富强。近百年来中国沦为列强鱼肉的对象，国破家亡，受尽凌辱，正是先烈不怕牺牲，前赴后继的斗争，才有新中国，才有中华民族的复兴。他们并不是为了自己名利而积极有为，而是为了国家和民族而不惜牺牲自己，他们的人格是最高尚的，与争名夺利的人是根本不同的。

一个人把自己的名利看淡些是对的，但不能以牺牲进取精神为代价。马克思主义的人生观提倡为人民利益、为国家和民族的利益奋斗，认为人应该是进取的，不能消极，当然在个人利害得失上则不应该斤斤计较。这与心灵鸡汤中的一味消极是不同的。死，这是任何人都无可避免的。以死作为人应该消极无为的理由，那出生就是无尽的痛苦，还不如死在母腹之中，因为没有生就没有死。这种人生观是人生的腐蚀剂。它不能消除人的痛苦，相反带来痛苦，因为人每时每刻都生活在对死的恐惧之中。这就是为什么出家人仍然有苦恼，因为和尚同样有圆寂。有生必有死，有始必有终。人人如此，万物如此。有生命的如此，无生命的同样如此。有生命的叫死亡，无生命的叫转化。死是不可逃避的，只有面对死亡，正确对待死亡，才是积极人生观。人生自古谁无死，留取丹心照汗青。死是伟大的辩证法，是任何人和世界万物都不可阻挡的规律。正是因为这个辩证法，人类才有进步，万物才能新陈代谢。如果人没有死亡，没有新陈代谢，社会就没有发展，就是一潭死水。不死对个人也许是种期望，可对人类社会却是个灾难。

32. 再谈历史与现实

历史和现实是一对范畴，彼此不能脱离。没有现实就没有历史，没有历史就没有现实。历史就是曾经存在过的现在，是已经不再存在的现实；而现实是历史在时空继续性中的当代存在。历史是客观的，因为它是曾经存在的现实，是转化为历史的现实。可以说历史是"尝然"，即曾经的存在。否认历史的客观性必然导致历史唯心主义和历史虚无主义。尼采说的"没有事实，只有解释"显然是不对的。如果没有事实，你解释什么？任何解释都是对对象的解释，无论这个对象是事实存在还是观念存在，不可能有对不存在的东西的解释。

当对历史进行解释时，已经不再是客观的历史本身，而是史学，或者说是史学研究和史学著作。史学意义上的历史和客观历史，既存在区别又存在联系。客观历史对史学研究者来说，是已经过去了的存在而不是现实的存在。客观历史不需要解释，它的存在本身就包括它对自身的解释，这就是它之所以这样而不是那样的内在原因和规律。美国就是美国，中国就是中国，各个国家不同，都有自己独特的历史。这种区别，就存在于各国客观历史的深处。

史学需要解释，没有解释就没有史学。史学不是简单记事，它离不开论理，论理就是解释。可是史学的解释必须以历史事实为凭据，而不是凭空虚构。没有事实，就没有解释。没有事实不叫解释，而是虚构。虚构与史学的本质是相矛盾的。

历史有事实吗？历史当然存在事实。历史是存在过的现实，这个现实就是历史上的事实。如果历史没有事实，那我们无异于说我们面对的现实，每天发生的事件也不是事实，因为今天的事实，就是明天的历史。不能说，作为现实是事实，一旦转化为历史就变成不是事实。

这种观点不能自圆其说。要么认为我们面对的现实是虚空不是事实，因此它转化为历史后仍然不是事实，要么承认我们的现实是事实，它变为历史后仍然是事实。七七卢沟桥事变日本发动侵略战争，当时是事实，现在过去了八十多年仍然是事实。历史只能在记忆中淡忘，而事实不会因此就不是事实。

困难在于客观的历史事实，如何能变为史学中的事实？其实历史认识的难题并非历史所独有的，而是存在于一切认识之中。人类认识有两个特点，一是主体的认识。任何认识都离不开主体，而主体的现实存在是个体性，因此不同的主体可以对同一对象得出不同的结论。所谓"一人一世界"，强调的就是这种观点。另一个特点是，人类认识并非照相，无论是反映或叙述都必须借助语言，其书面表现就是文字。这样人们就极容易陷入语言分析的陷阱，即语言或文字能真实反映对象吗？我们必须先弄清楚语言能否真实反映对象才谈得上真实性和客观性，在有些人看来，我们所谓事实、所谓客观都是语言构建的，无关乎对象。自然科学中这个难题容易解决，即通过人类实践可以比较容易清除文字障碍而直接付诸有现实性的实践，可人文社会学科就会由于认识的主体性和语言问题而陷于无止境的争论。

历史事实并不是康德的不可知的物自体，历史事实是可知的。历史科学要求真，求信史，就是追求历史的真相，即历史事实。如果说，客观历史中的事实是一，而史学中的解释可能是多。不同的史学家，由于自己的立场和价值观，会对同一事实作出不同的解释。对同一事实作出不同的解释，本质上就是虚构不存在的事实。至今日本军国主义仍然以侵略无定义来否定日本的侵略战争。汪精卫投降日本组织伪政府，这是事实，可有些学者却否认这是投降而认为是救国，因为这可以避免生灵涂炭，而抗日则是置人民于水火之中。用这种观点看秦桧与岳飞，看史可法与洪承畴，一切都颠倒了。汉奸变成爱国，爱国变成误国。因此史书中的事实可以有真有假，而客观事实并不会因此改变，墨写的谎言掩盖不了血写的事实。因此可以说，客观历史事实是不可改变的，而史学中的事实认定和判断取决于历史研究者的立场、观点和方法。但是历史研究是科学研究，凡是被虚构被颠倒的历史事实终会被颠倒过来，还历史以本来面目。

33. 为什么不能超越历史来创造历史

历史是人创造的，这是毫无疑问的。但人不能随心所欲地创造历史。任何人都不能在封建社会创造出一个社会主义社会，正如不能在原始社会创造出一个资本主义社会一样。因而历史决定论中的合理因素是不能否定的，所谓合理因素是指历史发展中经济因素确实最终具有决定作用。我们否定的是机械决定论，即与宿命论异曲同工的观点。历史唯物主义决定论讲的是历史规律论，讲的是人在一定条件下的主体能动性具有重大反作用的历史规律论。如果像一切唯心主义者那样认为历史的主宰是精神，历史是精神的体现，当然不存在规律。

对每一代人来说，传统都是历史性存在，而非现实存在。在现实中存在的是传统的影响，而非历史中曾经以现实形态存在的整体。要真正理解传统文化的本质，当然不能仅仅依据对留传下来的文本的解读，而必须回归传统本身产生和存在的条件。但传统是过去的存在，是回不去的，能回去的是对传统的把握即解读。德国哲学家伽达默尔在《真理与方法》中说："理解一种传统无疑需要一种历史视域。但这并不是说，我们是靠着把自身置入一种历史处境中而获得这种视域的。情况正相反，我们为了能这样把自身置入一种处境里，我们总是必须已经具有一种视域。"[①] 伽达默尔的说法当然有道理，但如果理解传统是依靠理解者已经拥有的视域，就很容易把自己的理解当成古人的理解，

---

① 〔德〕伽达默尔：《真理与方法》上卷，洪汉鼎译，商务印书馆2017年版，第431页。

即不把传统文化放在传统文化历史背景下理解，而是把现代人的理解挂在古人的名下，这只能是当代人对传统的解读，而非传统文化本身。

按照历史唯物主义观点，理解、解读只是一种阅读文本的方法，并非真正通向理解传统文化的通路。真正的理解必须是把被理解的文本放在历史条件下来理解，而不是按现代人的视域把它现代化。创造性转化和创新性发展，并不是单纯依靠理解和解读，而是立足发展了的现实，激活、吸收和改造传统文化中的东西。

34. 中国史官制度与历史顾问委员会

美国学者哈佛大学教授格拉汉姆·埃利森和尼尔·弗格森发表在美国《大西洋月刊》2016年9月版的文章《为什么总统需要一个历史顾问委员会》中提出，应该成立应用史学，也就是史学直接为政府决策从历史学角度提供意见。这个设想我以为很好。其实，中国传统历史学就强调经世致用的功能，以史为鉴。可是成立顾问委员会之类，当然没有过。

古代史官都是记事，而历史研究往往是著书立说。其中多涉及历史的经验教训，具有启发性。像司马光主编《资治通鉴》的目的就很明确。在当代，不少历史学者反而弱化了历史的资政功能和现实功能。认为历史靠现实太近，就会失去它的学术价值，至于为政治服务就更被讥为御用史学，更为可耻。其实，为现实服务如果流于影射史学，借史学说事，而不是真正总结历史经验，当然失去历史研究的价值。但历史研究的现实功能是不能否认的。

该文作者说，我们相信，现在是时候让一门崭新而严谨的应用史学出场了，它将尝试通过分析历史先例或历史中的类似事件，阐明当下的挑战和选择。作者的理论立足点，是面对当下的某一困局，然后尝试着在历史长河中找到类似的困局，他们最终的目标是找到当下为什么发生类似事件的线索,进而提供可能的政策干预方案和评估大概结果。确实,历史现象具有相似性,相似的现象可提供思考线索,但它们是极不同的条件下发生的,可以有不同的后果,因此不能简单类比。作者清楚,历史当然不是一本烹饪书,可以提供预先准备好的食谱。但他们引用古希腊历史学家修昔底德的话来说明,"只要人之为人,未来的事件将是过去历史的重现"。但是,历史事件是一次性的,历史现象虽然具有相似性,但绝对不会是一样的。历史唯物主义重视历史,但它不是重视历史事实和历史现象的类比性,而是重视历史的规律性。历史的重要性在于历史的经验,而历史经验可靠性的分析则在于历史规律。因此,历史唯物主义强调它提供的观察历史的方法,即使是相同的现象也是放在各自的历史条件下进行分析,而非简单地从类比中得出结论。类比最大的局限性是抽象掉了事件的条件性,变成两个事件的比较,这样得出的结论往往不可靠。

对历史事件或历史人物的记载,都离不开史学家对事件和人物的叙述。叙述可以是历史的一种体裁,叙述体不同于编年体,但叙述本身作为一种方式来说,可以说是各种体裁共用的。因为史学的功能之一,是记载以往发生过的事件和人物,使其不致因年代久远而被人们遗忘。遗忘历史,对人类是个大损失,因为历史中包含的经验教训、人类的智慧都随同历史而一道消失。前事不忘,后事之师,历史是人类最好的教科书。一个没有历史记忆,或忘掉历史的民族,是一个没有生命力的民族。叙述就保存了历史的记忆。没有叙述就没有史学著作。希罗多德的《历史》主要是对希波战争的叙述;我国春秋时期的《春秋》也是历史的叙述,人们读读《左传》就知道。司马迁的《史记》和司马光的《资治通鉴》都包括对历史事件和人物的叙述。没有叙述,就没有史学著作。一部没有对历史事件和历史人物叙述的历史书是不可想象的。但历史的叙述不是作者的文学想象,不是杜撰,必须材料真实,叙述有方,即叙述包括事件的因果链条,而且作者可以对历史进行评说。因此历史的叙述中删去因果关系，删去对规律性的把握，这种叙述就是流水账，中国古人称之为"断烂朝报"。史学著作必须包括两个部分：史料的可靠性，这属于信史的要求；另一方面，论得失、论功过是非，评价要恰当，这属于价值判断。

35. 传统与认识

我们应该重视传统，因为任何由传统所凝结的认识，对后人来说都是一种认识前进的台阶。人类认识不是从零开始，而是从前人的认识成果开始，后人站在前人的肩膀上。科学发展如此，技术发展如此，人类文化的发展也是如此。这就是为什么科学发展有一部科学发展史，技术发展有技术史，文化发展有文化史的原因。有史就有继承，但光有继承而无发展也没有史，因为只有继承而无发展那就是在原地踏步。原地踏步就没有历史。历史中的人是有历史局限性的，因为人都是生活在历史中，而历史是有阶段性的边界和局限的。一定时代的人，就是生活在一个时代的历史传统和现实中，他的认识必然会受到历史的限制，可现实的发展，又往往突破历史传统的边界，这就是社会的进步。伟大人物是站在现实立场引领历史潮流前进的，而不是站在历史的边界线上阻止现实的发展。

我们对历史事件和历史人物的评价，都是一个时代的人对已经存在的另一个历史时代的人和事的评价。我们现在的认识不见得会被将来时代的人所认同，因为历史的边界在前移。正如恩格斯说的，下一代人对我们的无知的嘲笑，可能比我们对上一代人之无知的嘲笑更多些。这是认识的相对性方面，可如果仅仅这样说就会走向相对主义，没有任何可信的东西。一切都是可变的流动的，真理和智慧也在变化和流动中化为无，从而导向虚无主义。相对主义是通向虚无主义的捷径。

历史是变化的，但人从历史中获得的真理性成果并不会因为历史的变化而丧失它的真理性。真理可以发展，可以丰满，可以更全面，但不可能推翻。马克思说过，人们不会放弃已经获得的生产力和科学知识，否则每一代人都得从头开始，人类始终处于从猿到人的分界线上，难以成为人。人类在发展中经过历史淘汰积淀下来的东西就是人类的物质财富和精神财富。因此，历史相对性中有绝对性，人的认识也是如此，相对性中有绝对性。这才是真实的历史，才是真实的认识史。人们至今仍在读苏格拉底、柏拉图、亚里士多德，以及西方一系列名著，正如在中国，仍然在读孔孟老庄，读我们祖先为我们留下来的种种经典名著。因为其中既包含时代的东西，又包含超越时代的东西。

历史与传统是不可分的。没有历史，哪来传统呢？传统中断，历史还能继续吗？传统就存在于历史延续之中，历史就是凭借传统的发展得以延续的。一个国家的历史与它的传统共存共荣。尊重历史与尊重传统是一致的。一个不尊重自己国家和民族历史的人，也不可能尊重自己国家民族的传统。但传统的作用也是双重的，因为传统并非永远是新的，它可以由新变旧。因此，传统既可以是发展的前进台阶，也可以成为包袱或绊脚石。历史是发展的，传统也应该以继承和创新的方式与历史发展同步。如果一个民族因传统的重负而因循苟且，那就同时意味着这个国家的历史处于停滞状态。只要读读历史就知道，一个王朝大踏步前进时是最具创造性的时代，而当历史处于停滞时，就是背负传统不能越雷池一步而了无生气的时代。清朝龚自珍的诗是很沉痛的："九州生气恃风雷，万马齐喑究可哀。我劝天公重抖擞，不拘一格降人才。"

马克思主义最重视历史，因而也最理解传统在历史中的作用。传统可以是一种巨大的保守力量，可是传统中包含的创新因素，又是一种推动力量。因此，我们不能固守传统而必须创新传统。创新当然不是摒弃传统而是淘汰传统中过时的东西，增加时代创新的因素。习近平说中国传统文化的创造性转化和创新性发展，就是要根据新历史条件对传统进行新的创造。这种创造不是解释学的，不是以经注经，不是从书本到书本。依据书本的所谓创新只能是解释学的学术性"创新"，最多是对书中论述的拾遗补缺的一得之见，而往往与实际无关。马克思主义主张的创新是立足现实，以问题为导向，以经典著作提供的智慧作为思想资料，创造新的理论。

36. 旧东西与新东西

所谓太阳底下没有新的东西，只有历史才会出现新东西，因为历史是精神的体现。这种说法是武断的。自然界是进化的，自然界在进化中也会出现新的东西，虽然自然界的发展往往表现为循环，但同样有从简单到复杂的进化。与社会发展不同的是，我们不能谈论自然的进步，而只能谈论自然的进化。社会发展是进步，自然是进化。进步，包括人的努力，而进化是自然自身的演化。

黑格尔的理性的机巧或理性的狡黠，都包含规律的作用。人是有目的的，但人的目的并不都能达到。众多人的目的交织在一起，造成了非某个人的目的的结果。英雄人物的才能、热情、功绩和成功乍看起来达到了目的，但从长远影响来看，也许会超出他的目的。列宁和斯大林的目的在十月革命及其一段时期仿佛达到了，可从长远来看，现在的俄罗斯绝非他们追求的目的。正如中国现在存在的贫富悬殊绝非毛泽东及其战友们进行革命的目的。历史是有规律的。规律的作用不是个人的意志、热情或目的所能决定的。革命胜利了，迫使人们上井冈山和进行长征的条件不存在了，已经变为执政党，执政就有执政的规律，如果执政不按执政的规律，就会前功尽弃。如果可以打个比喻的话，历史发展犹如一次长途旅行，而各个不同时代的伟大人物包括领袖人物都是短途的汽车司机，他们只能驶过自己所承担的旅程中的一站，至于下站司机是谁，方向盘掌握在谁手里，并不是他们能决定的。因此，历史的发展不可能是直线的，也不可能是一种色彩。只有这样，我们才能体会习近平反复强调的"不忘初心，牢记使命"的重要意义。

37. 对历史人物的道德评价

对历史人物的评价，不能以偏概全，更不能在道德上苛求和绑架。正像黑格尔说的，英雄人物在他迈步前进的途中，不免要践踏许多无辜的花草，蹂躏好些东西。确实，没有戴着白手套的革命，伤及敌人不用说，伤及自己同志的事也时有发生。这并不妨碍他是伟大人物，因为他的功劳远远超过他的错误和人们对他的过错的指责。

历史人物都是时代需要的产物。黑格尔说，"个人作为时代的产儿，更不是站在他的时代之外，他只在自己的特殊形式下表现这时代的实质——这也就是他自己的本质。没有人能够真正地超出他的时代，正如没有人能够超出他的皮肤"[1]。中国革命产生了毛泽东，改革开放造就了邓小平，新时代全面深化改革造就了习近平。真正伟大的人物不是超越时代，而是透彻地理解时代的需要。"谁道出了他那个时代的意志，把它告诉他那个时代并使之实现，他就是那个时代的伟大人物。他所做的是时代的内心东西和本质，他使时代现实化。"[2]

只要翻开人类历史书，没有一个伟大人物是与他们的时代相脱离的。古希腊罗马时代的哲学家明显来源于人类早期对自然和人生探索的需要。注重自然，是人类摆脱原始人对自然恐惧的要求，对自然本性的哲学思考是必然的。中国也是一样。当中国开始摆脱对天的神秘主义信仰，就会进入对天道的探索，"道"成为最早探索万物本性的概

---

[1] 〔德〕黑格尔：《哲学史讲演录》第1卷，贺麟、王太庆译，商务印书馆2017年版，第57页。

[2] 〔德〕黑格尔：《法哲学原理》，范扬、张企泰译，商务印书馆2017年版，第379页。

念。英国和法国启蒙哲学适应反对中世纪封建社会和神学的需要，必然是理性主义的，或者是唯物主义的。中国如果没有由西方帝国主义入侵带来的民族生存的危机，就不可能出现一批又一批革命家、思想家，从秋瑾、陈天华，到孙中山，到毛泽东等一大批共产党人的出现，都是应时而生的。没有时代的需要，他们就不可能产生。毛泽东式的人物，不可能产生于辛亥革命之前，辛亥革命时期只能产生资产阶级革命家，产生旧民主主义者、爱国主义者，而不可能产生共产主义者，因为产生共产主义者的条件还没出现。没有时代的需要，就不可能产生与其相适应的伟大人物。

伟大人物是有个性的人物，也是具体的人，同一时代的伟大人物都各具个性，毛泽东不同于周恩来，周恩来不同于朱德，但他们相同之处在于都是坚定的无产阶级革命家、马克思列宁主义者。时代需要的人物具有时代特性，这是共性，而个人的品质、爱好、性格是个性。邓小平开启改革开放之所以可能，是因为他比毛泽东、周恩来等都幸运，他活到全球化时代，活到世界经济政治格局发生变化的时代，时代条件使中国的改革开放成为可能。这不仅仅是邓小平个人的智慧，更是时代的需要。要知人，必知时，不知时就不可能知人。真正伟大的人物不是超越时代，而是透彻地理解时代的需要。

有人问，为什么苏联会解体，为什么苏联会出现戈尔巴乔夫、叶利钦这类埋葬社会主义的人物？其实，这些人不是从天上掉下来的，而是从苏联政治思想土壤里生长出来的。他们都是20世纪50年代上大学的一代，当时正是苏联开始反对斯大林个人迷信，并进一步发展到反对苏联社会主义基本制度的时代。他们最容易接受西方新自由主义思想，事实证明他们正是西方所需要的人物，实现了美国用军事无法得到的东西。

中国为什么没有步苏联后尘，因为条件不一样。中国没有否定毛泽东和毛泽东时代的基本制度和毛泽东思想，而是纠正错误，总结经验，继续前进。在中国不存在彻底否定毛泽东和毛泽东时代的可能，因为广大人民通不过，中国共产党通不过。尽管有少数人不断鼓噪，不停抹黑，但毛泽东在中国人民心中永不会倒，因为人们知道那些热衷于抹黑他的是些什么货色。不管他们如何把自己打造为启蒙者，先知先觉者，看看他们屁股上的西方烙印，就知道他们是一群什么样的人。

38. 历史偶然性

历史唯物主义提供的是关于社会发展的规律性认识，它处于历史的深处。我们无法简单用历史唯物主义公式来对历史人物、对历史事件直接做出解释，因为任何一个重大历史事件，历史人物都包含多种多样的偶然性，因而呈现在我们面前的事件和人物是多面的。必然性不是无遮蔽、赤裸裸地摆在我们面前的。我们能直接观察到的都是历史的现象，而非历史的规律。因此如何从现象进入本质、从偶然性中抓住必然性是历史研究中运用历史唯物主义的一大困难。

39. 历史与眼界

柯林武德认为，历史学家要开展好自己的研究必须做到两点：一是要开阔历史的视野，以一种同情的态度去研究那些过去的时代，二是摒弃那种不变的人性概念。应该说，这个思想是深刻的。

历史是发展的、进步的。后人看前人往往感到可笑、幼稚，可是他们不知道，相对前人所处的时代而言，其看法和做法的出现具有合理性。当人们感到前人可笑时，说明时代进步了，自己处在了更高发展阶段。从这点说，"凡是存在的都是合理的"说法有一定道理，因为如果没有合理性，根本不可能出现。但这种合理性是相对的，因此它必然会为更高的现实所代替。历史就是这样，后人看前人是落后的，可在更后来的人看来我们可能同样愚蠢可笑。如果只是这样来看待全部历史，则历史就是一连串笑柄。这种历史观是错误的。历史是一个积累的过程，每个时代，即使是原始时代都会留下一些合理的东西。而历史越进步，可留下的东西就更多。

至于用不变的人性来解释历史，更是不科学的。如果用人性解释历史，那用什么解释人性呢？用历史。这样我们陷入谎谬的不可理解的循环论证。没有不变化的历史，也没有不变的人性。不变的人性只有一种，就是人的本能即饮食男女。可饮食男女的方式仍然是变化的。赫尔德说，"假如我把人身上的一切都归结为个人，并否定人们之间的相互联系和个人与整体的相互联系的链条的话，那么人的本性和人的历史对我们来说便始终是难以理解的了，因为我们中的任何一个人光靠自身都不能成为人"[①]。人只有在人群中才能成为人，在狼群中只能成为狼。狼孩就是证明。当然，由于他身上有人的基因，他可能回到人群中逐步人化，但始终会保留狼的习性，永远不能成为完全的人。

40. 不能忘记历史

历史为什么不能忘记？因为历史中蕴藏着许多经验教训。别的不说，仅以中国近百年的历史为例就能明白，一个国家如果制度腐败，统治者把自己的利益放在人民利益之上，苟安于一时，结果只能导致更大的灾难。

1840年第一次鸦片战争，中国并未弱到不堪一击的地步，英国当时侵华兵力只有一万五千人，中国虽然缺少军舰，但以举国之力完全可以击退英国，但腐败的清政府终于签订了《南京条约》。从此失去

[①] 转引自〔俄〕古留加：《赫尔德》第2版，侯鸿勋译，上海人民出版社1985年版，第68—69页。

香港，还要赔款2100万两白银。帝国主义得到甜头，摸到清国底细，于是第二次鸦片战争中英国和法国联军，以区区不足二万人直逼北京，京师震惊，圆明园付之一炬，这伙文明的强盗把北京变成灾难之城。日本人从英国和法国的屡次得手看到了分赃机会，发动了甲午战争，战败的清政府又是割地，又是赔款。这次日本人的胃口大多了，不仅割占台湾，还企图占领辽东半岛，赔款那就是天价，两亿两白银，清政府多年的税金。

帝国主义不会止步，接着是九一八事变、七七事变，日本要侵占整个中国。落后要挨打，这个落后不仅是军力，主要是制度腐朽。就经济来说，中国举全国之力，完全可以奋起抵抗。可是无论是清政府还是蒋介石，都是害怕百姓甚于害怕帝国主义。苟安比失去政权好。慈禧太后主张"宁予友邦，不予家奴"。蒋介石提出"攘外必先安内"也是一样的逻辑。统治者的利益比国家存亡更重要。在抗日战争中，中国共产党偏处延安，兵少地穷。可中国共产党振臂高呼全民抗战并逼蒋抗战。汪精卫投降当汉奸，蒋也希望与日本和谈，并未下决心抗日。历史经验证明，国无论大小，人口无论多少，必须有一股劲，这股劲就是民族精神。可腐败的统治者不可能继承这个民族精神，在近百年的中国苦难历史中，继承民族精神的不是统治者，而是革命者和爱国者，他们不屈不挠的斗争唤起了民众。

中国共产党是中华民族爱国主义精神的继承者和发扬者，中国共产党坚持全面抗战，毫不动摇。全国政权的掌握者国民党由不愿抗日到被逼抗日到拼命抗日，说明一个简单道理，只要奋起抗战，一个民族是不会轻易被征服的。历史上的卖国者多是统治者而不是百姓，百姓是不愿屈服的，因为这是他们的家园所在，只要敢于发动群众是能打败一切入侵之敌的，可是统治者的最大心病就是怕发动群众，因为群众起来会威胁他们的统治。这就是国民党虽然拥有全国的经济力量和大量军队而不敢抗日的原因。没有愿当奴隶的民族，只有愿当奴隶的统治者。谁能出卖主权,当然是统治者。为什么要出卖主权,以图苟安。这就是历史的教训。如果忘记历史,就会重蹈覆辙,历史悲剧就会重演。

卷三

社会之思

1. 社会的可理解性

　　社会生活具有可理解性，因为社会中的一切规则，包括经济的、政治的、法律的、道德的，以及风俗习惯等等，都具有可理解性，都是人们为了适应和维护这个社会而形成起来的。由于社会生活具有可理解性，历史也就具有可理解性，因为历史发展的内容就是每个时代的社会生活。

　　历史不是单纯的时间之流，历史的内容是人的活动，它的内容五彩缤纷，丰富多彩，从经济到政治，从物质生产到文化创造，都体现了人作为人的创造力量。历史是人的创造性活动的历史，历史的主体是人，而人的活动是有意志有情感有目的的，因此历史具有主观方面，即人的精神参与对历史的创造。精神对人类历史的作用是毋庸置疑的，因此伟大的时代必然是有伟大的精神显现的时代。

　　一个时代的精神状态往往就是这个时代的伟大或平庸的标志。但是并不能因此就说，历史是精神的历史、观念的历史，因为精神和观念必然有其产生的根据，否则就是水上浮萍，无根无源。时代的精神和观念都是有根的，时代精神是时代的精神，而不是精神的时代，时代的精神是有根的，这个根就是这个时代自身的经济、政治和文化活动的总和所构建而成的时代自身。伟大革命家、思想家、科学家都是时代的产儿，而不是相反。孙中山、毛泽东只能是中国近现代革命的产物，没有中国革命的需要就不可能产生孙中山和毛泽东。

　　历史的丰富性表现为历史中存在着伟大历史事件和历史人物有声有色的活动。这是历史学家和我们每个人能看见的，是历史最热闹的场面，可是还有一个静悄悄的不为人们注意的伟大场面，这就是普通人、普通劳动者的日常生产活动。日常生产活动比起光彩夺目的政治军事活动来显得安静，甚至静悄悄，日复一日、年复一年没有火和光。

至于普通劳动者比起伟大人物更是显得微不足道。可是马克思和恩格斯思想之所以伟大，就是从普通人的日常生产活动中，发现了历史的奥秘。人类粗糙的物质生产是历史的基础。人类只有生产满足人类生活需要的生活资料后才能从事其他活动。人类历史的规律，包括社会基本矛盾运动规律，存在于人的生产活动之中。人类停止生产，哪怕是一个月，也就不能继续存在。因此，支撑人类社会发展的是劳动者及其生产活动。正是劳动为人类的伟大政治家、军事家、思想家构建了每个时代的活动舞台，让他们有可能演出有声有色的戏剧。没有普通劳动者及其生产活动，历史就会终结。

人类能认识自然，这是绝大多数科学家都承认的，除了少数不可知论者，因为自然科学的结论与实践紧密相联，它能在实践即原理的应用中证明它的真理性。可历史能否认识？这是个难题。这取决于我们如何看待历史。如果说，历史的走向是由上天决定的，当然不可认识，天意从来高难问。如果历史是神的意志，当然也是不可认识的，没有人能知道神的意志。当然，如果历史命运不可知，这不符合人类的需要。于是中国就有了一套关于天意与人心关系的理论，天道远，人道迩，天意就表现在人心上，知道人心就知道天意。天意高难问，但人心可问可知。这种说法的进步意义是把人心和天命结合在一起，但也可能造就出传达神的意志的先知使徒和传道的神职人员。

历史可以认识，因为历史是人创造的，是人的活动创造的，只要我们能认识人的活动，就有可能认识历史。我们不可能认识上帝的创造物，不可能认识上天的创造物，但不能说，人不能认识自己的创造物。从人可以认识自身的创造物来说明人能认识历史，这有合理性，但它是直观的，是经验的，没有达到科学的理论。必须走向历史的深处，而不能停留在历史的浮面。在历史的浮面只能是历史的表象，而历史的深处则是历史发展的规律。只要我们认识了历史发展的规律，就打开了认识历史的大门。这种认识当然是宏观的，规律性的，如果要认识每个国家、每个阶段的历史，还必须深入它的内部，探求历史人物和历史事件发生的条件和因果关系，这要具体问题具体分析，但它的原则是历史宏观规律提供的方法论原理。

2. 经济的最终决定作用

不能把历史唯物主义关于经济基础决定上层建筑的原理简单化为一切都能从经济发展水平得到解释。其实并非如此，物质生产和精神生产发展不平衡现象是存在的。古希腊时期生产并不发达，社会发展水平也不高，可产生了诸多神话和史诗，尤其是著名的三大悲剧。抗战时期是经济最困难的时期，可抗战文艺，如诗歌、音乐最具感召力。天下太平，经济发展，文化反而归于平淡。"国家不幸诗人幸"的现象，很值得我们研究。

3. 生产方式与科学技术

中国封建社会，科学与技术高于西方，为什么近代会落后？对这个李约瑟之问解说者甚多。有说是中国传统文化的保守性，拒绝科学技术发展，如庄子的有机事者必有机心，老子的绝圣弃智之类；也有的说是由于明中期开始的闭关锁国造成的，如果像日本明治维新那样开放，中国科学技术不会落后，等等。这些说法，各有其正确因素，但并非根本原因。按照历史唯物主义观点，科学技术发展的高度和速度，取决于物质资料生产方式，而物质资料生产方式的不同，必然决定上层建筑领域中当权者的科技政策。

中国长期的封建社会是小农经济和手工业生产方式。中国农业生产方式发达，手工业也发达，因此建立在农业、手工业基础上的相关技术也比较发达，中国的四大发明是世界领先的发明，中国与农耕相

哲学与社会

关的技术也有很不俗的表现。但农业生产方式和手工业生产方式在科学技术的发展上，是对经验的要求高于对理性和逻辑的要求。可以有文化程度不高甚至目不识丁的能工巧匠，但绝不可能有没有文化素养的科学家。

西方资本主义社会的科学技术进步，是依赖于大工业生产方式的。没有科学技术的支撑，这种生产方式就不可能运转。无论是蒸汽动力还是电的发现，都与工业发展需要相关。恩格斯说过，社会一旦有了对科学技术的需要，就会比十个大学更能推动科学技术的发展。在中国封建社会，国家办的国学读的都是四书五经，学的是为人之道、为官之道，并没有专门进行科学与技术教育的机构；中国书院发达，可是书院所教所学本质上仍然是服务于封建社会需要的东西，而非科学技术。可以说，中国自古以来就没有设立专门培养科学技术人才的机构和制度。科举制度是指挥棒，它的标准答案是四书五经，目的是为统治阶级选拔治国治民的官才。农业生产方式缺乏对科学技术的推动力，与此相适应，在上层建筑层面即国家政策也必然如此，它们两者相互结合、相互影响。在中国社会，科学技术不占有崇高地位，即便是名医、巨匠，与高官显爵相比也是不入流的。韩愈的《师说》《进学解》中推崇道统而对百工技艺有所轻视，就是封建社会对待科学技术的写照。

中国封建社会农业和手工业相当发达，因而在古代生产方式能容纳的范围内，中国古代在科学某些领域尤其是技术上仍然有很大成就，例如天文和数学，以及四大发明，可是中国未能进一步发展出现代科学技术，封建社会和小农生产方式阻碍了它的发展。可以大胆地说，西方近代科学技术的发展得力于资本主义生产方式和大工业的需要，而中国则受阻于小农生产方式及建立在这个基础上的封建社会的政治制度和传统文化中轻视科学技术的观念。

按照历史唯物主义观点，在科学技术发展中具有决定性推动作用的是社会生产对科技的需要。有什么样的生产方式就会有什么样的科学技术水平。而观念的保守以及统治者对科学技术的政策，归根结底都是决定于生产方式的性质。中国封建社会最有地位的是读书做官、科举应试、荣宗耀祖。这不单纯是观念问题，而是封建社会的生产方式和政治制度必然产生的现象。

从明代中叶开始，入华西方耶稣传教士也带来了西方的科学，康乾两个皇帝对西方科学技术也表现了一定兴趣，但它终究不能成为国家政策，不能打开科学技术发展的大门，因为当时虽然西方已开始资本主义时期，但中国没有需要科学技术的大生产，整个社会占主导的仍然是农业生产方式，而且仍然挟几千年发展的成果而以天朝上国自居，百足之虫死而不僵，没有危机感。虽然宋代经济发展，出现《清明上河图》所展示的繁华景象，明代中叶以后商品经济也很发达，但商品经济的内容仍然是农业和手工业产品，或与日常生活密切相关的茶叶和盐，而非工业品。到了西方以大炮轰开中国大门时，西方人的步步紧逼激起了中国人民的反抗和排洋情绪，而这种情绪又为统治者巩固摇摇欲坠的王朝所利用。虽然看到西方船坚炮利，试图向西方学习，但没有超出"中体西用"和"师夷长技以制夷"的路子。"中体西用"是维护封建体制、闭关锁国的另一种表达方式。坚守中国旧体制和旧的道统是封建制度的最后一根救命稻草。于是陷入恶性循环，越落后越挨打，越挨打越企图通过关门来抵御外侮。以为关紧国门强盗就进不来，还是冷兵器时代的思维。以为修万里长城就足以御敌，却不知道此时敌人会从海上来、空中来。

中国进入社会主义社会，科学技术得到迅速发展，因为社会主义生产方式是建立在大工业基础上的。小农经济基础上不可能建立社会主义现代化强国。小岗村的勇气是思想开放和启动农村改革的勇气，但不是中国社会主义农业的总体发展方向，因为小农经济方式不可能支撑社会主义现代工业化。小岗村同样是要发展的，不可能永远停留在包产到户的水平。70多年来，中国传统文化仍然是中国传统文化，中国人民仍然是中国人民，可社会制度变了，生产方式变了，一切都发生了根本变化。尤其是改革开放以来，我们主动打开大门，吸取国外文明成果，中国发生了翻天覆地的变化。虽然我们的科学技术整体上仍然与先进国家有一定距离，但这个距离在缩短，而且许多方面已经走在世界科技发展的前列。可以预期，中国科技不仅追赶世界，而且至少在某些方面将引领世界。

当代世界处在经济全球化时代。科学技术的交流、传播、引进是必然的、必要的。闭关锁国必然落后。当然，任何引进和学习，都必须着眼于自主创新。自力更生、独立自主原则是马克思主义的原则，没有一个民族和国家可以完全依赖引进而能够自立于世界民族之林。自力更生不排斥开放，但任何时候都必须强调自力更生，因为先进科学技术是国之利器，西方国家会采取封锁政策，不会随便出口，尤其是对社会主义中国，禁运成为它们防止中国崛起的一种手段，而且会形成统一战线。他们所谓普世价值观只是掩盖两种制度对立的一种冠冕堂皇的说法罢了。

历史唯物主义者绝不能离开生产方式来讨论科学技术发展问题。我们应该考虑观念、文化的促进或阻碍的反作用，但具有决定性作用的仍然是生产方式。当生产方式的发展要求冲破制度和观念的束缚时，最终胜利的只能是生产方式。没有任何力量会长久阻止人类历史的发展进步，阻止生产方式变革的要求。世界历史证明，社会主义先进的社会制度、生产方式的发展与科学技术的发展具有大体的同步性。当新中国刚刚成立时，中国工业极端落后，我们除了茶壶、茶碗，桌子、椅子，连自行车都造不出来，遑论飞机、汽车。但经过70多年的发展，我们不仅建立了完整的工业体系，而且在科学技术领域取得突飞猛进的进步。在这个过程中，中国传统文化没有成为中国科学技术进步的障碍，相反地通过正确的文化政策和优秀文化成果转化，会成为有利于推动科学技术发展的精神力量。

在社会发展和科学技术发展问题上,我从来反对文化决定论。把西方资本主义的发展归结为古希腊罗马哲学,归结为新教伦理,把中国的落后归结为中国传统文化,都是只见树木,不见森林。新教伦理倡导节约禁欲勤劳,是适应资本主义原始积累的需要,适应资本增值需要的,而不是相反。马克思关于资本积累与道德的关系讲得很清楚:资本积累的道德要求是"自我克制,对生活和人的一切需要克制。你越少吃,少喝,少买书,少上剧院、舞会和餐馆,越少想,少爱,少谈理论,少唱,少画,少击剑等等,你就越能积攒,你的既不会被虫蛀也不会被贼盗的宝藏,即你的资本,也就会越大"[①]。

事实上,是资本主义萌芽和发展产生新教伦理,而不是相反。资本主义不提倡自身的生活奢侈,我们可以读到亿万资本家如何节俭的励志书,但它可以用各种时尚引诱大众消费,不断创造新的产品满足消费者的需要。而封建社会上层贵族对待财富的态度是任意挥霍、浪费,因为它的收入是租税,衣租食税者关心的只是享受而不是扩大生产。像《红楼梦》中描写的为元春省亲而盖大观园那样的浪费,只有封建社会才有可能,而资本主义社会的每笔支出,都必须有利润回报的。这就是为什么资本家比封建贵族更节约更工于计算的原因。

中国共产党倡导人类命运共同体,提倡文明交流,提倡守望相助、互利共赢,这是我们的政策和价值观。但当代世界仍然是充满各种矛盾的世界,也是科学技术竞争的世界。当具有霸权主义追求的国家掌握先进的科学技术,尤其是核心科学技术时,往往会采取封锁政策,把先进科学技术作为推行霸权主义的手段,我们不要对它们怀有任何幻想。把中国的发展视为威胁,表达的是某些国家对自己制度的焦虑。隐藏在贸易战背后、科学技术之争背后更深层次的竞争,是国运之争、

---

① 《马克思恩格斯全集》第42卷,人民出版社1979年版,第135页。

道路之争。

4. 不能只讲生产力

在历史唯物主义中，生产力对生产关系起决定作用。生产力是推动社会发展的最根本的动力。这个说法，当然是对的，但是随着人类生产力发展出现的问题，我们发现单纯生产力的发展并不是唯一起作用的因素。生产力发展有利于社会，但如果财富是只朝一个方面积累，富者越富，穷者越穷，这样生产力的发展会增加不公平，引发众多的社会问题；另一方面，生产力解决的是人与自然的关系，生产力是一种改造和利用自然的力量。生产力越发展，科技越发展，人们改造自然的力量越强，而生产力的无限制、无规则的发展会破坏人的生存环境。这说明，生产力的决定作用只是历史唯物主义中的一条原理，而不是全部。生产力发展效用会受到生产关系制约，当生产力发展导致环境破坏时，必须调整生产关系，包括所有关系和分配关系，必须解决人与自然关系问题。为了人的生存环境，可以牺牲一定的发展速度，以保持生产力的发展与自然环境的平衡关系。因此，"发展是硬道理"必然要发展为科学发展观，进而发展为"创新、协调、绿色、开放、共享"的新发展理念。这种发展理念是把生产力与生产关系、人与人、人与自然的关系，财富的生产和分配关系都包括在内，而不是把生产力的发展视为唯一起决定作用的因素。这就是为什么在世界进入第四次工业技术革命时代，在中国经济得到发展的时代，在 GDP 快速增长时代，公平正义问题成为重要理论和现实问题的原因。共产主义仍然是遥远的未来，通过消灭私有制度，采取按需分配只是一个理想，那么在社会主义初级阶段上，在保存私有制和资本利润的条件下，呼唤公平和正义必然成为最强音。因为不可能通过改变所有权来获得公平正义，所以只能着眼于分配，把蛋糕做大，把蛋糕分匀点，来获得相对的公平和分配正义。

5. 中国必须始终坚持共产党的领导

为什么中国必须始终坚持共产党领导？如果离开历史唯物主义关于社会形态的学说，离开社会主义在人类历史上变革的本质，是不可能理解的。

在不同的社会形态下，由于经济基础不同而必然产生不同的政治制度。在奴隶社会，必然是奴隶主当权的社会。尽管希腊曾经有过民主制，但这是奴隶社会的民主制，当权者仍然是奴隶主。有选举权的是自由民，而奴隶是排除在外的，奴隶在奴隶社会根本不是人，而是属于生产工具。

资本主义社会逐步形成了自身的统治方式，这就是资本主义的所谓民主制度，有了不同政党的竞争，有了普选制度。这种制度不是聪明头脑的发明，而是决定于资本主义经济基础。资本主义私有制下的不同利益集团，不允许只存在一个代表某种特殊利益集团的政党，也不允许代表某个利益集团的政党永远当权。因此资本主义社会必然是多党的，因为利益是多元的。没有任何一个政党能代表各个利益集团的共同利益，因此多党通过竞选轮流执政是必然的。

对资本主义社会的稳定和永远维护私有制来说，民主制是最好的制度，因为普选堵塞了通过革命暴力改变社会制度的合法性和可能性，而通过竞选改变资本主义社会和消灭私有制永远是幻想。民主制有软硬两手的统治。它是软统治，因为有出气筒，可以有群众表达不满和愤怒的通道和方式，有普选制，可以换马；但此外有硬的一手。当民主超越资本主义法律许可范围，则有一系列法律来保护这个制度；如果发生不测的不可控制的群众运动，则有警察；如有起义，则有机关枪、坦克和大炮。马克思早说过，如果被压迫者试图利用资本主义提供的自由、民主、人权来达到自己的目的，则它必然转变为机枪和大炮。

多党制对资本主义制度是有利的，它可以让百姓失望但又让百姓永远怀有希望。没有和尚有秃子，没有骡子还有马。这个政党不行，我们下次选另一个政党。他们可以用选票表示对某个政党的愤怒，但不会对整个资本主义制度表示愤怒。事实证明，用选票无法改变资本主义制度。在政党轮替中，资本主义基本经济和政治制度依然存在，改变的只是台上的政党和领导人。这就是所谓历史终结论的奥秘。

社会主义社会不同于资本主义社会，它是消灭私有制、消灭阶级、消灭两极对立、要求共同富裕的社会。除了人民的根本利益外，它不允许存在任何既得利益集团。中国共产党处于领导地位的合法性是什么？要理解这个问题必须理解社会主义革命的本质，理解社会主义制度的本质。坚持中国共产党领导不是为了一党之私，而是为了人民的利益。因为中国共产党的理想、追求和实际政策都是以人民利益为最高宗旨的。如果中国共产党拱手让出领导权，就是对社会主义事业的背叛，是对人民利益的背叛和出卖。因为在当代中国，没有任何政党能像中国共产党那样从整体上代表人民的利益，也没有任何政党具有中国共产党的执政经验和能力。中国共产党长期执政的合法性是人民的拥护，而不是选票。选票只能决定哪个政党当选执政，任何时候都不能决定它是否真正代表选民利益。决定政党代表谁的利益的不是选票，而是政党的阶级基础和阶级本质。

在中国，共产党是领导党、是执政党，但我们实行的是中国共产党领导的多党合作制度。在中国，民主党派同样有合法地位，有参政议政的权力，可以担任国家重要职务和各部门领导。我们的制度适合我们的社会性质和中国近百年的革命历史，它比起西方资本主义的多党制有自己的特色和优越性。什么是最好的制度？适合人民需要，适合人民利益的制度就是最好的制度。

西方有些政客总说西方是民主社会，而共产党中国是专制国家。

民主和专制的标准是什么？西方可以选举，百姓不满意可以通过选举表达意志。好，那为什么美国选来选去总是驴象之争，不能选出共产党当政呢？如果选出一个共产党政府，他们有产者、各种财团能同意吗？当年智利阿连德的悲剧就是一个教训！实际上民主选举是不要驴就要象的选举，是烂中挑好的选举。这就是他们夸耀的资本主义民主。实际上，任何资本主义国家的选举制都是解决同一阶级中哪个利益集团代表当选的问题，彼此利益不同的财团代表可以轮流坐庄，但资产阶级和无产阶级绝不能轮流坐庄。

我们必须懂得政权与政府的区别。政权代表着某个阶级实行统治，而政府则是统治者实施权力的方式。政府可以一届届更换人员组成，资产阶级的总统、议员可以变换，但不影响资本主义制度的本质。从历史上看，从来没有一种处于统治地位的阶级会自动让出政权。中国封建社会几千年，有王朝兴亡，有官吏设置的变化，但这种变化只是改朝换代，封建贵族和大地主阶级当权的本质始终没变；资本主义社会同样如此。资本主义产生到现在已有几百年，从来没有一个资本主义国家真正能通过选举让无产阶级政党掌握政权并改变制度性质。现在拉美几个左派政权并不是共产党，美国都视之为眼中钉，必欲除之而后快。对别的主权国家的治理方式，美国尚且不能容忍，更何况发生在美国内部呢！

社会主义中国不能搞多党制。放弃共产党领导，就是无产阶级和劳动人民放弃政权，放弃社会主义制度，放弃共产主义的理想和目标，归根结底是放弃中国人民的根本利益。这是与中国共产党的初心使命相违背的。不忘初心，就要坚持共产党领导，不管西方和国内自由主义者如何拍桌子，如何攻击"一党专政"，都要理直气壮地坚持住。苏联解体的教训绝不能忘记，取消共产党领导实行多党制带来的是社会主义失败。一些年轻人，不懂资本主义更不懂社会主义；不懂西方更不懂中国，陷于民主和专制的二元对立，缺乏最起码的马克思主义常识。

而且,我们还要了解西方普选制的弊端。一人一票普选,并不意味着全民的参与。参加普选的人往往不到享有选举权的大半;而胜选又只需要超过对手简单多数。这样算下来,实际上当选者代表的只有不到一半人中的一半多的人,因此选举胜利并不能等同于全民同意。而只是实际参与选举人中的多数人意见。而这个多数对全体人民来说可能是少数。特别是在所谓民主国家,普选受各种因素的影响,从舆论宣传到金钱贿选,种种选举丑闻不断。正因为这样,选举的结果可能符合资本主义标榜的选举法的程序正义,可与社会发展的进步趋向和人民的利益可能相反。希特勒的上台就是民选的,结果如何是明摆着的。以为凡选举上台就具有合法性和正义性,是一种抽象的民主思维方式。

中国共产党是最善于总结经验的党,自身的经验和国际社会主义经验都在总结。苏联社会主义的失败使我们对加强党的建设,加强党员的理想信仰教育,坚持马克思主义在意识形态领域中的指导地位的重要性有了更切近的体会。苏联解体,社会主义革命的失败不是一个人或几个人的偶然作用,而有其深刻的社会原因。恩格斯在《德国的革命和反革命》中批评了1848年革命失败后,有人把革命失败的原因归结为"这个先生或那个公民'出卖了'人民"[1],并指出:革命失败的原因"不应该从一些领袖的偶然的动机、优点、缺点、错误或变节中寻找,而应该从每个经历了动荡的国家的总的社会状况和生活条件中寻找"[2]。苏联解体从外部环境说,是资本主义世界长期思想入侵的结果;从内部说,是苏联从赫鲁晓夫全盘否定斯大林开始引发的意识形态混乱,并且延续几十年的思想意识形态的演变。特别是苏联共产党

---

[1] 《马克思恩格斯选集》第1卷,人民出版社2012年版,第566页。
[2] 同上。

内的特权阶层的形成，使苏共严重脱离群众。总之，苏联社会主义失败是整个结构危机的结果，是一种合力，而不是某个单一因素的作用，而其中起主导作用是共产党的腐化和失去民心。党的腐败倾向不能阻止吗？人心不可挽救吗？当然可以，苏联社会主义并非注定要失败的。但必须有坚强的党的领导核心，必须有壮士断腕的决心，有进行自我革命的勇气。习近平总书记一直教育全党要有忧患意识，要防微杜渐，要遵守党的纪律，要强化理想信仰。政者正也，自身正孰敢不正。在中国共产党处于领导地位的中国，只要中国共产党"不忘初心、牢记使命"，一定能实现中华民族伟大复兴。

中国共产党会重蹈苏共道路吗？从现在看，不太可能。但任何事物都是变化的。一个政党过去先进，不代表现在先进，现在先进也不表明它永远先进。我们要有忧患意识。国际资本主义尤其是美国霸权主义的压力，从来没有放松过，只是方式不同；社会主义市场经济的改革，也是一个考验。不少共产党员包括高级干部就过不了市场经济这个关，何况国内的新自由主义思想是一股不容小视的力量。中国特色社会主义所面临的道路之争、制度之争、理论之争、文化之争会是长期的。要保持中国共产党永不变质，永不蜕化为特权集团，要社会主义永不变色朝着既定目标前进，需要培养一代代坚定的中国共产党领导人，需要中国共产党队伍保持先进性和纯洁性。不是保持十年、二十年，也不是三十年、五十年，而是代代相继。这可是个伟大而艰巨的任务。毛泽东在七届二中全会上说，中国革命的胜利只是万里长征的第一步，更困难的任务在后面。多有远见啊！

有人说：苏联在十月革命七十年后解体，社会主义在苏联宣告失败，那么中国会怎样呢？一百年、二百年以后会怎样？我说，这样提问题只能陷于怀疑主义。我们不能保证说，中国社会主义在发展中不会遇到困难，甚至颠覆性的困难。历史的逆转不是不可能的。可是如果我们从人类历史规律的观点，从大历史观大时代观的观点看问题，我们就可以问：从人类历史发展总趋势看，人类历史究竟走向何方？是走向贫富永恒的两极对立，还是走向更公平更合理的社会呢？如果这样提问题，就可以看到：从个别国家来看，资本主义可以战胜社会主义，在社会主义社会也可以发生资本主义复辟和逆转，可从人类历史发展总趋势来看，从社会形态更替来看，必然是社会主义取代资本主义，正如资本主义曾取代封建社会一样。如果我们从人类历史规律角度看待社会主义取代资本主义，而把具体国家的社会主义事业的失败和挫折看成总规律总趋势中的曲折，我们就不难成为坚定的马克思主义者。

6. 劳动观点的重要

从科学观点看，劳动是人类生存的方式，也是社会存在的基础。恩格斯曾说过，马克思主义是在"劳动发展史找到了理解全部社会发展史的钥匙"。后来恩格斯在马克思墓前的著名演说中，谈到马克思对历史唯物主义的伟大贡献时，对物质资料生产在人类社会发展中的作用作过经典的论述，并称之为马克思的第一个伟大发现。

由此，我想起了毛泽东的《贺新郎·读史》："人猿相揖别。只几个石头磨过，小儿时节。铜铁炉中翻火焰，为问何时猜得？不过几千寒热。人世难逢开口笑，上疆场彼此弯弓月。流遍了，郊原血。"这是上阕，还有下阕。上阕，是以诗的形象化语言描述了人类历史发展过程。从劳动创造人类，人猿揖别，经过石器时代、青铜时代、铁器时代，当社会出现阶级就开始了阶级斗争。没有劳动开始的人猿揖别，全部人类史就仍然是动物史的继承。

劳动，其基本方式是物质生产，生产人类生存所需要的生活资料。有人说，历史唯物主义没有什么，无非是吃饭哲学。这个话一半对，一半不对。民以食为天，没有吃的人类不可能生存。但以吃来概括历史唯物主义的本质，肯定是不对的。生存和繁殖是人和人类社会得以延续的基本条件。可历史唯物主义的本质不止于吃饭。劳动生产是人类社会的发源地，它蕴涵着人类社会的历史规律。由于生产劳动形成社会生产力，与生产力不可分并由生产力发展水平制约形成相应的生产关系，生产关系构成经济基础，在经济基础上建立上层建筑。在生产力与生产关系、经济基础与上层建筑构成的社会基本矛盾基础上，形成不同的阶级和阶级关系，并开始有了阶级斗争。当社会基本矛盾激化时，阶级斗争随之激化并成为解决社会矛盾的方式，从而推动社会形态的发展。这是一个相互联系、具有历史性和逻辑性的完整结构。这是需要创造性的科学研究才能揭示的。古今中外，只要是人都得吃饭，但几千年并没有从吃中吃出这些规律性论断。把历史唯物主义归之为"吃饭哲学"显然是简单化甚至庸俗化的说法。

劳动是人与其他动物的根本区别。说人有思想、有意识，或说人有道德观念，有仁义礼智信，若没有道德，人无异于禽兽，等等，都有一定道理，但并非人与动物的根本区别，而是人与动物区别的某一特征。马克思恩格斯在《德意志意识形态》中强调，"一当人开始生产自己的生活资料，即迈出由他们的肉体组织所决定的这一步的时候，人本身就开始把自己和动物区别开来"[①]。人与动物的其他区别，包括思维能力与道德自制力都是从劳动中发展而来的。

劳动是人存在的基本方式，但人的劳动能力和方式是发展和变化的。没有劳动方式和劳动能力的发展，人类社会的进步是不可能的。恩格斯说过，"劳动本身经过一代又一代变得更加不同"。确实，如果说农业社会劳动方式和能力发展滞后，因而封建社会发展迟缓，那么资本主义社会则不同，因为"生产的不断变革，一切社会状况不停的动荡，永远的不安定和变动，这就是资产阶级时代不同于过去一切时

---

① 《马克思恩格斯选集》第1卷，人民出版社2012年版，第147页。

代的地方"①。

人类的劳动首先是体力劳动,即利用自身的自然力量进行劳作。体力劳动是人类社会维持生存延续了几千年的劳动方式。无论是奴隶社会的奴隶、封建社会的农奴或自耕农,以及资本主义早期工厂中的劳动工人,都主要是出卖劳动力,是体力劳动者。当然,人类的任何体力劳动都会包括一定的脑力支出,而不是驴拉磨马拉车式的劳动,但是体力劳动并不会因此变成脑力劳动。

随着社会发展,脑力劳动越来越成为一个独立部门,而且高踞于体力劳动之上。在前资本主义社会,由于生产力的发展可以养活一批不用生产的人,于是出现了脱离生产的哲学家、文学家等杰出的人文学者。他们对人类文化做出了卓越贡献。在中国传统文化的创造中,文学家、艺术家、哲学家、思想家功不可没,他们是我们民族的骄傲,是后世子孙的典范。他们从事脑力劳动,但不属于政治经济学中的脑力劳动者。他们并不依靠出卖脑力劳动为生。他们或者是官员,或者大中小地主阶级,本身就是统治阶级中的一员,或依附于统治阶级。

资本主义社会不同。当科学变为直接生产力,当脑力劳动者同样变为雇佣劳动者,变为资本创造剩余价值的工具时,蓝领工人与白领工人都是被雇佣者,成为阶级兄弟。《共产党宣言》极为深刻地揭示了这种关系的变化:"资产阶级抹去了一切向来受人尊崇和令人敬畏的职业的神圣光环。它把医生、律师、教士、诗人和学者变成了它出钱招雇的雇佣劳动者。"② 马克思写这段话的时代还是资本主义生产关系确立不久,英国工厂劳动,无论是男女工人还是童工的劳动基本都是体力劳动。生产中科学技术人员的大量使用还没有出现。事实上随着资本主义的发展,科学技术成为生产力,甚至成为第一生产力,科学技术

---

① 《马克思恩格斯选集》第1卷,人民出版社2012年版,第403页。
② 同上。

人员包括科学家在内，都变成资本的雇佣劳动者。

劳动观点是历史唯物主义的重要观点。停止劳动，哪怕一两个星期，人类社会也会无法存活。重视劳动，必然要重视从事劳动的劳动者。因为没有劳动者的劳动是不可能的。劳动是支撑整个社会的物质力量，而劳动者是社会得以存在和发展的主体力量。重视劳动和重视劳动人民是不可分割的。劳动观点中必然包括尊重劳动和尊重劳动者。

在阶级社会中，劳动和劳动人民一直受到鄙视。劳动者因为劳动的辛苦和地位低下而厌恶劳动；统治者不从事劳动并享受劳动成果，他们轻视劳动和劳动人民，并在政治上统治劳动人民。这在阶级社会是极为正常的。因此，自古以来，劳动和劳动者是被鄙视的。在西方教父哲学家眼里，劳动是对人类原罪的惩罚。在中国古代诗歌中虽然有描述劳动者的诗篇，但都是以同情和怜悯态度看待劳动和劳动者。陶渊明写有"晨兴理荒秽，带月荷锄归"，但他是诗人而非农人，不是以劳动为生而是以隐居为乐。

马克思的劳动观，是对劳动和劳动人民看法的一次根本性变革。没有这种变革也就没有历史唯物主义的建立。在阶级社会中，人的劳动受鄙视，劳动人民受压迫，马克思称之为劳动的异化。劳动由异化劳动变成自由劳动，是劳动者的解放。尊重劳动和劳动者不能简单化为只重视体力劳动，实际上包括尊重科学技术和从事科学技术工作的知识分子。尊重知识和尊重人才，是我们党的政策。尤其当代世界是科学技术突飞猛进的时代，当代的竞争突出地表现为占领科学技术前沿阵地、引领世界科学技术潮流的竞争。掌握核心科学技术成为维护国家独立、主权和发展利益的关键。

在尊重劳动中，包含有对科技劳动的尊重。科学技术属于生产领域，属于直接创造物质财富者，成为推动社会发展的重要力量，这是人人都能看到的事实。在社会主义条件下，尊重科学家、发明家和那些为中国特色社会主义建设做出杰出贡献的人，很少有异议。困难的是关于人文社科领域的知识分子。这是一个很特殊的领域。在社会主义产生以前，奴隶社会的奴隶、封建社会的农民，以及资本主义制度下的工人，基本上被排斥在这个领域之外，可以说，在思想领域和文学艺术领域往往是有产者的世袭领地。当然，直接来自劳动者的这方面杰出人才也有，但毕竟是少数。拉着大板车绝不会想到吟诗一首的，终日为生活奔波的人也没有时间进行哲学思考。无怪古代希腊哲学家把闲暇和惊奇作为哲学思考的条件和动力呢。

社会主义社会开始改变科学技术与人文社会科学在社会中的关系与作用。改革开放过程中，江泽民同志、胡锦涛同志都强调自然科学与哲学社会科学同等重要。习近平总书记在2016年5月17日发表《在全国哲学社会科学座谈会上的讲话》，再次阐述加强哲学社会科学建设对中国特色社会主义建设的重要性，坚持马克思主义在哲学社会科学领域指导地位，以及构建具有中国特色的哲学社会科学学科体系、学术体系和话语体系的重要性，并对全国哲学社会科学工作者寄予殷切期望和重托。在全国政协十三届二次会议上，习近平总书记在看望参加政协的文艺界和社会科学界委员时强调："文化文艺工作、哲学社会科学工作就属于培根铸魂的工作，在党和国家全局工作中居于十分重要的地位，在新时代坚持和发展中国特色社会主义中具有十分重要的作用。"[1]

我自己一生都在哲学领域中工作。我们属于脑力劳动者，我们的职业仍然具有谋生手段的性质，我们的生活来源主要是工资。这是社会主义生产方式的水平决定的。分配永远不可能超越生产力和文化发展水平的限制。我们依靠工资，但我们不是雇佣劳动者。如果要问谁是我们的老板，我就回答说：人民。我们是为社会主义祖国工作，是

---

[1] 《习近平在看望参加政协会议的文艺界社科界委员时强调：坚定文化自信把握时代脉搏聆听时代声音，坚持以精品奉献人民用明德引领风尚》，《人民日报》2019年3月5日。

为中华民族伟大复兴工作。资产阶级抹去了我们职业头上的光环，可社会主义给了我们极高的荣誉。中国人民永远不会忘记那些在条件极为艰苦的沙漠中隐姓埋名把美好年华甚至生命献给祖国的人，那些在各个岗位上为国家富强工作的人，那些为中华民族文化事业进行创造性劳动的人。我们是社会主义的科技工作者和人文社会科学工作者，当然要坚持以人民为中心的研究导向。如果离开了这个原则，我们的研究就不会有吸引力、感染力、影响力、生命力。

让劳动摆脱谋生而成为自觉自愿发挥劳动者自己的爱好、特长的活动，这不仅是马克思的愿望。罗丹在《艺术论》中也说，我们今天几乎所有的人都视工作为可怕的强迫劳动，可诅咒的苦役，而如果工作对于人类不是人生的强索和代价，而是人生的目的，人类将是多么幸福！

7. 实践与实践对象

实践必须有实践对象，没有对象人类就不可能进行实践，正如地下无煤，就不可能有采煤的生产实践一样；认识同样有认识的对象，没有可认识的东西，就不可能有认识。当然，认识与实践既要有认识和实践对象，又要有认识者和实践者，这就是哲学基本问题之成为哲学基本问题的根据。

哲学基本问题绝不限于认识论，而是贯穿整个哲学之中，从世界观、人生观到价值观都不可能脱离这个问题。世界观不用说，没有世界何来世界观呢？世界观自然包括主客体关系，人生观也是如此，人生观就是对人生的认识，对人的生活价值和意义的认识，而人生就是人的生命和活动过程，同样是人的客观进程。这个过程构成人的历史。一个人的人生就是一个人的人生历史。价值观既存在评价主体也存在被评价的客体。评价主体同时就是实践主体和认识主体，主体对客体的价值作出评价。固然,世界上并不存在脱离客体的客体价值,比如钻石的价值不能离开钻石,黄金的价值不能脱离黄金,人的价值不能脱离人,但如果没有人的评价,钻石、黄金乃至人都只是客观事物,而不是人们眼中的钻石、黄金、人。

8. 路是自己走出来的

鲁迅的名言发人深省。他的意思是,第一次走这条路的人,就是创造,以后跟着走的人,叫跟随。纪德说过,被人走得最多的路肯定是安全的,但是别指望会在这样的路上碰到猎物。这也是中国人说的轻车熟路是不会有创造性的,它是率由旧章,按老规矩办事。

我们现在与霸权主义国家的争论,就是中国发展道路的争论。中国有没有权利走自己的发展道路?凭什么只能按照西方道路走?老实说,即使我们放弃自己的道路而按照西方道路走,也不可能走出一个发达国家,而只能是沦为西方的附庸。

中国共产党之所以伟大,就是因为带领中国人民经过艰苦斗争,以无数烈士鲜血为代价,走出了新民主主义革命的道路,后来进一步走出中国特色社会主义建设道路。西方霸权主义国家不容许中国走自己的道路。因为中国道路如果成功,能够为世界上发展中国家树立一个榜样,表明自己国家的道路是可以由自己选择的,而不必听命于别的国家。在中国,道路之争就是国运之争。美国特朗普、拜登总统给所有对美国心存幻想的中国知识分子的教训是无价之宝。

9. 改良与革命

改良与革命两者当然不是相互对立、非此即彼的,但它们之间的界线又是不能抹杀的。当社会根本制度包括经济制度、政治制度发生根本变革，必然会通过革命来完成，因为这种变革关乎原有处于统治地位的阶级的根本利益，它绝不会允许革命的。统治者可以进行改良，做一些不触及根本制度的小修小补，但多半难以有效。因为当阻碍社会的不是局部的某一制度而是整体性的社会结构时，它必然导致的是革命，而改良是在革命之后，针对某一体制的改革。因此革命必然先于改良，而改良的可行性往往是在革命胜利之后。因为革命胜利之后不可能也不容许发生推翻现政权的革命。清政府一系列改良措施之所以收效甚微，原因就是它是在旧制度范围内的修修补补，必然是捉襟见肘。

10. 国民党中为什么有投降派

在抗日战争中，中国共产党的全民抗战路线和一些投降者的抗战必亡叫嚣的斗争，其深层就是民族自信心的斗争。在抗战开始不久，国民党政府的副总统汪精卫，中央宣传部长周佛海，以及大批中央委员投敌变节，部队成建制投降成为伪军。为什么？他们无耻投敌的深层原因，就是断定中国打不过日本，完全失去了民族自信。共产党不同，只要读读毛泽东的《论持久战》，读读其中对亡国论的批驳，对抗日战争必将取得最后胜利的预见就会明白，其深层底气恰恰植根于民族自信和人民自信。毛泽东认为，兵民是胜利之本，战争的伟力之最深厚的根源存在于民众之中。这样，日本侵略者就像一头野牛冲入火阵，非烧死不可。中国共产党完全相信中国人民，相信中华民族的爱国主义精神和力量。如果一个国家的领导者对自己的人民丧失信心，既不依靠人民又不敢发动人民，肯定会让亡国论占上风。我们自信，但不是盲目自信，自信是建立在对敌我双方矛盾的全面分析之上。因此，毛泽东既反对亡国论也反对速胜论，而提出持久战。持久战就是建立在民族自信基础上的，因为没有自信是不可能持久的。

11. 战争与政治制度

战争不单纯是军力的较量，也是政治制度的较量。战争是人的战争，战士为自己的父老兄弟妻子儿女而战，为自己热爱的国家和制度而战，和被迫参战、被督而战是根本不同的。我们说正义的战争必然战胜侵略战争，说得道多助失道寡助，原因就在这里。战争开始时，可能看不出来，当战争转变为持久战争就能显现出来。因此，凡侵略战争都力求速战速决，而反侵略战争宜于持久战，因为可以更有效地动员人民。修昔底德在《伯罗奔尼撒战争史》中关于战争原因的分析是很著名的："这次战争的真正原因，照我看来，常常被争执的言辞掩盖了。使战争不可避免的真正原因是雅典势力的增长和因而引起斯巴达的恐惧。"[①] 这就是所谓修昔底德陷阱，新崛起大国与守成大国之间的矛盾导致战争的规律。但是，无视当代世界的变化，把它搬到中美关系中进行类比，就完全违背了历史唯物主义关于历史的辩证本性的观点。

12. 社会的分裂

历史经验证明，当一个社会无力控制分裂时必然灭亡。汤因比说，社会瓦解的有规律的模式，就是瓦解中的社会分裂为难以驾驭的无产阶级和越来越无法进行统治的少数。这一点列宁早已预言，当统治者无力统治，而被统治者不愿被统治时革命就爆发了。

历史循环论的观点，会使历史降低为一个由白痴讲述的故事，变得毫无意义。历史不是循环的，也不是一个机械的过程。可是，历史也不是神意在这个世界的狭小舞台上所进行的表演。历史是人的历史，

---

① 〔古希腊〕修昔底德：《伯罗奔尼撒战争史》，谢德风译，商务印书馆2018年版，第21页。

是人创造的历史。因此，从历史中可以看到的是人性，而不是神性。

按照波普的历史观，人类历史的行程受着人类知识增长的强烈影响。我们不能用学理的逻辑或科学的方法来预测我们科学知识的增长，因此我们不能预测人类未来的行程。这就意味着我们要摈弃理论历史学的可能性，也就是说，摈弃一种可以相当于理论物理学的那种历史社会学的可能性。不可能有历史发展的任何科学理论，可以构成为历史预见的基础。历史主义方法的基本目的是错误的构想。

在这里，波普有两点错误：第一，历史的推动力不是知识，而是人们的生产活动，尤其是生产力的发展。生产力发展是有规律可循的，即生产力要求相应的生产关系，从而引起社会的变化。社会形态理论就是建立在生产力和生产关系矛盾运动的理论基础上的。而知识必然随着生产力发展而发展。我们不可能预知蒸汽机的发明、电的发现，以及一切科学的新发现。这些在未发现前是未知的，不可预测的，但它们产生以后我们可以用生产力发展的需要，而不是用科学家的头脑予以合理解释。第二，历史唯物主义不是预测学，但它为我们指明了一个方向，即根据事情原因和存在的根据，对有可能发生重大事件的可能性进行评估。例如，根据第一次世界大战前的社会矛盾的激化，就可以判断有可能发生战争；根据日本明治维新以后的社会性质和行为，就可以判断其有可能向外扩张。至于九一八事变、七七事变或者什么具体事件则不可能预测，但也不是没有原因的，只要日本仍然是军国主义的日本，以某种方式为借口发生某个事件就是必然的。历史唯物主义不可能预测具体事件，它不是算命先生，但对大的趋势和走向的把握是可能的。因此，社会发展理论可以成为一门科学理论，因为它不是建立在人的知识基础上而是建立在客观的生产力和生产关系矛盾运动基础上，是根据生产方式的演变来把握社会形态的变化。

历史唯物主义从两个角度说都是具有科学性的理论：

第一，它反对预测学，认为没有发生的事是不可预测的。但由于它奠定了社会形态演变的基础，因此大体上可以对既成之事予以合理解释。这就是社会发展规律。马克思关于社会形态的理论没有一个是毫无根据的推测，而都是对已出现事实的总结。马克思如果生活在奴隶社会，他不可能预测五种社会形态，因为他生活在资本主义社会形态，前资本主义社会形态是既成事实，而社会主义尚未出现，但资本主义社会矛盾已经包含未来社会的线索。至于共产主义以后是什么社会，马克思从未说过一句，因为不可预测，但有一点可以肯定，共产主义不是历史终结，共产主义是无阶级社会的新起点。历史唯物主义是科学，它不热衷于没有根据的揣测和预言。

第二，从具体重大历史事件和重要历史人物来说，它也不可预测，但它为我们提供了一个科学方法，即根据现在预测未来。历史唯物主义告诉我们，要把事件放在具体环境下，分析它可能的走向和结局。马克思对波拿巴政变的分析，对中英鸦片战争的分析，对亚洲可能兴起的分析，都是立足于事实来分析包含在事件中的社会走向。这种走向有的人看得出，有的人看不出，这就是理论水平的差别。毛泽东关于持久战三个阶段的论述，对速胜论、亡国论的批驳，对战争最终结局的预见，都是建立在对中日两国现状的分析基础上的，而不是主观预测。把预测建立在主观臆断基础上是迷信，把预测建立在对事实的科学分析基础上则是科学。

波普曾给历史主义下过定义：所谓的历史主义是指一种社会科学的研究途径，它认为历史预言是它的主要目的，并认为通过揭示隐藏在历史演变之中的"节奏"、"规律"和"趋势"就可以达到这一目的。他是暗指历史唯物主义，但他是无的放矢。马克思主义从来没作过具体预言，如果有也是根据事实分析对其发展可能作出判断。具体人物和具体事件的出现方式是不可预测的。毛泽东没有出现前，谁能预见中国会有毛泽东？不可能。历史唯物主义只能告诉我们，任何伟大人物都是时代需要的产物。伟大人物产生于社会的矛盾，他们本身可以说是矛盾解决途径的代表。无产阶级领袖人物产生于尖锐的矛盾斗争中，矛盾越尖锐越容易产生这样的人物。没有无产阶级就不会有无产阶级的代表人物。而有了无产阶级后，肯定会有自己的代表者，但这个代表者是谁，也是不可预知的。这就是历史唯物主义，既强调必然性，又承认偶然性。如果毛泽东早逝，或遭暗杀，或没有遵义会议，就会有另外一个人物来取代他。但这个人不可能是第二个一模一样的毛泽东。历史事件也是一样。没有九一八事变，会有九一九事变，没有七七事变会有七八事变。具体的事件依时间条件为转移，而产生这些事件的原因则是内在本质，只要这个本质没有变化，事情迟早会发生，只不过形态可能不同。美国的霸权地位迟早会失去，因为历史上没有永恒的霸权国家。至于谁能超过，要看制度，看国家的领导者，看人们的奋斗。这里没有天佑，没有天意，只有奋斗。

13. 规章制度的产生

所有的规章制度、风俗习惯，都是从生活中来的，都是规范生活的，使生活合理化。有两性关系，就有婚姻制度和婚姻法；人与人之间有矛盾，就会有道德和法律来调节；有造反的，就有镇压的军队；有教育的需要，就会有学校。总之，社会中的一切都是因为需要才会产生。这是普遍规律。可是如果要进一步问，为什么不同社会，会产生不同的规章制度？这就不是只要笼统地说出"需要"二字就能解决的，而必须进入关于社会形态、社会结构的分析。历史唯物主义提供的就是这种分析指导。

14. 社会进步应该包括道德进步

世界是运动、变化、发展的。自然界的发展我们称之为进化，社会发展我们称之为社会进步。社会进步应该是总体性概念，它包括生产力的发展、科学技术进步和人文文化的发展等，当然也应包括道德的进步。

人们的道德观念与社会进步究竟是什么关系？社会越进步，人的道德越堕落吗？中国古代老子主张绝圣弃智，庄子认为有机事者必有机心，因此技术越进步人心越坏。不止中国古代有人这样想，法国著名哲学家卢梭也认为科学技术进步无助于道德进步，而且相反地会引起道德堕落。这种社会现象确实存在。科学技术越进步，越是有人利用它行骗做坏事。没有电话，就没有电话行骗，没有互联网就没有互联网行骗。似乎一种新的科学技术产生，就会有相应的行骗方式。如果不从理论上厘清这个道理，我们必然陷于社会悲观主义。

其实，社会的进步是不能否定的，它决定于生产方式更替的上升趋势，但进步包含矛盾性，这就是总体进步可能包含某些局部的退步。与社会生产力进步和科学技术进步相伴随，人类的道德总的来说同样是进步的，这表现为社会文明程度的提高。资本主义社会的平等观念，比起奴隶社会、封建社会的特权等级当然进步。社会主义为人民服务的道德观念、集体主义的道德观念比起以个人为中心的个人主义的道德观念当然进步。道德可能发生危机，道德危机往往发生在社会急剧变革或社会大转变时期，因为原有的规范被破坏或失灵，而新规范仍在建立中。这是人类历史的特殊时期，往往是两个社会形态交替时期或改革时期。一般说，经过阵痛期，当社会走上常态化轨道后，道德观念会上一个台阶。

把科学技术进步与道德进步对立起来是不对的。人类科学技术进步是历史规律，人类社会发展史同时是科学技术进步史，但不能说同时是道德堕落史。人的道德观念与科学技术的进步的关联并非直接的。科学技术作为生产力，它与人的道德观念、价值观念的关联必须以生产关系为中介，而且受社会政治制度的制约。人们究竟如何利用科学技术的发明,并非取决于科学技术本身,而是取决于占有和应用科学技术的人,而人都是生活在一定生产关系中的。如何应用科学技术,应用的目的和动机、方式和手段,取决于不同的人在生产关系中的不同地位和主观素养。对行骗者来说,新的技术只是多了一种行骗的手段,而行骗者才是主谋。是人在行骗,而不是技术在行骗。把三聚氰胺放到牛奶中去的是人,而目的是牟利。正如一个哲学家说的,"每一欲望都是我们胸中的毒蛇,当它冻僵的时候,它是无害的;但给它一定的温度,它会获得力量,干出坏事"。确立社会主义市场经济是中国特色社会主义理论的创造性发展,是中国特色社会主义建设和道路最重要的部分。但市场经济在推动生产力发展的同时,也包含产生拜金主义和不法逐利行为的可能性。因此加强法治和道德教育是绝对必要的。认为市场具有自动调节市场主体不当行为的能力,无需政府干预是错误的。

习近平非常重视"明德教育"。他在2019年3月4日看望参加全国政协十三届二次会议的文化艺术界、社会科学界委员的讲话中,强调"要坚持用明德引领风尚"。他指出,"文化文艺工作者、哲学社会科学工作者都肩负着启迪思想、陶冶情操、温润心灵的重要职责,承担着以文化人、以文育人、以文培元的使命"[1]。我们担负着宣传社会主义道德和培育社会主义核心价值观的任务,我们自己首先要有高尚的道德。教育者首先要受教育,以其昏昏,使人昭昭,如缘木求鱼,岂能得鱼!

15. 不存在抽象的公平正义

不要抽象地追求公平、正义。以人性为基础的抽象正义观,是欺

---

[1] 《习近平在看望参加政协会议的文艺界社科界委员时强调:坚定文化自信把握时代脉搏聆听时代声音,坚持以精品奉献人民用明德引领风尚》,《人民日报》2019年3月5日。

骗。一位哲学家说过，当狼群作出决定后，羊群通过一项素食主义的提案是毫无用处的。在社会主义中国，连房价应该涨还是降都会有不同意见，何况在一个阶级利益对立的社会呢。追求人人赞成的公平和正义标准是幻想。在一个霸权主义的世界，同样如此。政治学中关于公平、正义的理论，如果不能从实际出发，而是从"应当"出发，往往是蒙人的。

16. 不能用道德衡量财富

财富是人类创造的使用价值的总和。不要蔑视财富，把财富视为恶。问题在于如何对待财富。拥有财富，可以做自己和社会需要做的很多好事，对人类有利。这就是中国人说的要善于聚财又要善于散财。

只知无止境地聚财而不散财，就会变成财富的奴隶。正如培根说的，如果金钱不是你的仆人，它便将成为你的主人；一个贪婪的人，与其说他拥有财富，不如说财富拥有他。这也就是中国俗话说的守财奴。使富人成为守财奴的不是财富而是对财富的贪欲。贪欲是永远不会满足的，有贪欲的人必将被自己的欲望所奴役。钱拿来用叫钱，不用叫纸，而且是废纸。

17. 不能以人性善恶作为制定道德与法的依据

人类社会为什么需要道德，需要法律？这不决定于人性。人性向善，道德就是善的体现；人性趋恶，必须有法律的防范和惩罚。人性的观点，无法解释道德和法律的产生和变化。

人是社会的动物，是集体性存在。人要生存下去，如果没有一定规则，就不可能形成社会，因而面对他人，面对自然，都必须有一些制约人的行为规则。这个规则，如果是自律的，我们称之为道德，包括风俗习惯；如果是强迫的，具有强制性，我们称之为法律。而维护道德、执行法律，都需要有相应的制度来保障，其中最核心的当然是国家制度。

人类不是从一开始起就有道德、法律和国家制度的，这些是社会逐步发展的结果，是人类社会跨入文明阶段的产物。而且，道德、法律和制度的进步并非同步。在资本主义社会之前，往往是道德重于法律。因为以血缘为基础的社会，集族而居，必然重视亲情和人情，为亲者讳、为长者讳，亲亲相隐成为高尚道德。因此在中国漫长的封建社会就是倡导德治的社会，道德重于法制。孔子就是主张德治的。他说过，"为政以德，譬如北辰，居其所而众星拱之"。还说，"导以之政，齐之以刑，民免而无耻，导之以德，齐之以礼，有耻且格"。孟子认为人与动物的区别在于道德。"人之有道也，饱食、暖衣、逸居而无教，则近于禽兽。"在中国虽然也有法家，重视法不阿贵，但并非法治社会，仍然是人治。封建社会的法，是君主治理国家的一种方式，而君主的权力实际上是超越法律条文的。象征性的打龙袍是可以的，真正根据法律处理皇帝从来没有过，除非是造反。不从以血缘关系为纽带的熟人社会进入以市场关系为纽带的陌生人社会，法治社会是很难建立的。由重视道德的治理到重视法律治理，向法治国家方向前进，是资本主义社会取代封建社会的一大进步。

美国是法律最多最复杂的国家，可说是事事有法律。资本主义社会法律繁多，不小心就会处处犯法。人与人的关系，包括邻里关系的处理都会受法律制约。打官司，大概是西方资本主义社会日常生活的一部分。

全世界的哲学家有一个共同看法，认为法治国家就是几乎人的一切活动都有着法律制约。法律繁多，虽然事事有法可依，但如果没有道德相伴而行，仅凭法律实施治理，有法律森严而无道德尊严，肯定是一个冰冷冷的无情的社会。思想家们已经注意到这个问题。资本主义社会同样重视道德，尤其是公德，但在处理问题上主张按法律办事，而不按人情办事。法律高于道德，规则高于人情。

　　社会主义社会应该是既重法治又重道德的社会。德治与法治分裂，不利于社会治理。"徒善不足以为政，徒法不足以自行。"重道德，可以培养有道德的人，但过分重视道德而不重视法律，容易产生伪君子。儒家道德之所以成为被攻击的靶子，就是因为它往往成为满口仁义道德、满腹男盗女娼者的遮羞布。反之，只重视法律而轻视道德，就容易培养讼棍和善于钻法律空子的人。只要有钱请权威辩护律师，就有可能逃脱法律惩罚。美国名人的杀妻案轻判，或富人名人因名律师团的辩护而无罪释放有的是。穷人无钱请律师，想和花重金请律师的人在法律面前一律平等，往往是不现实的。真正平等、公平、正义的社会，在当代世界仍然是理想多于现实。

　　德治和法治都是我们需要的。我们不会回到只重德治的人治社会，也不会仿效把法律凌驾道德之上的冰冷冷的资本主义社会。社会主义社会应该是道德与法律并重的社会，以道德教育守法，以法律维护道德底线。习近平说过，"法律有效实施有赖于道德支持，道德践行也离不开法律约束。法治和德治不可分离、不可偏废，国家治理需要法律和道德协同发力"[①]。还说，"必须坚持依法治国和以德治国相结合，使法治和德治在国家治理中相互补充、相互促进、相得益彰，推进国家治理体系和治理能力现代化"[②]。

　　在道德问题上，不能把德性伦理与规范伦理对立起来。伦理学应该具有双重作用，它既重视德性，因为道德的行为都应该出自人的内心，凡是出自内心德性的行为才可能是道德的。因此，如果只停留在制定规范上，而不内化于心，道德规范往往流于假道德的伪装。可是，

[①] 《习近平谈治国理政》第 2 卷，外文出版社 2017 年版，第 133 页。
[②] 同上。

道德如果没有规范，没有什么是道德的和什么是非道德的明确界线和可操作的标准，空谈性理，追求天理良心，这种所谓道德往往容易沦于道德形而上学的空话。

在如何对待自然的问题上，有道德问题，如生态伦理；有法律问题，如环境保护法。在如何对待别人的问题上，即处理人与人的关系上，有道德问题，如忠孝仁爱，仁义礼智信；有法律问题，如民法处理民事纠纷，刑法处理刑事案件。犯法有主体，法必然涉及双方，人不会对自己做违法的事，人对自己没有法律问题。因此，人应该有法律观念，不论是法盲或是知法犯法，都不利于法治国家的建设。普法教育应该进行，把法律交给百姓，让百姓知法、守法，否则，无良法官和律师们会蜕变为旧社会的讼棍。

道德则不仅涉及他人，涉及如何处理人与人的关系，而且涉及自身。道德是自律的，要求自我约束。道德也有外在约束力，我们称之为舆论；内在的约束力，我们称之为良心。没有良心，不讲良心，不可能有道德心。良心是什么？并不神秘，并非天生的良知良能。良心就是社会共同道德规范通过教育培养变为自己的内在本质。道德越内化就越有良心，而不内化只停留在口头上则没有良心。一个没有良心的人，是一个不讲道德的人；同样，没有道德心的人，也不可能是一个有良心的人。良心并不是实体，有良心和无良心本质上就是对人的行为的道德评价。

我们不少人对社会的道德状况啧有烦言，确实如此。一些人的道德滑坡，屡见不鲜的恶性事件，令人摇头叹息。为什么？难道我们的人性一下异化了？当然不是。这是处在激烈变革时期利益多元化的反映，在拜金主义思潮影响下，有的人欲望膨胀，置道德和法律于不顾。对此道德重建、道德教育极其重要。中国优秀传统文化为我们提供了优质道德资源，但我们不可能恢复传统道德。时代在变化，社会在变化，我们更需要建立与当代社会相适应的社会主义新道德、新风尚。

不能社会往前走，道德往后走，这是没有出路的。

18. 对中国道德的不同评价

西方人对中国的看法可以截然不同。伏尔泰赞扬中国，说中国人具有完备的道德学说，它居于各门科学的首位。还说，在道德上欧洲人应当成为中国人的徒弟。莱布尼茨也说，在他看来，鉴于欧洲目前已处于道德沦落难以自拔之境，有必要请中国派遣人员，前来教导欧洲人关于自然目的和实践的学说。黑格尔在《历史哲学》中则相反，他说：中国纯粹建筑在一种道德的结合上，国家的特性更是客观的家庭孝敬。中国人把自己看作属于他们家庭的，而同时是国家的儿女。在家庭之内，他们不是人格，因为他们在里面生活的那个团结的单位，乃是血统关系和天然义务。在国家内他们一样缺少独立人格，因为国家的大家长的关系最为显著，皇帝犹如严父，为政府的基础，治理国家的一切。因此，"中国本质上看没有历史。它只是君主覆灭的一再重复而已，任何进步都不可能从中产生"。

对中国传统道德的评价应该包括两个方面：一是对经典中关于道德学说的评价，二是关于封建社会中现实的道德状况的评价。关于经典的评价属于学术评价。中国传统文化中有不少关于做人的道德标准和修养的论述，可以传之于后世，至于对封建社会中人的道德状况的评价，当然不能将经典的理想道德描绘视为现实。不同的社会制度下有不同的道德问题。越来越好，或人心不古，世风日下的说法，都是片面的。

19. 马克思主义不是唯成分论

各个不同阶级会产生代表自己阶级利益的代表人物或思想家。但我们不是狭隘阶级论者。历史证明，并不是每个阶级的代表人物都出身于本阶级。马克思出身于中产阶级，恩格斯出身于富裕的工厂主家庭。19世纪三大空想社会主义者，或出身于贵族，或出身于工厂主。不仅外国如此，中国也一样。中国共产党的领导人毛泽东出身于富农家庭，刘少奇出身于地主家庭，周恩来出身于没落官僚家庭，邓小平出身于地主家庭。中国共产党中不少干部出身地主、资本家家庭。当然有更多因穷苦被压迫而参加革命的工人、农民、小资产者家庭的子女。

历史似乎有一条规律：在前资本主义社会，例如在奴隶社会、封建社会，揭竿而起、登高一呼者往往是识字不多甚至目不识丁的人，知识分子很少有领头的。从陈胜吴广到朱元璋、李自成，都是如此。太平天国中的领袖人物大多是烧炭工人，只有洪秀全算有点文化。当时革命或者说造反只要一个条件，老百姓实在无法生活下去，官逼民反。不需要理论，也没有理论，有的只是简单口号，如约法三章，或"迎闯王，不纳粮"之类。

资本主义社会不同。资本主义社会一般不存在官逼民反的问题。资本主义社会比起以往任何社会都是一个更加复杂的剥削制度。它不存在以前社会那样的超经济剥削，资产阶级和无产阶级的关系是以市场为中介的自愿的劳动力买卖关系，劳动力的买卖被劳动的买卖所掩盖，剥削似乎是完全自愿的。实际上，资产者需要工人为其创造剩余价值，可在表层上显现的是无产者离开资产者就无法生存。资本主义的政治上层建筑和统治方式不同于前资本主义社会的赤裸裸暴力统治，而有一层自由、民主和人权的外衣，它的意识形态对资本主义制度及其合理性的论证和辩护也极有迷惑性。因此，反对资本主义社会的革命领袖人物，都必须是有较高理论和文化水平的人物，才能对资本主义制度的剥削本质和过渡性进行理论论证。当时德国手工业者和裁缝工人组织的正义者同盟，虽然反对资本主义，但没有理论指导，因而很难提出正确的理论和斗争口号。马克思和恩格斯参加并改组正义者同盟，并为其起草著名的纲领《共产党宣言》，使无产阶级由一个自在的阶级成为一个自为的阶级。而为无产阶级制定革命理论的马克思和恩格斯本人都不是无产者。马克思在《路易·波拿巴的雾月十八日》中对这个现象有过极深刻的分析。他说,"不应该认为,所有民主派代表人物都是小店主或崇拜小店主的人。按照他们所受的教育和个人地位来说,他们可能与小店主相隔天壤。使他们成为小资产者代表人物的是下面这样一种情况:他们的思想不能越出小资产者的生活所越不出的界限,因此他们在理论上得出的任务和解决办法,也就是小资产者的物质利益和社会地位在实际生活上引导他们得出的任务和解决办法。一般说来,一个阶级的政治代表和著作界代表同他们所代表的阶级之间的关系,都是这样"①。马克思和恩格斯超出了自己阶级出身的界限,转到无产阶级立场,他们的思想和著作中提出的任务和解决办法,完全是按照无产阶级实际地位和根本利益得出的。

我们并不是轻视家庭的影响。家庭是人的出生地,家庭的传统和家教肯定对人有影响。我们强调家风家教,讲的就是家庭影响的重要性。但人的成长并不单纯决定于家庭,而是有比家庭更宽大的领域即社会。人是社会关系的总和,而不是说人是家庭关系的总和,表明一个人的本质决定于社会多种关系,而不是单纯的血缘关系或家庭关系。因此,当社会矛盾或民族矛盾激化,国家存亡之际,不少有思想的人会超越自己家庭出身的狭隘眼界,而把目光投向社会、投向民族和国家。特别是在阶级矛盾尖锐,旧制度趋于崩溃时期,脱离自己所属阶级并顺应历史潮流,而投向相反阶级的所谓"背叛"现象并不罕见。

只要看看中国近代史,那些先进中国人不少都是名门望族。为什么?因为中国文化的传统就是"天下兴亡,匹夫有责",这对中国人尤其是知识分子有深远的影响。因此,一个真正的伟大人物,其思想不仅受家庭影响,更受着社会状况、文化传统多方面的影响。凡是眼

---

① 《马克思恩格斯选集》第 1 卷,人民出版社 2012 年版,第 698 页。

界跳不出自己家庭范围的人,一般说都是庸人,平凡的人,无所作为的人。真正的伟大人物都是具有国家眼光、民族眼光的人。可以说,一个人越是有国家观念、民族观念以及天下情怀,他的思想眼界就越高。秋瑾的诗"国家沦落已如斯,家庭苦恋太情痴"表达就是这种观念。中国人当然有家庭观念,但都把国家放在家庭之上。爱家更爱国,这是我们民族的优良传统。这样我们就能解释复杂的社会现象,解释国民党高级将领如傅作义、陈布雷的女儿都是共产党,都反对自己的父母、家庭。也只有这样我们才能理解,在中国革命队伍中,尤其是抗日战争时期,多少知识分子冒着生命危险奔赴延安,其中不少人就是出身于地主、资产阶级家庭。只有在"文化大革命"中才会出现"老子英雄儿好汉,老子反动儿混蛋"这种极左的荒唐口号。

20. 历史评价中的学者与人民

对历史人物和历史事件的评价,有两个不同的评价主体。一个是历史学家,另一个是人民。历史学家的评价是学者的评价,是专家的评价,而人民的评价是百姓的评价。学者的评价,可以根据不同学者的立场和历史观,有截然相反的评价。就我们当代来说,我们可以看到不同学者对中国革命、对毛泽东的不同评价,对太平天国、义和团、鸦片战争的截然相反的评价;而人民则不同。他们是根据自己的实际感受评价,这不是学术评价,而是人心的评价。人心的评价往往要高于学者的评价。历史是人民创造的,最终的评价权也属于人民。

我可以断言,历史学家对贞观之治、开元之治、康乾盛世的评价,总不如当时人民通过切身感受来得真切。因此,研究历史,不仅要看正史的记载,还要看野史,看时人的笔记,看当时关于人民生活实际的记载。如果我们不读杜甫的"三吏三别",对盛唐的理解很难全面。

在我们国家,有些学者对毛泽东的痛恨、咒骂与老百姓对毛泽东的怀念形成显明的反差。一个真正的学者应该站在人民的立场，充分考虑人民的感受和意见，而不能凭一己之恩怨或遭遇而完全主观地评价历史人物。这就是为什么迄今反毛非毛运动终难成气候的原因，因为老百姓不答应。有些学者与人民相反的评价除了表达自己的观点外，多半是孤鸿哀鸣。

21. 罗素的误读

罗素认为，在历史唯物主义看来，"那些被认为是英雄的人物只不过是一些社会势力的体现，他们的工作如果不由他们完成，就会由另外的什么人来完成，总而言之，任何个人除了让自己顺应他那个时代的潮流外，就不能做得更好"[①]。这种转述式的表达，并不准确。历史唯物主义认为，伟大人物是时代的产儿，有什么时代的需要，就会出现什么样的历史人物。脱离时代需要，伟大人物的产生就是不可理解的。马克思和恩格斯不可能产生于封建社会，只能产生于资本主义英德法三国的经济文化环境。没有德国高度发展的哲学思维，没有英国和法国的经济学说和一些伟大空想社会主义先驱的思想资源，就不可能产生马克思和恩格斯这样的人物。但生活在同样的历史背景和社会条件下，并非每个人都有能力创造像马克思主义这样的学说，当时德国的才智之士不少，青年黑格尔派中有不少有思想的人，可都没有超过马克思和恩格斯。因此，伟大人物的主观条件，他们的个性、能力、经历对于他们成为"这一个"也是不可缺少的。如果没有马克思，就会出现另一个一模一样的马克思，这是瞎说。历史人物的出现有共性，这就是时代的需要，但也有个性，这就是个人的杰出才能和独特

---

① 〔英〕伯特兰·罗素：《历史作为一种艺术》，载《历史的话语：现代西方历史哲学译文集》，广西师范大学出版社2002年版，第170页。

性。伟大人物不会重复，两个一模一样的人物是没有的。但在同一时代，出现众多伟大人物是可能的。与马克思和恩格斯同时代，有不少杰出人物。中国革命同样如此，中国共产党在革命斗争中涌现出众多杰出人物。比如周恩来、刘少奇、朱德、邓小平等等。但是，如果没有毛泽东，中国革命还会在黑暗中摸索更多年。并非没有毛泽东就会出现另一个毛泽东，他可以是别的领导人，但其能力、影响和作用不可能一模一样。

22. 社会和思想

思想不是从天上掉下来的，总有它的起源。而起源就是产生某种思想的原因。卡尔·曼海姆说，"如果一种思想出现时的时间条件和社会条件对这种思想的内容和形式不发生作用，那么这种思想的历史起源和社会起源就与它的最终效用没有关系"[①]。确实，如果是这样，任何思想都不可能产生。社会不可能出现一种毫无作用的思想。任何思想的出现，无论它是真理还是胡说，都是有原因的。毛泽东说过，有多少个阶级就有多少个主义，有多少集团，就会出现多少种代表它们的思想。我们社会出现的多元化思想，与利益多元化是相吻合的。

技术是工具性的，科学是规律性的，哲学是思想智慧性的。由于技术是工具性的，因而技术像所有工具一样都是可取代的。古代工具除了摆放在博物馆，在现实社会中是无用的，如旧石器、新石器、青铜器。科学是积累性的，它表现为知识，它的根据是规律，因而科学原理不可以取代但可以进步，阿基米德原理、三角形定理至今仍然是正确的，但它们在数学、物理学中属于常识，远远被近代以来的科学

---

① 〔德〕卡尔·曼海姆：《知识社会学》，载《历史的话语：现代西方历史哲学译文集》，广西师范大学出版社2002年版，第61页。

所超过。哲学、艺术、诗歌则不同，它们只有时代性而无可替代性。任何当代诗歌都不可取代唐诗宋词，任何当代思想也不可能取代孔子、孟子、老子、庄子。它不可能像手机，一两年就更新换代。因为它是智慧，智慧是永远不会过时的，只有应用和解释、丰富和发展。这就是为什么解释学在科学技术中没有市场，而在哲学与人文学科影响很大的原因。

23. 民族精神的主体

民族精神的主体是民族。民族精神不是离开民族而独立存在的某种精神实体。黑格尔所说的既是实体又是主体的绝对精神，支配一个民族的兴衰，支配世界的走向。当世界精神从东往西走，就是东方没落西方兴起，最后绝对精神在普鲁士得到实现。这完全是一种唯心主义的学说，在一定意义上也可以说是上帝支配世界的变相。其实，民族精神就是民族的精神，它不可能离开民族。没有中华民族就没有中华民族精神。民族精神的形成和发展过程，就是一个民族的形成和发展的过程。没有中华民族发展史，就没有中华民族的精神发展史；没有近代中华民族的反对帝国主义的斗争，就没有中国近代民族精神；没有中国共产党领导的革命斗争，就没有中国共产党的革命精神；没有社会主义中国，就没有社会主义精神文明。精神不能离开它由以承载的主体，这是起码的历史唯物主义观点。如果我们离开中华民族发展的全部历史进程，就不能谈论中华民族精神。

历史书写，当然要记载历史事实，但一部真正有水平的史学著作，在叙述历史过程时，也是在叙述这个民族的民族精神。如果是单纯叙述事实而看不到其中的精神，就不能说是一种好的历史书。但是不能由此得出结论说，历史的本质就是精神发展史。我们与黑格尔的重大区别，就是我们不是像"精神现象学"那样，以抽象的精神逻辑代替事实逻辑，而是从事实逻辑中发现精神逻辑。我们是以脚立地，而不是以头立地。

劝君少骂秦始皇。为什么？因为秦始皇统一六国标志着我国统一的多民族国家的开始，尤其是秦朝采取的中央集权制，统一货币、统一度量衡以及文字，有利于形成统一的民族意识。接着汉承秦制，建立了以汉族为主体的汉王朝。虽然当时还是以中原地区为主，但以黄河流域为中心的开发，为以后逐步向南开发奠定了基础。而且汉朝在当时处于中心地位，是多民族国家形成的核心。历史的中国和当代中国是连续性的发展过程，中国历史上发生的王朝更替，并不是历史发展的中断。中国历史以王朝更替为转变方式，对一个王朝的统治者来说是个悲剧，但对中国来说是个喜剧。新的力量代替已经腐朽的王朝，代表中国历史的连续性和总体的进步性。南唐后主的诗表达的是亡国之君的个人悲哀，可是宋王朝的统一代表的是历史进步方向。

卷四

文化之思

1. 文化问题

  文化问题的研究随着社会发展而日益显出它的重要地位。在西方，文化研究开始时并不是一个独立学科，而是社会人类学研究的一个方面，即研究原始部落的风俗习惯、图腾和祭祀等。对文化的理论研究的开展和文化理论的出现，主要是在19世纪末和20世纪初，首先是斯宾格勒的《西方的没落》。它从文化与文明的关系上，研究文化发展规律，并预言西方的没落。这个论断反映了西方资本主义社会面临的矛盾。可以说，斯氏开启了文化作为独立研究对象而非仅仅附属于人类学研究的新方向。后来，汤因比的历史研究也是把历史研究和文化研究融为一体，以文明为单元研究人类历史，打破了以民族国家为单元研究历史的原有方法。到了20世纪末的亨廷顿文明冲突论，文化问题已经成为当代世界政治格局重组以及当代世界矛盾研究的主要问题。研究文化与研究世界政治密不可分。无论是研究历史、研究政治，还是研究经济，几乎都离不开对文化的研究。

  在当代世界，文化之所以成为一个热点问题，与资本主义工业化、城市化所引发的物质与精神的失衡有关。道德的失范，信仰的淡化，审美价值的失落，总之，人们在精神上处于一种饥渴状态，因而对人文精神的追求大大促进了文化的研究。汤因比说，"我们人类所犯下的种种暴行给我们带来的恐怖和耻辱已经告诉我们，文明从来就不曾完全兑现过。它只是一种努力或一种抱负，而这种雄心勃勃的志向，始终就没有达到"[①]。可以说，文化问题是随着科技发展、物质丰富、道德失落、精神失衡而逐渐占据重要地位的。

---

  ① 〔英〕阿诺德·汤因比：《人类与大地母亲：一部叙事体世界历史》，徐波等译，上海人民出版社2016年版，第27页。

在我们国家，文化从近代开始就逐渐成为重要问题，这与近代中国处于风雨飘摇、山穷水尽之中而寻找出路相关。有主张全盘西化的，以西方文化为救国之路；有主张中学为体西学为用的，坚持引进坚船利炮而非西方政治文化和政治体制。中国共产党也重视文化研究，毛泽东的《新民主主义论》就专门研究过文化问题，但中国共产党人认为中国首要出路不在于文化而在于革命，在于推翻旧的制度，只有这样才有可能创新文化建设，才可能有民族文化的复兴。因此，在民主革命时期重点是革命与战争。而在中国革命胜利之后，毛泽东曾预言随着经济建设的高潮一定会出现文化建设高潮。改革开放以来，我们在以经济建设为中心的同时，也关注文化建设。文化建设是社会主义建设的重要部分。没有社会主义先进文化的建设，社会主义建设不可能成功。从国际来说，文化研究与文化安全相关。我们从重视社会主义先进文化建设到提出文化自信，并把文化自信作为理论自信、道路自信和制度自信的精神支撑，对文化问题日益重视。其中，如何对待中国传统文化，如何处理马克思主义与中国传统文化关系问题，是我们面临的重要课题。

2. 文化发展规律

文化发展有规律吗？当然有。文化发展受经济和政治制度制约，又反作用于经济和政治。如果生产方式落后、政治腐败，那么文化一枝独放、跃马扬鞭是不可能的。即使有可能，也不能持久，因为它缺乏繁荣的经济和政治土壤。

当然，任何社会的经济、政治和文化发展的水平不会是绝对均衡的，会存在矛盾。但失衡长久，会导致社会的颠覆。我们只要考察一下世界古代文化发展就可以懂得这个道理。

亚洲在世界上人口最多、面积最大，文化也曾最为发达。无论是巴比伦文化、伊斯兰文化、印度文化、中国文化都是生活在亚洲地区的先人们创造的。因为他们有发达的农业和高度组织化制度化的行政力量和强大的军事力量。可以说，当时世界任何一个地区都无出其右。当时的东方世界是西方人最为向往的文明世界。当代有些白人至上主义者和民粹主义者鼓吹种族主义和西方文化优越论，是根本不懂历史。真正使东西文化在世界地位倒转的力量，并非是西方文化优越，而是资本主义的产生及其向外扩张所引起的世界经济和政治格局的变化。这就是《共产党宣言》中说的，"正像它使农村从属于城市一样，它使未开化和半开化的民族从属于文明国家，使农民的民族从属于资产阶级的民族，使东方从属于西方"①。这只是世界历史中的一个时期。随着社会主义革命和社会主义国家的出现，随着发展中国家的不断兴起，西方文化优越论越来越捉襟见肘。

　　文化虽然受总体社会的制约，是总体综合国力的一部分，但它有相对独立性。文化有自身的发展规律，这个规律用六个字来概括就是：继承、借鉴、创新。文化发展的前提是继承，在空地上可以建筑大楼，但在文化废墟上不可能创新和发展文化。文化必须有继承和传承。但文化光有继承也不行，必须有借鉴，无论是艺术家对名画的临摹，对文学创作手法的揣摩，都是一种借鉴。而更加重要的是创新。文化只有继承、借鉴而没有创新，就不可能超越前人。河流没有活水，就会干涸成为死水。一个民族的文化同样如此。赵翼的"江山代有才人出，各领风骚数百年"，说的就是创新。

　　文化的继承和创新有个前提。民族是文化的主体，民族的衰败必然同时是文化的没落。国家统一和强大是文化传承和继承的保障。如果国家灭亡，民族分裂，社会发展中断，则在这个基础上产生的那个文化的发展就会中断或湮没。曾经辉煌一时的几个文明古国都相继发

---

① 《马克思恩格斯选集》第 1 卷，人民出版社 2012 年版，第 405 页。

生文化发展的中断。古埃及文明与现在的埃及不是一回事，正如古代两河流域的苏美尔文明和今天的西亚地区阿拉伯文化、古印度文明和现代印度文化的关系一样。这些地区的古代文明与现今文明只在某些地区有重合，连人种都不同。只有中华民族的文化没有中断，因为中华民族五千年历史没有中断。为什么历史没有中断呢，因为国家没有灭亡。五千年，虽然发生王朝更替，发生不同民族占统治地位的变化，但中国始终是中国，并且不断像滚雪球似的越滚越大，这就是中华民族各个民族文化的融合，形成多元一体的文化格局。由此可见，国家统一没有分裂成无数国家，文化必然是统一的文化。国家的分裂必然是文化的碎片化，这些碎片在分裂后的不同国家朝不同方向演化，而且历史越长差别性越大。即使原来同根同源，但随着形成不同国家和不同的历史发展进程，文化就会逐渐发生变异。在一些曾经长期受中国儒家学说影响的国家，儒学虽仍然有重大影响，但真正占主导地位的是与自己国家性质和民族特质相符合的本民族的文化。世界上没有不同的两个国家完全由同一种文化支配。国家不同，占主导地位的民族不同，文化就会不同。即使由于历史原因在文化上有互相影响，但终究是不同国家、不同民族、不同文化。认为在一个国家可以由一种超越国界、超越民族的普世文化主导，不符合历史事实，也违背马克思主义关于经济基础与上层建筑关系的理论。

东西方文化地位的变化是西方进入资本主义，而东方不少国家被殖民后产生的倒转。在鸦片战争以后，对以儒学为代表的中国传统文化的最大的挑战来自何方？来自西方帝国主义的军事、经济的侵入和相伴随的文化殖民。这是中国历史上从来没有的大变故。中国面临的不是历史上发生的那种王朝更替，而是整个国家的存亡，即国家的被殖民，被分割，与此同时文化也会被不同的占领国殖民化。殖民文化就是使一个民族文化失去自己文化传统和特质，变为异质文化。英国占领地是搞西化，日本占领地搞皇民化，俄国占领地就搞沙俄化。因此，近代中国的危机，是民族危机，也是文化危机。以为国家可以灭亡，民族可以衰败，唯有文化必须保存，因为只要文化能保存国家就还有希望，这是一种自我麻醉的幻想。文化的保存必须有一批为保存这种文化及其民族而奋斗的人。中国经过近百年的苦难而没有沉沦和灭亡，不是因为有儒学道统的永续，而是因为中国的志士仁人和中国人民的拼死斗争，尤其是马克思主义在中国的传播和中国共产党领导的革命、建设和改革的伟大斗争。

中国近代面临百年未有之大变局，期待儒家思想原封不动依然像历来改朝换代一样处于主导地位是不可能的。五四新文化运动不是偶然的。它是在师夷长技以制夷，以及洋务运动、维新变法失败后新的文化觉醒。它批判旧的传统文化，首当其冲的当然是中国两千多年在意识形态领域中处于支配地位的儒学，倡导民主与科学。这是进步的、必然的潮流。五四新文化运动有片面性，这是任何刚刚从旧形态冲杀出来的新文化运动所不可避免的。它的作用在冲锋，冲破思想罗网，而不是清理战场。没有五四运动，就没有觉醒的新一代知识分子。五四运动为马克思主义在中国的传播，为中国共产党的成立准备了思想和文化条件，这就是它的功绩。中国共产党反对对待中国传统文化的左和右的片面观点，强调正确理解马克思主义与中国传统文化的关系，尤其是正确理解经济、政治和文化的关系。毛泽东反对把文化看成与经济、政治无关的独立现象，而视为社会结构的一部分。没有新的经济和政治制度，文化就是无所依附的孤魂野鬼。毛泽东的《新民主主义论》对这个问题作过最深刻的论述。

经济制度是基础，政治制度是带刀护卫，而文化是精神支柱。它们的有机结合而不失衡，就是一个国家强大的表现。脱离国家和民族的复兴，片面强调文化的力量，这不科学。两宋文化发展程度高，理学辉煌，宋词闪烁。可是北宋亡于金，南宋亡于元。金和元都是未受儒学教化的北方草原民族建立的政权，按儒家说法是化外之民。至于陆王心学也名重一时，可面对关外清军长驱入关，心学的信奉者束手无策。事实说明，文化只是综合国力的组成部分。国家强，文化方可强；文化强，国家的强方可巩固和持久。

中国传统文化的确有许多优秀的东西。我认为其中的哲学思想最为深刻，而政治治理往往是理想高于现实。例如，民本主义作为一种政治实践在中国封建社会并未真正实现过。墨子几千年前就说过，"爱民者非为用民也，不若爱马"。如农民需要牛耕田，统治者需要人民纳粮纳税。人民如载舟之水，若水起波涛，船是要翻的，历代翻船的皇帝不少。所有末代君王，无不是亡于覆舟之水。孟子的"民为贵，社稷次之，君为轻"当然好，可中国两千多年的封建社会从来没有哪个帝王实现过，也不可能实现。这是只能说说不能做的名言语录。民贵君轻，那还算什么封建社会！因此，中国封建社会的政治实践和政治理想之间的脱节是必然的。我们应该善于吸取其政治治理的优秀思想，但不能把封建社会现实理想化，像舞台上帝王戏、清官戏那样，这是误导。

3. 文化融合是文化发展的规律

没有不变化的文化。文化如同大海，海水是时刻更新的。海纳百川，有容乃大，大海不择细流，讲的都是海水是变化的。如果一个民族的文化永远没有新文化的融入，就是"死海"。

在文化融合问题上要处理三种关系：一是中华民族的一体与多元关系；二是文化多种形态的关系；三是外来文化与本土文化的关系。中华民族的文化就是在这三种复杂的关系中发展的。

从一体与多元角度说，中国是个多民族的国家，存在不同的民族文化。中华民族文化就是一种大融合的文化。汉时的匈奴，魏晋时的鲜卑，唐宋时的吐蕃、辽、金、西夏，以及元时的蒙古，明清时的满族，都对形成统一的中华民族文化有各自的贡献。汉族在中国人口中占多数，而且中原文化特别是儒家文化在文化融合中处于主导地位，但不能说中华民族文化就是汉族文化，就是儒家文化。应该说，一体多元、丰富多彩的中华民族文化是中华各民族共同创造的。

从文化形态相互作用角度来说，文化确实是一件百纳衣，各种思想文化之间存在融合，而不是绝对隔绝。虽然由于学派之争，往往容易形成壁垒，但文化争论和碰撞必定会导致相互吸收。在中国文化发展中，战国时期群星灿烂，百家争鸣，其实争鸣中就会有吸收。尽管汉中期以后实施"罢黜百家，独尊儒术"，这是从作为国家主导意识形态来说的，它仍然无法阻隔文化的融合。无论是魏晋时的新道家，或宋明理学和陆王心学，都是儒佛道的相互渗透和吸收的结果。

从外来文化与本土文化关系的角度来说，也存在着融合问题。尤其是随着世界范围内交往的强化，在全球化时代，正确处理外来文化与本土文化关系尤为重要。外来文化不会使一个民族的文化失去它的民族特质，它往往逐渐被吸收和被融合于原来的文化之中。在世界上没有一个民族的文化是绝对纯粹的本土文化，都会在不同程度上有外来文化的融入。融合的外来文化越多，吸收越好，本民族的文化越发展。文化越开放，越容易接纳外来文化。一个有文化自信的民族的文化最开放，也最有胆量开放。像一个肠胃好的人绝不会这也不敢吃，那也不敢吃一样。如果这样，结果是肠胃消化力萎缩，身体越来越弱。

当然，要正确处理外来文化与本土文化关系，使外来文化中优秀的东西充分本土化，而不是生吞活剥，食洋不化。陈寅恪在冯友兰《中国哲学史》下册审查报告中，对外来文化与本土文化关系有卓越论述。他强调外来文化必须本土化。他以佛教为例："释迦之教义，无父无君，与吾国传统之学说、存在之制度，无一不相冲突。输入之后，若久不变易，则决难保持。是以佛教学说，能于吾国思想史上发生重大久长之影响者，皆经国人吸收改造之过程。其忠实输入不改本来面目者，若玄奘唯识之学，虽震荡一时之人心，而卒归于消沉歇绝。近虽有人焉，欲燃其死灰，疑终不能复振。其故匪他，以性质与环境互相方圆凿枘，势不得不然也。"①

陈先生高瞻远瞩，由佛教传入中土看到中国接纳西方文化，同样应该将其融入中国文化，而不能高居中国文化之上或游离中国文化之外："窃疑中国自今日以后，即使能忠实输入北美或东欧之思想，其结局当亦等于玄奘唯识之学，在吾国思想史上，既不能居最高之地位，且亦终归于歇绝者。"② 个人欲在学术上有所成就，"必须一方面吸收输入外来之学说，一方面不忘本来民族之地位。此二种相反而适相成之态度，乃道教之真精神，新儒家之旧途径"③。

有学者以此为例，说马克思主义必须中国化的原因也正在于马克思主义是外来文化，它必须本土化。毫无疑问，马克思主义应该与中国文化相结合，但不能把马克思主义与中国实际的关系简单类比为外来文化与本土文化的关系。马克思主义是中国先进知识分子为中国寻找的且被实践证明了的救国救民之道，它不单纯在文化领域中发挥作用，而是对中国的经济、政治、文化以至制度构建都发挥着指导作用。从中国共产党建立和新民主主义革命时期，社会主义革命和建设时期，到改革开放和社会主义现代化建设时期，最后到中国特色社会主义新时代，都是以马克思主义为指导，把马克思主义与中国实际相结合。因此，两千年来，从来没有一种外来文化像马克思主义这样深深进入中国整个社会结构之中。马克思主义在中国的传播，不仅改变了中国，也改变了中国与世界的关系。人类历史上，还从来没有一次文化传播有过如此重大作用。如果简单用外来文化和本土文化来定义二者的关

---

① 陈寅恪：《冯友兰中国哲学史下册审查报告》，《金明馆丛稿二编》，生活·读书·新知三联书店 2001 年版，第 283—284 页。
② 陈寅恪：《冯友兰中国哲学史下册审查报告》，同上书，第 284 页。
③ 陈寅恪：《冯友兰中国哲学史下册审查报告》，同上书，第 284—285 页。

系，而不是从马克思主义普遍真理与中国实际相结合的高度，从中国革命、建设与改革的实践需要的高度，就无法理解为什么必须坚持马克思主义的指导地位。

4. 民族性格与文化

我们高度重视文化对民族特性的塑造作用，但是历史唯物主义对文化的起源和作用的认识不同于斯宾格勒的文化决定论。斯宾格勒说："唯一的历史性民族，即其生存就是世界历史的民族是文化民族。"[①] 对斯氏来说，文化的基础是一种民族的原始力量而不是劳动，"每一种文化都以原始的力量从它的土生土壤中勃兴起来，都在它的整个生活期中坚实地和那土生土壤联系着；每一种文化都把自己的影像印在它的材料、即它的人类身上；每一种文化各有自己的观念，自己的情欲，自己的生活、愿望和感情，自己的死亡"[②]。

其实文化和民族不可分。民族是文化的身体，而文化是民族的灵魂。精神总是需要有所依托的。当一个国家消灭时，它的文化也会中断。世界四大文明古国，只有中国文化没有中断，因为中国自古至今始终是中国。中国有过分裂，但统一的中国是主流，而分裂的只是政权，它仍然处于中国这个疆域之内。其他的古印度、古代埃及、巴比伦，以及古希腊、罗马帝国都分裂为多个国家。当代的埃及并非古代埃及，至于当代的叙利亚、伊拉克也并非古代的巴比伦王国的继承者。民族国家的消亡，导致文化的碎片化，难以完整地保存和传承。

斯氏把文化和文明对立起来，把文化看成原始力量，把文明看作是人为状态，是文化发展的僵化阶段。他认为"文明是文化的不可避

[①] 〔德〕斯宾格勒：《西方的没落》上册，齐世荣等译，商务印书馆1963年版，第306页。
[②] 同上书，第39页。

免的归宿……文明是一种发展了的人类所能作到的最表面和最人为的状态"[1]。斯氏的文化与文明对立的观点,大概是有感于西方文明的发达和文化的没落而产生的想法。西方工业文明很发达,但古希腊精神已不复存在。中国当代经济很发展,但中国传统文化的精神已不复存在。但不能说我们没有文化,因为我们应该建立的是社会主义先进文化,而不是原封不动地保存传统文化,传统文化应该作为思想资源被吸收到社会主义先进文化之中。当代中国儒家学者应该承担的文化责任,是如何通过自己对儒家文化的研究,来促进社会主义先进文化的创立,而不是复兴儒学。这样,儒家学说的精华并不因此消失,它的现代价值在新的文化形态中反而得到彰显。如果社会主义中国的儒家学者不能超出儒学道统的藩篱,而继续走新儒家的道路,醉心于儒学第三期复兴,甚至以儒学来规划社会主义和中国共产党,我不认为这是条有前途的道路。

　　文化是谁创造的?据说是思想家创造的。毫无疑义,伟大思想家是某一学派和某种思想的创建者,我们的儒家创立者是孔子,墨家的创建者是墨子,诸子百家各有其创建者。全世界都是如此。苏格拉底学说的创建者是苏格拉底,德国古典哲学的创建者是康德、谢林、黑格尔。每种学术思想或学派都是以创始者的名字命名的。可是,如果只是到此为止,我们必然会产生一个问题:伟大思想家创建了某种学派,而某个学派开创了某个时代,按照这个逻辑,人类文明的创造者都是杰出的思想家。我们又回到最古老的问题,即人类的历史包括文化是谁创造的?是思想家还是人民群众?我们可以说思想家创立了学派,那么要问思想家的思想又是从哪里来的呢?思想家固然有其天才,但光凭他的天才,能创造出某种文化并开创一个时代吗?我看不可能。儒家学说的创立者是孔子,可孔子只是一个代表人物。他不仅继承了

---

[1] 〔德〕斯宾格勒:《西方的没落》上册,齐世荣等译,商务印书馆1963年版,第54页。

先前的文化积累，而且是当时的时代需要成就了他。

任何一个思想家都是如此，时代的需要、人类文化成果的积累造就了思想家。否则，我们无法跳出天才史观。正是伟大时代孕育并产生某种思想，而伟大思想家则是代表者和集大成者。黑格尔说："谁道出了他那个时代的意志，把它告诉他那个时代并使之实现，他就是那个时代的伟大人物。他所做的是时代的内心东西和本质，他使时代现实化。"[1] 离开孔子的时代就无法理解孔子，所有思想家都是如此。

汤因比说："每一个历史文化模式都是一个有机的整体，其中各个部分都是相互依存的。因此，如果其中任何一个部分从原来的框架中被分离出来的话，那么，这一孤立的部分和那残缺不全的整体都会有不同于模式完整时它们各自的表现。"[2] 文明经受着考验，就每个民族来说都是如此。我们不可能把孔孟的仁义学说并入西方的希腊罗马文化中，正如我们不可能把主客二分的学说纳入中国哲学万物一体学说中一样。但这不是说，各种不同的文化在交流中不可能相互吸收，而吸收当然不可能是整体的，而只能是其中的某个方面。一种外来思想被吸收时，都会被本土文化改造，从而发生与本土文化相容纳的变化。而不是把各种文化打乱重新装配组合，这是不可能的。

文化是不可能像机器一样拆卸组合的。如果把文化的整体性，理解为不可吸收性和不可交流，那人类各种文化只能彼此高垒深堑，互不往来。其实，世界文化的发展并非如此，就中西方文化的关系来说，既有西学东渐，也有中学西渐。文化交流、融合，是世界文化的一种发展趋势。文化冲突不是源于文化的差异性，而是源于政治和利益的对立。

人和动物都有本能，但人不能完全受本能和欲望支配。人的饮食

---

[1] 〔德〕黑格尔：《法哲学原理》，范扬等译，商务印书馆2017年版，第379页。
[2] 〔英〕汤因比：《文明经受着考验》，沈辉等译，浙江人民出版社1988年版，第276页。

男女之欲就是一种本能的欲望，就其本性来说和动物的需求是一样的。但人是有思想有意识的动物，人能超越自己的本能，把本能的欲望变成一种符合法律符合道德的行为。这体现的是人的社会本性。越是能支配和超越本能的人，越是能够成为高尚的人、有道德的人、脱离了低级趣味的人。人的本能是有限的，而超越本能的人的思想力量是无限的。任何一个人都能明白，饮食会受到胃的限制，正如费尔巴哈说的酒醉后必然头痛，性本能也会受到年龄和社会的限制。只有精神和道德的提高是无限的，而且它的提高带来的是人的愉悦，而过度饮食和纵欲带来的是一时的痛快和事后的痛苦。按照一些人的看法，对本能的限制都是违背人的本性的，只有赤裸裸地表达自己的本能欲望才是真实的，才是符合人性的。这是一些作家写作时的人性观。因此，床头加拳头，就成为许多电影的流行色彩，因为他们认为这才是真实的人性，而道德理想都是空话。这样的人性观是低级的，错误的。

5. 文化的时代性

人生活在自己的时代，没有一个人能超越自己的时代。人的时代性，也就是人的历史性，因为任何时代都是历史过程中一个阶段。人都是从自己所处的时代和自己的个人处境观察事物和世界的，因此历史性和时代性是人类认识的特点，也可以说是不可超越的命运。

中国传统文化的创造者不是绝对精神的体现者，而是伟大思想家，他们都是生活于具体时代的现实的人，他们的思想之所以伟大，是因为他们创造的思想和学说不仅反映他们时代的要求，而且具有超越时代的智慧。真正的思想既有时代性又具有超越时代的永恒性。

有人说，"取其精华，去其糟粕"的提法是不对的。儒学中凡是能传下来的都是精华，不是精华的都被历史淘汰掉了。对整个传统文化来说也是如此。凡是能保存下来的都是精华，否则不可能传下来。这样说对吗？只说对了一半。留下来的是精华，但也有糟粕。因为传统文化的留传并非文化自身的作用，而是通过人的选择，尤其是处于统治地位的统治者的选择。因此，他们是按照他们的标准来进行文化的传承的。文化传统的演变并非与社会无关的文化自身的演变，而是要经过时代和历史的过滤和筛选。过滤和筛选的标准不可能脱离阶级的标准和价值标准。因为在任何社会中处于统治地位的思想都是统治阶级的思想。朱熹选取《论语》、《孟子》、《大学》、《中庸》合编为《四书》，当然有他的标准。乾隆时编《四库全书》的取舍和删改也有其标准。我们处于社会主义中国，我们对待中国传统文化同样有我们的标准，这就是"取其精华，去其糟粕"。

有人说，什么是"精华"，什么是"糟粕"，是分不清的。的确，文化不像苹果，烂在哪里，一目了然，可以一分为二，去掉烂的，保留好的。可传统文化是一个复杂的机体，对待传统文化不可能是简单的拿来主义，而必须经过自己的嘴咀嚼，经过肠胃的消化，这就是阅读和理解。"取其精华，去其糟粕"是马克思主义的传统文化观。不仅共产党人这样做，历朝历代都在这样做，这就是文化在发展过程中，既有筛选又有保留和增加，像流动着的水一样。只是每个时代、每个阶级关于"精华"与"糟粕"的标准不同而已。

对我们来说，区别精华与糟粕的标准是马克思主义的标准。毛泽东早就说过，传统文化中有助于建立民族的、科学的、大众的文化的因素就是精华，与之相反的就是糟粕。在我们中国特色社会主义建设中，有助于建立社会主义先进文化和社会主义核心价值观的因素就是精华，而一切迷信的、落后的、反动的都是糟粕。所谓传统文化的创造性转化和创新性发展，就是要吸取中国优秀传统文化来建设社会主义先进文化，使之成为涵养社会主义核心价值的重要思想资源。

对传统文化的解读，其实都是解读者的解读。能读出什么，取决于解读者。而解读者都是处于一定历史时期的社会生活中，他有自己的立场、学术背景或前识。因此，从什么观点来解读传统文化是至关重要的。以西释儒，以儒释儒，还是坚持用历史唯物主义观点来分析传统文化，其差别之大是不言自明的。在当代中国，儒学研究要不要坚持马克思主义的基本理论和方法，肯定是个有争论的问题。我们认为，马克思主义不可能取代儒学，但如果当代儒学研究仍然超不出儒学原有的视角，无论照着讲还是接着讲，仍然是在儒学传统范围内，只不过是新儒学，或者什么第几期几期的区别；如果对传统文化的研究仍然是处在原有传统之中，而不能生发出新的与时代相适应、与历史进步方向相一致的思想，那重视传统文化有什么意义呢？！传统之所以可贵，就在于它能通过激活，碰撞，吸收，而产生新的思想。对于当代人而言，优秀传统是思想土壤，是营养剂，而不只是可以食用的果实。我们要在传统文化的土壤中，结出当代的果实。我们确实需要儒学专家，但不是在社会主义条件下培养一批依然方步儒服、不能越雷池一步的儒者。

6. 中国文化的本质是中华文化

地区有地区文化，民族有民族文化。地区文化，具有地区性，它的范围可以界定，民族文化是民族的文化，可以界定。最难的是多民族的国家文化。例如中国文化，具有多民族构成。但中国文化不可能是各民族文化的简单叠加。中国文化不是中国某一个民族的文化，而是各民族逐渐融合而成的，这就是中华文化，或中华文明。它必须是超越地区，超越民族的文化，是中国各民族都认同的。而要形成一个统一的中国文化或中华文化，必然要有一个文化的担当者即作为文化主体的民族，即中华民族。中华民族是由各民族融合而成的，是包括各民族在内的共同称呼。它不排斥各个民族存在的差异性，但强调各民族的统一性。中华文化的一体多元特性，是中华文化生生不息的动力。

7. 中国传统文明不可能结束

罗素说，结束中国传统文明的，不是任何新出现的内在的弱点，而是与西方交往工具的进步。罗素比较委婉，他不说西方的炮舰政策敲开中国的大门，把中国逼入绝境。实际上，中国封建社会在西方资本主义面前必然失去它在封建时代的一切优势。这是两种生产方式和两种社会制度的比较，而不是东西方两种文明的较量。

先进的生产方式战胜落后的生产方式，先进的社会制度战胜落后腐朽的社会制度是必然的。无论一个国家具有何等丰富的文化传统都无法改变这个规律，因为传统文化的丰富性只能代表历史而不代表现实，代表现实的是现实的人的现实实践。中国百年来仁人志士的反抗和探索，尤其是中国共产党的成立，马克思主义在中国的传播，中国人民逐渐觉醒，最终建立了新中国，创立新的社会主义制度。社会主义制度比资本主义制度优越，就像资本主义制度比封建制度优越一样。尽管在初级阶段，社会主义优越性仍然需要巩固，但短短七十年，中国发生翻天覆地变化，已经证明了这个真理。而在这个斗争中，中国传统文化无疑是一种精神力量。

8. 文化复兴与文化复古

在马克思主义传入中国之前，或者对一些不接受马克思主义的学者来说，中华民族的文化复兴总是限于中华民族文化自身，比如把它归结为儒家文化的复兴甚至复归。

马克思主义传入中国后，我们考察这个问题的视角就应该转变，应该站在历史唯物主义高度来看这个问题。文化复兴问题不是单纯的文化问题，而是与民族复兴不可分地联系在一起。要实现文化复兴，首先要有民族复兴。如果中国不摆脱受列强侵略的半封建半殖民地地位，文化复兴就是一句空话。那在中国就不是复兴中华民族文化，而是弥漫着殖民地文化，崇洋媚外的文化。

文化复兴绝不是文化复古，不是简单地回归儒学，回归传统，而是在新的社会条件下繁荣发展社会主义文化。中华民族优秀传统文化成为建设社会主义先进文化的重要资源，马克思主义则发挥着世界观和方法论的指导作用。在中华民族伟大复兴中，中国传统文化当然不能缺位，马克思主义也不能缺位。这是双赢，一花独放不是春。

9. 百家之中何以儒家独尊

为什么儒家在中国占主导地位？因为它从汉代开始就得到统治者的有力支持。可以说，在长达两千多年的封建社会，它一直是统治阶级的意识形态。马克思说过，在阶级社会中处于统治地位的意识形态是统治阶级的意识形态。正因为它处于社会的统治地位，因而它的最大优势就是能够通过政权的力量，以种种方式使其自身的思想变成群众的思想或支配群众的思想。在封建社会，虽有人批孔反孔而孔子不倒，并非因为孔子代表着绝对真理，而是他得到统治者的政治支持，反对孔子是非圣非法，是要杀头坐牢的。李贽就是一个例子。特别是科举取士以四书为标准教科书，使儒家完全成为唯一正统的意识形态。也因为如此，它不仅在最高层成为治国的意识形态，在下层也通过乡规民约、家风家教，成为社会普遍接受的思想，成为一种生活方式。因为要在社会上生存，要做官，要诗书传家，就必须读书，而读书主要就是读四书五经。而且还有重要的一点，就是儒家学说完全符合以血缘关系为纽带的小农业生产方式。这就是儒家占主导地位的经济、政治和思想基础，不能简单理解为社会主动接受儒家思想。统治者不喜欢老庄，因为它自视清高、疏远政治，不愿留意庙堂，也不喜欢墨家，因为它提倡兼爱，无父无君，搞小团体，有组织活动，这也是统治者的大忌。所以，儒家一枝独秀是有深刻原因的。这个原因不是儒家说的"天不生仲尼，万古如长夜"，儒学是天道，是绝对真理，而是因为它是最符合中国小农经济的意识形态。当然，这绝不是因此就轻视儒家作用的理由。儒家在中国社会长期处于统治地位，对我们民族精神的塑造具有积极作用。但是儒家过于讲究温良恭俭让和繁琐的礼仪，从小培养中规中矩的非创造性品格，这点并不值得称赞。我们的学校不能按儒家方式来教育我们的孩子，而是要提倡创造精神和勇于革新的精神。

10. 关于"道"

中国哲学中最重要的范畴是"道"，可道家之"道"和儒家之"道"不同。道家强调的是天道，是形而上学之道，不可见，不可言说，"道可道，非常道"；儒家注重的是人道而非天道，所谓"天道远，人道迩"，"道不远人，人之为道而远人，不可以为道"。道家之道，无处不在，要你自己去体悟，才能得道；而儒家之道，就存在于人们的日常生活和社会秩序之中，即为君之道，为臣之道，为父之道，为子之道，都是可见的，是日常实践的。实际上，儒家之道就体现为德，即道德。这就是为什么两千年来儒家之道能发挥如此重大影响，而道家之道变成玄谈的原因。

在长期的封建社会中，儒家学说的巨大作用，与其说是对皇帝、对上层发挥的制约作用，不如说是对普通百姓发挥的约束作用。统治者自己并不尊重儒家规则，杀父弑君、兄弟相残有的是，而普通百姓反而遵守儒学的规则。这就是儒学在下层统治中发挥的稳定作用。因为道德不能约束统治者，不能约束上层，不能约束权力，但对普通百姓则是非常有效的。这就是为什么"五四"如此激烈反对旧道德旧伦理，谓之杀人、吃人的原因。统治者自己并不遵守，而要求老百姓遵守，这种专用来对付老百姓的所谓道德，就成为奴役被奴役者的道德。

11. 传统的继承

无论是自然发展或人类发展都存在发展的连续性。没有连续性就没有发展，而是发展的中断。比如自然界某种动物或植物的消失等。如果说，在没有人类之前，这种中断是自然界环境的剧烈变化造成的，而在人类社会中出现这种情况，则人类负有很大责任。自然界的连续性是其自身存在的延续，而人类社会发展的连续性，则是对传统的继承。没有自然的延续就没有物种的进化，没有传统的继承就没有人类社会。

人类社会的进步要依靠对传统的继承。人类社会中，大到某种学派，小到某种技术、某个戏种、某种特色小吃等，其连续性都要依靠继承。中断都是因为没有继承者。历史唯物主义重视传统继承，马克思说过，历史不外是各个世代的依次交替，而每一代都要利用以前各代遗留下来的材料、资金和生产力，每一代人一方面在完全改变了的环境下继续从事所继承的活动，另一方面又通过完全改变了的活动来变更旧的环境。可以这样说，自然界物种连续性表现为传承和演化；而人类的发展表现为继承和创造。传统是不可能回归的，因为传统是历史的所有物，不能回归历史，也就不可能回归传统；传统只能继承，不能回归，而创造意味着摒弃传统中过时的部分，创造新的东西。传统也是变化的，不同时代的人，面对的是不同的变化着的传统。以为当代人和前代人面对的是同样的传统，这是对传统的固化。

12. 天人合一

天人合一是中国哲学的重要命题，可是与此不同的还有天人相分。1993年出土的郭店楚墓竹简《穷达以时》上就谈到："有天有人，天人有分；察天人之分，而知所行实。"[1]

其实对天人关系的考察，可以有不同角度。从本体论角度考察，如荀子所说，"天行有常，不以尧存，不以桀亡"。这是肯定天在人之前就存在，它有自己的规律，因此天与人不是合一的，而是各有其功能；从考察天与人的互动关系，即察天人际来说，天人是合一的，天可以影响人，人也可以影响天，因为人可以参天地之化育，天地人成为三才。因此，在人产生之后，天作为自然界，既有其客观性，又由于人参与而产生互动关系，产生人化自然。对天人合一的无区别论或天命论的解释都是错误的。只有在实践基础上才能形成人与天即自然的互动关系。

13. 中国哲学与西方哲学

中国哲学与西方哲学既相通又不同。相通是因为哲学中包含智慧的探索，而智慧是相通的；不同，因为它们是不同国家的哲学，各具特色。

中国传统文化是以儒学为主导的文化，因而中国哲学强调的是做人，越是具有智慧的思想家越强调做人。中国古人区分"为人之学"与"为己之学"。反对前者，强调后者。为己，即做学问与做人是统一的，为学的目的是立德修身，而不是为了别的目的。老子讲"为学日益，为道日损"，主张为学与为道相结合。道德永远是中国人最为看重的。一个人学问再高，人品不行，仍然不为人看重。道德几乎成为中国传统文化中品人论世、评论是非的标准。

如果说中国哲学看重求道的话，西方哲学则看重求智。在西方一

---

[1] 《简帛书法选》编辑组编：《郭店楚墓竹简·穷达以时、忠信之道》，文物出版社2002年版，第1页。

些哲学家看来，道德是个人的私事，与哲学无关。因此，西方人评论哲学家，是就其哲学来评论，而无关个人品德。在中国，哲学家必须同时是贤人甚至圣人，至少是有道德的人，而西方则认为哲学家就是哲学家，无关生活。西方有两位学者尼格尔·罗杰斯和麦尔·汤普森写过一本书《把生活过得乱糟糟的哲学家们》，历数了西方哲学家们从苏格拉底到海德格尔的私人道德，并评论说罗素三次离婚，私生活极其不检点。当然也有道德很好的，如斯多葛学派的芝诺、伊壁鸠鲁，都不仅是智者而且生活都很严谨。康德、笛卡尔也很好。但总的说来，西方对哲学家个人私生活是宽容的。哲学就是思想，不属于个人品德。这种西方的传统与中国文化要求为学与为人的统一不同，也与马克思主义哲学不同。马克思主义哲学不是唯道德主义者，但要求革命者要有革命的道德。

14. 西方人和西方价值观

马克思和恩格斯是西方人，但马克思主义并不是西方价值观，而是反对西方资本主义社会的理论。它代表的不是哪一个民族，而是世界上被压迫的民族和人民，它的理论不是一种只适用于某个民族的具有民族特性的学说，而是具有普遍规律性的学说。因此，马克思主义对任何国家不具有排斥性，而任何国家的人只要是寻求自身解放和消灭剥削都可以从马克思主义中得到教益。当中国共产党把马克思主义运用于中国，与中国国情相结合，它就脱下了德国服装，穿上中国人的衣服，说着中国人的话。这就是马克思主义中国化的本质。

讨论共产主义问题，不应该把目的放在首位。无论是以人的全面发展，或者以追求自由、民主、公平作为科学共产主义学说产生的目的，都是以结果为目的的本末倒置。实际上，科学共产主义学说的基础不是从目的开始的，而是以资本主义社会自身的矛盾开始的。资本主义最根本的矛盾就是资本主义社会多数人成为劳动者，少数人占有生产资料，即我们说的生产的社会化和私人占有的矛盾。这种矛盾随着生产力发展到能够满足全社会需要时，就会为过渡到全民占有生产资料和公平分配提供可能，从而为人的全面发展，为自由、民主、公平提供社会保证。没有前提的目的，不是能达到的目的，而只是一种空想。空想社会主义学说之所以是空想，就是把目的当成前提，而置如何达成目的的条件于科学考察之外。

15. 马克思主义的整体性

在马克思主义产生之前，唯物主义、辩证法、政治经济学、社会主义学说已经存在，但它们是相互分离的。马克思和恩格斯把它们结合在一起，创立了完整的马克思主义学说。这个过程不是简单结合，而是改造。它是整体，同时又是具有相对独立性的部分。它是整体，是从马克思主义的科学本质说的，因为如果分开则会失去彼此的理论支撑，则社会主义不可能从空想到科学；它可分，是从研究角度说的，可以形成马克思主义的哲学、政治经济学、科学社会主义。

16. 马克思主义中国化

马克思主义中国化体现了中国的特点，但马克思主义必须与各国实际相结合这个原则并非中国特有的，而是决定于马克思主义的本性。马克思主义普遍真理必须与各国情况相结合，这是马克思和恩格斯的教导。恩格斯1887年为《英国工人阶级状况》一书写的序言中，教导美国工人政党说，美国工人阶级的最终纲领，应该而且一定会基本上同整个战斗的欧洲工人阶级采用的纲领一样，同德国社会主义工人党的纲领一样。在这方面，这个党必须在运动中起非常重要的作用。但是要做到这一点，它必须完全脱下它的外国服装，必须成为彻底美国化的党。它不能期待美国向自己靠拢。它是少数，又是来自外域，因此，应当向绝大多数本地的美国人靠拢。就党的成员来说，美国党当然应该主要是由美国工人组成，是美国工人的党，而不能是德国流亡者的政党，从思想理论来说也应该如此，即马克思主义变成与美国实际相结合的马克思主义。

列宁说过，一切民族将走到社会主义，这是不可避免的，但是各个民族的走法却不完全一样。在民主的这种或那种类型上，在社会生活各方面的社会主义改造速度上，每个民族都会有自己的特点。马克思主义是普遍原则，就其应用来说，在英国不同于法国，在法国不同于德国，在德国不同于俄国。毛泽东1962年对日本的题词强调，只要认真做到马克思主义普遍真理与日本革命具体实际相结合，日本革命的胜利将是无疑的。

马克思主义中国化有其最深刻的理论根源，这就是马克思主义作为普遍真理的本质规定，凡是普遍性的东西都必须与具体对象相结合才能发挥出自己的作用。这就是为什么马克思、恩格斯、列宁一再提出这个问题的原因。毛泽东之所以在《矛盾论》中以专节篇幅论述矛盾普遍性与矛盾特殊性的关系，尤其是着重对矛盾特殊性多种形式的分析，原因正在于矛盾普遍性只能寓于矛盾特殊性之中。无产阶级革命在不同国家里都是解决自己面对的特殊矛盾，即使这个矛盾具有普遍性，但就其存在方式和特点来说仍然具有特殊性。各国社会主义革命面对的矛盾都具有普遍性，即阶级压迫和剥削、阶级对立和人民贫困，可是具体情况又具有各自特点，因而其革命道路都必然具有本国的特点。用同一个社会药方不可能治疗不同国家面对的不同病症。

马克思主义普遍真理与各国实际相结合是一个普遍原则，但它们能否结合好则是另一回事。中国共产党的伟大就在于，它不仅依据马克思主义经典作家的教导主张结合,而且结合得非常好。这个结合不仅取得了实际成果,即中国革命的胜利和社会主义建设伟大成就,而且取得了理论成果,即马克思主义中国化的系列理论成果。

一个时代的问题,就是一个时代的难题;一个国家的问题,就是一个国家的难题。马克思主义中国化本质上就是以马克思主义为指导解决中国问题。新民主主义革命时要解决中国如何取得革命胜利的问题,即中国革命道路问题;革命胜利后,是要解决中国如何实现社会主义改造和如何建设社会主义的问题;改革开放以来是要解决解放和发展生产力,使人民群众富起来的问题;而中国特色社会主义进入新时代,则是要解决坚持和发展中国特色社会主义,使国家强起来的问题。改革开放不是推倒重来,而是不忘初心,牢记使命,继续前进。在新时代,我们面临的任务更加繁重,斗争形势更加复杂。中国在和平发展和实现中华民族伟大复兴这条道路上将会迎来更伟大的斗争。遇到的困难越大,克服困难的力量越大,取得的成就愈大,理论的创造性也愈加辉煌。社会是在矛盾中发展的,中华民族的复兴之路也必然如此。

17. 价值观

价值的本质问题是个争论不休的问题。如果说价值是对象,可谁也无法直观到价值,正如我们可以看到天空星辰或其他的物体一样;显然,价值是一个范畴,是一种抽象。概念、范畴都属于思维抽象,凡属于思维抽象都是不可能见到的。谁见过时间呢,我们只能感受到自己变老,别人也变老,原来一起玩的朋友,多年不见不相识了,"问姓惊初见,称名忆旧容"。谁见过物质?没有。我们只见到物体。物质是对世界上一切存在着的物体的客观性的抽象。因此,价值是一种关系范畴,它是对主客体关系的抽象,并离不开主体的评价。

价值和价值评价不可分。那么，价值是不是就不具有客观性，而完全由评价主体决定呢？不是。完全由主体评价的价值观只能是非不分，必然导致功利主义。毒品对吸毒者是有价值的，贪污对贪污受贿者是有价值的。你说有价值，我说没有价值。价值纯属于主体，只能是公说公有理，婆说婆有理。如果这样，价值就失去了它的意义。其实，承载价值的事实是客观存在的。当这种事实不被评价时，它的客观作用仍然存在，如毒品可以危及人的身体和心理，这种作用不取决于评价，而是一种客观关系，当对这种关系进行评价时才产生对事物和对象的价值评价问题，我们把这种评价称之为价值观。

价值和价值观的根本区别，就在于价值是事实之间的关系，而价值观则是对这种关系的评价。世界上存在的是形形色色的事物，这些事物当然是以各种形态存在的，但它们的共同特性是客观性。在自然界，它们是物。在社会领域它们是人，是人的行为，是社会制度。在我看来，价值是一个表明对象对主体关系的范畴，它是以事实为载体的一种主客体关系，即人对事实的一种价值评价关系。离开主体的价值评价是不存在的，对象是以事实的方式存在，而不是以价值的方式存在的。事实是一元的，而价值评价则可以是多元的。你认为无价值的，另一个人则认为是有价值的，但事物的本质并不会因为评价不同而不同。

18. 文化与日常生活

文化的作用不仅表现在一个国家的典章制度之中，而且往往存在于一个国家的人民的洒扫应对的日常起居之中。一举手，一投足，看似那样的自然，不假做作。可是事实上并没有任意之处，而是从小受文化潜移默化影响的结果。

什么场合之下，应当有怎样的举止，文化替我们早就安排好了，不必我们临时考虑。愈是基本价值，我们愈是不假思索。行为最自然的，往往是受文化影响最深。文化的用处，就在于可以使我们做人处世毫不费力而全合符奏。

19. 镜鉴与自鉴

历史可以借鉴，但不可能照搬，因为没有任何一个历史事件和人物会重演，不过其中蕴藏的经验和教训可以借鉴。因此，在现实活动中的人，既要借鉴历史的经验，又要重视自己的经验。

从历史中吸取经验称之为借鉴，而重视自身实践的经验可称之为自鉴。这两者是结合的。只有重视自身的经验，才有可能借鉴历史经验，同样，只有重视历史经验，才能对现实经验进行具有历史高度的总结。司马迁区分借鉴和自鉴，他说，"居今之世，志古之道，所以自镜也，未必尽同"[①]。"治世不一道，便国不法古。"[②] 也有这个意思。中国共产党重视历史的经验，不仅重视中国几千年的历史经验，而且重视自己在革命、建设和改革中积累起来的经验。如果不重视中国共产党和中国革命的经验，任何历史的经验对我们都是没有用的。因为它属于历史而不是属于现实的人的实践。

20. 思想改变的难度

在人类社会发展中，最难改变的是人的思想。政权的改变可以通过各种方式实现，如果是政变，那是一夜之间的事，当然也可以是长期的武装斗争，比如中国革命。这些都是依靠暴力，或叫硬实力，唯独人的思想的改变是长期的。它不会随着政权和所有制的改变而很快

---

① 司马迁：《史记·高祖功臣侯者年表》。
② 司马迁：《史记·商君列传》。

改变。思想改变是滞后的，它要经历一个时间段，这是意识落后于存在的特点。而且，思想的改变也不可能一刀切，而是有快有慢，有先有后，有的甚至至死都不改变，这就是所谓遗老遗少。他们自以为是有骨气，不做二臣。可是不问历史走向，不问是非对错，不问进步与反动，抽象地以不变为忠贞，这是愚昧的。中国封建社会灭亡了一个多世纪，可封建思想仍然严重，国民党败退台湾七十多年，对国民党抱有怀旧思想的人仍然存在。至于资本主义思想更是如此。

为什么意识形态领域的改变如此滞后呢？因为思想改变不可能依靠强制力量，而是依靠文化。文化的作用可用八个字来概括：潜移默化，润物无声。它不是暴力，不是硬实力，而是一种软实力。文化的作用是任何其他方法都不可能代替的。文化软实力的实现途径，一是教育，包括学校教育、家庭教育，以及社会舆论引导等。二是环境影响，包括经济环境、政治环境，特别是文化环境。文化环境中最重要的是社会的道德环境。

文化最大的优势是什么？物质产品，不管多么精美，年代久了，就会因破损而消失，粮食会吃光，衣服会穿破。唯独精神产品，即文化，尤其是文化经典，具有最长久的生命力。我们先人留下的许多宝贵经典，都成为我们的精神财富。当然，经典也会失传，但只要文化进入日常生活领域，而不是束之高阁，就不会断流。当然，文物也有长久的生命力，像青铜器、石刻等，但它的价值正在于它是文化的物质载体，也就是说它的文化内涵，而不是它的纯物质存在形式才是它的价值所在。

中国有许多经典失传，这不都是秦始皇焚书之过，也包括历代的战乱，包括没有出版行业，包括文盲众多，私人藏书有限，皇家藏书不向民间开放，经典在民间很少等等。有不少经典失传，有的只留下书名，有的连书名都不知道。中国编有《永乐大典》、《四库全书》，有的书散失，连《永乐大典》自身都不存在了。因此，文化一定要传播，要继承，只有通过继承才能保存，也只有通过继承才能创造性发展。真正发挥作用的文化，并不是摆在图书馆里的书，而是在人们案头上的书，是人们经常阅读的书。

文化有活的文化，有死的文化。放在图书馆内的经典，再好，若无人阅读也是死的文化。文化只有真正发挥它的文以化人的作用才是活的文化。正如土财主金银财宝再多，埋在地窖里也是死的，而当财富变成资本在生产和流通领域中发挥作用时，它才能再生产财富。

中国有丰富的传统文化，但又是一个文盲极多的国家。在封建社会，读书是上层社会的事，一些人津津乐道的耕读世家，其实都是致仕的大官，或士绅，或大小地主，真正的农民是很少的。毛泽东说过，自古以来，地主阶级有文化，农民没有文化。这种情况，直到解放前都是如此。解放前中国文盲率是最高的。既然如此，那中国传统文化是如何传播的呢？靠家庭即家教、看戏、人际交往、节日、祭祀等。在中国，老百姓真正读四书五经，从经典中接受传统文化的是少而又少的。从这里我们可以看到，传统风俗习惯和社会风尚对人的影响之大。因此重视家风家教，重视传统节日和优良风俗中的文化传承作用，是非常重要的。

21. 论洗脑与启蒙

有人说，中国共产党的思想政治教育就是洗脑，而他们则是启蒙者，向一群被共产党洗脑的人尤其是青年进行启蒙。他们认为，法国大革命是第一次启蒙，他们是第二次启蒙，是对被共产主义学说蒙蔽的愚民再启蒙。再启蒙的武器是什么？仍然是当年法国启蒙时代的理性和自由。其实，当代一些人吵吵的所谓理性和自由，往往是羞羞答答的西方"普世价值"。如果纠缠"洗脑"这个用语，只能争论不休。你说"你被洗脑"，我说"你说我被洗脑，说明你已被洗脑"。越是说中国人被洗脑的知识精英，往往自己的脑被洗得更白。

洗脑，并非新说，从中国共产党取得政权开始，就被某些西方政客说成是对人民洗脑。其实，一直在用各种手段对中国人进行洗脑的，正是他们及其有学问的奴仆。

话又说回来，人的脑确实在不断清洗。人本来没有天赋观念，也非生而知之，人是在社会中获得知识的。当真理被蒙蔽时，用正确思想教育青年，这是求新知，求真理；而当有人被一些人吵吵嚷嚷的"自由、理性"蒙蔽时，这种洗脑，叫蒙蔽，叫欺骗。是蒙蔽、欺骗，还是求知、求真，关键在于你用什么思想来教育青年、教育我们的人民。这是真理的宣传和所谓洗脑的区别。

22. 信仰

信仰是一种对最高目的的追求，是对某种价值观的坚定认可。信仰涉及人，涉及政治、伦理和社会生活诸多领域。一个政党有一个政党的信仰，这就是它的纲领，没有信仰的政党不是政党，是乌合之众。一个主义也有一个主义的信仰，这种信仰是主义的灵魂，没有它，这主义不成其为主义，只是一种意见，可以随时摒弃。主义是一种坚定不移的主张，对主义的信奉就是信仰，信仰者可以为之牺牲生命，"砍头不要紧，只要主义真。杀了夏明翰，还有后来人"。这才叫主义，才可称之为信仰。

当然，各种宗教都有其信仰，有各不相同的信仰。在道德伦理领域，人的信仰表现的是做人的基本原则。信仰发生动摇，人会发生转变。信仰的坚定取决于对信仰的理论基础的坚守。当理论发生动摇，信仰也会随之倒塌。尤其是社会主义、共产主义的信仰，对它的坚守性就取决于对马克思主义理论的认同。马克思主义理论动摇，共产主义信仰、社会主义信仰也会随之崩盘。因此，不能盲从信仰，而必须考察其理论的可靠性和社会基础,即它的科学性和人民性。如果说,"我信仰,但我不知道我为什么信仰",则这种信仰,可称之为迷信。这并非因理论的正确性而相信,而是因仰而信,因信而仰。

23. 哲学与人文社会科学的作用

罗素承认,史学能够而且应该为一般读者做些什么。他说,我并不认为历史是为历史学家们写的,我一直认为历史是受过教育的人的学问的一个基本组成部分。我并不认为诗歌只应由诗人朗诵,也不认为音乐只应由作曲家聆听。同样,历史也不应只由历史家所知。罗素这个意见是对的,哲学著作并不是一个哲学家为另一群哲学家写的,小说也不是一个作家为另一个作家写的。如果学术超不出学者自己的学术圈子,哲学只是哲学家的独白或至多是哲学家们的对话,这种学术和哲学有多少意义呢?哲学家应有的社会功能应该是面对社会。面对自己圈子外的人,才能发挥作用。

什么是中国特色、中国风格、中国气魄?中国特色是时代特色、民族特色,中国的哲学社会科学就其内容来说,应该反映我们正在进行的中国特色社会主义实践,体现我们正在为中华民族伟大复兴而奋斗的精神。中国特色的社会主义的人文社会科学,就是中国学人的时代使命和民族使命;中国风格,是就中国哲学社会科学的语言表达方式或者写作方式说的,意思是中国学者应该说中国话,用中国话语,而不应拾西方学者的唾余。它不应该是西化的,而应该是中国人喜闻乐见的,适合中国读者阅读习惯和口味的。中国气魄,就是中华民族主张的合而不同、海纳百川,在学术上对外来文化学习、吸收、包容的气魄。没有这种气魄,就没有佛学的本土化,就没有多民族的融合,也不会出现儒释道相互吸收的局面,更没有马克思主义中国化的可能。

24. 伟大

太阳的作用，是通过它照耀下万物的成长来体现的；水的价值，是通过对一切生命的滋养来体现的。一个人的伟大，是通过他创造的事业来体现的。他带给人类的东西愈多，就愈伟大。上帝带给人类什么？只能抽象地说他创造世界，而不能具体指证任何一样东西是上帝创造的，哪一个病人是上帝救的。救人的是医生，施舍的是教会，教会的钱来自信徒。因此，上帝的伟大和万能只能是一种宗教信仰。对不存在的东西的信仰，本质上就是对人类的理想化的类本质的信仰。

我们评价一个人物，无论是正面的还是反面的，都是根据他给人民带来什么来衡量的。中国人民热爱毛泽东，就是因为毛泽东的功绩，因为他一生为人民的利益而奋斗，带领中国人民摆脱了帝国主义欺凌，创造了一个社会主义的中华人民共和国。当然，要把一个一穷二白的旧中国改造成一个发达国家，不可能短时间内做到。而且人也不可能完全不犯错误，再伟大的人也是一样。上帝不犯错误，因为根本不存在上帝。毛泽东的伟大是现实的，他的错误不足也是现实的。这都是正常人能理解的，除非怀有刻骨的偏见和对历史的无知。

25. 风格

一个训练有素、专业知识丰富的鉴赏家，能够根据字画、艺术品的风格鉴定它的年代，或鉴别真假。因为风格是时代的标志。文本呢？难道可以任意解释而没有时代标志吗？我们可以用女权主义思想来解释孔子吗？可以用当代的自由、民主、人权的思想来解释《论语》中的话吗？不能。解释如果离开文本的时代背景，离开作者的时代和社会条件，只能是曲解妄评，自说自话。把现代人的思想挂在古人名下，犹如让古代人穿现代服装一样，只能是剧作家和画家的败笔。当然，古代人的智慧可以激活现代人的思想，可以佐证，可以启发，但毕竟不是现代人的思想。正如《礼记》中的大同说并非共产主义学说一样，但其中的一些理想表明，追求天下为公，追求人人都能过幸福生活，是人类的梦想，只是时代不同，表现不同。这说明社会主义思想比私有观念更适合人类生存的需要，更符合人类的理想生活。它是社会发展的大方向，是人心所向。

哲学和自然科学最大不同之处，是科学原理自身无时代印记，也无需解释。牛顿的三大力学规律自身不能表明自己的时代，它就是原理。可以对牛顿力学规律出现的历史背景和社会需要进行考察，但这不属于自然科学而属于哲学或科学史。人文作品不同，研究者完全依赖对文本内容的分析，可以分析它的时代和反映的社会生活。例如根据李白、杜甫的诗，我们可以看到唐代的政治和社会生活以及作者的思想。对人文文本，不同的研究者可以有不同的理解和解释；而自然科学原理不存在解释和理解，只存在对错。而对错的标准是实践或实验，与研究者的主观情感或好恶无关。不管人们喜欢不喜欢爱因斯坦的政治倾向，都无碍于承认相对论原理的正确性。

26. 人心不古

我们应该用什么观点解释现实？有些论者喜欢说"人心不古、人性变坏"。仿佛现在出现的一些不好的社会现象，都是由于人心不古、人性变坏。这就把人心、人性看作是一切社会问题的根源。但人们是否思考过，这种重回抽象人性论的观点是否正确，能否真正解释社会问题。如果抽象人性论这样万能，历史唯物主义的创立就没有必要了。

我可以斗胆说一句，"人心不古、人性变坏"几乎是历史上经常用的老药方。凡是现实中的坏现象，都是这样解释的。这种解释等于什么也没有说。因为它无法说明为什么人心不古，为什么人性变坏？什么时候的人心是古的，是好的人心？什么时候的人性是好的，好的表现是什么？为什么好好的人性一下子变坏了？是什么使它变坏的？当我们追问人性何以变坏时，必然会进入社会。不进入社会，从人性自身是无法解释的。

如果要较真，我请问何谓人心？人有心吗？我们知道人有心脏，但不知道除心脏外还有别的什么人心？孟子说过"心之官则思"。其实人并没有能思考的心，而能思考的只有大脑。这个在中国思想史上不断出现的人心，从孟子的四心说，到陆王心学，所谓心其实是个关于主体的概念，它是对人的道德、情感和思想的总称。所谓人心，就是人的思想和道德。不古，是对思想和道德不满的一种评价，而不真是古人比今人好，因为古人也说人心不古，这样推下去，最古可以到三皇五帝，甚至更远。这是一种反社会发展的观念。至于人性变坏说，也是不能成立的。请问，好的人性是什么？变坏的人性又是什么？好的人性，就是讲道德，讲人情，有怜悯心，有同情心，而人性变坏就是见利忘义，牛乳里放三聚氰胺，种菜拼命打农药，只要赚钱不管他人死活，诸如此类的社会不良现象。如果马克思主义对这些问题都无法解释，而要求助于含糊其词的"人心不古、人性变坏"，那我们的理论家就应该打板子。

我们只要读读恩格斯《英国工人阶级状况》对当时英国工业化开始时道德状况的描写和分析就可以明白，恩格斯从来没有从人心古与不古上讲问题，而是完完全全地从资本主义制度的发展和固有弊端来分析的。马克思和恩格斯都批评卡莱尔颂扬封建贵族精神，大谈人心不古，从封建社会角度来批判资本主义；他们是从社会主义高度来评论资本主义的。我们现在面临的是同样性质的问题。

当我国由公有制转变为多种所有制共存，由计划经济转向市场经济时，同样存在一个资本的原始积累时期。这种原始积累的方式是多样的,除了由于改革开放所带来的伟大创造力外,也会出现包括对国家财产的掠夺、官商勾结、钱权交易等负面现象。人心是无法解释改革中的复杂现象的,而必须求助于对社会自身矛盾的分析。

人的现实存在都是个人,集体是关系存在。个人当然有个人利益,追求和满足个人利益是正当的。可人又是社会存在物,是集体存在物。因此,在追求个人利益的同时,以不能损害别人的利益为原则。我们不反对个人利益,但反对自私自利。因为这不是追求个人利益而是为了个人利益而损害他人利益。当我们不能正确划分个人利益和利己主义界限时,往往会把利己主义当成维护个人利益。著名的俄裔美籍作家安·兰德写过《自私的美德》,就是从哲学上混淆了个人主义和个人利益,认为自私是一种美德,人应该自私,因为个人的生命属于个人的终极价值,个人幸福是个人的最高目标,个人应该运用自己的理性去追求自己的幸福。看起来蛮有道理,但无法解决一个问题,每个人都追求自己的个人利益,当他们的个人利益发生矛盾怎么办?谁来保证公平合理地满足每个人的个人利益,而不发生弱肉强食,彼此斗争,甚至厮杀呢?靠人性还是靠法律和道德?当然是靠依法治国和以德教民。人类历史证明,依靠个人主义和无规则的自由竞争,能够互不妨碍地追求个人利益的观点是空想,是被现实证明行不通的。自私表面看可以推进社会进步,实际上它妨碍人类合作,妨碍建立一个能保障社会全体合理利益的社会制度。兰德的观点本质上是丛林哲学,不过是删除了"人对人是狼"的说法,认为人人都有一条互不交叉的追求个人利益的跑道,这当然是梦想。其实,即使体育有比赛规则,第一名总是一个人。社会更是如此,如果人们各自追求个人利益,彼此竞争,肯定是优胜劣汰,两极分化。所谓作为美德的自私,必然化作残酷的竞争和厮杀。这就是资本主义社会的现实。

27. 皮之不存，毛将焉附

这是形容知识分子地位的一句话，意思是知识分子在任何社会都不是一个独立的阶级，而是依附于其他的阶级。知识分子的构成是多样的，其职业、政治态度、价值追求和思想倾向各有不同。没有一个社会的知识分子是同属一个阶级，只为某一个阶级服务的。知识分子的政治属性决定于其所服务的那个阶级的性质。因此，谈论知识分子要具体人物具体分析。现在有些人喜欢谈论中国士的传统，士的担当精神，谈论传统知识分子的气节、骨气。这些当然并不是完全没有意义，但是我们应该明白，从来没有抽象的清高、气节、骨气，这些道德概念背后都会隐含着一种对现实的政治态度，尤其是在新旧社会更迭时，这个特点更为明显。

从人类历史来看，有过不同类型的知识分子。在知识分子中，所谓思想一律、舆论一律从来没有过。古代如此，当代如此。外国如此，中国也如此。但有一点是共同的，任何知识分子不管自觉与否，就其政治态度和思想倾向来说总是附在特定阶级的皮上。亚里士多德说，"人是天生的政治动物"。生活在社会中的知识分子尤其如此。参与政治是一回事，并非知识分子人人都参与政治，都是政治活动家，但对政治问题、对社会现实有看法是另一回事。超阶级、超政治，无是无非，无憎无爱，在任何问题上都是价值中立的知识分子是没有的。即使是所谓"隐士"，也是因不遇时、不合时而隐，而这种隐本身就是一种政治态度。

中国传统知识分子，即古代的"士"或儒生，总体上说是为封建制度服务的。尤其通过科举取士、金榜题名而得以晋身统治集团的大小官吏，更是如此。但是封建社会对士有道德要求，这就是不媚上，敢撄逆鳞，讲气节，敢担当。《战国策·齐策》记载的齐宣王召见颜斶，说："斶前！"颜斶也说："王前！"宣王不悦，颜斶对曰："斶前为慕势，王前为趋士，与使䶊为慕势，不如使王为趋士。"王忿然作色，曰："王者贵乎？士贵乎？"颜䶊对曰，"士贵耳，王者不贵"。士贵说体现了士的精神。

无论是《论语》中曾参的"士不可以不弘毅，任重而道远"，还是《吕氏春秋》中的"士之为人，当理不避其难，临患忘利，遗生行义，视死如归"，都是对士的要求。这种要求在范仲淹的警句"居庙堂之高则忧其民，处江湖之远则忧其君"，以及张载的"为天地立心，为生民立命，为往圣继绝学，为万世开太平"中体现得十分典型。这就将士人即读书人的责任提高到无可再高的地步。文天祥临难时说的"读圣贤书，所为何事？"就是忠君、爱国、忧民。这种标准就是两千多年来对士即读书人立下的标准，对整个中国人的道德观都有影响。中国知识分子至今仍然讲名节，讲骨气，讲视死如归，不当汉奸。但有一条极其重要，就是忠君、忧国、爱民，在封建社会中并没有超出封建社会制度的要求，即忠于一家一姓的王朝，忠于皇帝，当忠臣。如靖难之役中的方孝孺一家，为维护正统而抗拒明成祖朱棣，诛连九族杀尽满门。这可算是尽了一个读书人的本分。这种传统从积极方面来说，可以培养骨气、正气、气节，是响当当的豪迈之气；可是如果不问是非，只是忠于一朝一代，忠于一家一姓，把任何投降正义一方都视为没有气节，视为变节，这就是错误的。

中国共产党取得政权后，知识分子面临同样的问题。毛泽东当年曾批评伯夷、叔齐不食周粟的所谓气节，批判一些民主个人主义者。如果抽象歌颂知识分子的气节，把敌视共产党，敌视人民，都视为所谓气节，确系大谬。当共产党的诤友，对共产党的某些错误提出批评，不媚权贵，维护真理，这是真正的骨气，是十分可贵的品格。但如果对共产党领导中国革命、建设和改革所取得的成就视而不见，持反对态度，这就不能说是什么气节和骨气，而是根本立场问题。我不否认，有些知识分子包括大知识分子曾有过因为敢于直言而罹祸的事，这不仅是个人和家人的不幸，也是我们党的历史中的一段不幸。有些后遗症至今仍在，时刻在提醒我们要牢记历史教训。要坚持依法治国，正确开展意识形态领域中的斗争，区分政治问题和学术问题，区分批评与抹黑。绝不应因为少数人的错误言论，而堵塞言路。

在西方资本主义社会，由于社会制度和教育环境的原因，具有西方资本主义人生观的知识分子当然占主导地位。但是不能认为资本主义社会中的知识分子都是资本主义制度的拥护者。事实上，资本主义社会由于其本身的阶级矛盾，必然产生反对资本主义制度，为无产阶级和劳动人民代言的知识分子。马克思和恩格斯以及一大批革命者，就出现于资本主义社会。在当代，随着资本主义社会矛盾的激化，贫富严重对立，资本主义所谓民主制度的缺陷越来越暴露，不仅马克思主义在苏联解体后重新展现它的吸引力，而且西方的左翼思想在知识分子中也得到人们的重视。2014年法国经济学家托马斯·皮凯蒂的著作《21世纪资本论》出版，它挑战资本主义制度，对资本主义制度存在的合理性提出质疑；2019年西班牙《起义报》发表《资本主义正走向失败》的署名文章，指出民主制正在走向瓦解，革命性变革在加速，社会主义优势在凸显；社会主义思潮在西方一些青年中得到某种共鸣。马克思被多次评为千年伟大思想家，马克思墓前雕像被破坏而引起谴责，这都表明生活在资本主义社会的知识分子并非都是附属资本主义皮上的毛，他们中既有维护资本主义制度的自由主义知识分子，也有批判和反对资本主义的知识分子。

还有社会主义知识分子。这就是社会主义制度下工作和成长的知识分子。社会主义作为人类社会的新制度，要想巩固和发展就必须大力培养自己的知识分子。随着教育事业的发展，我们培养了大量的知识分子，他们工作在社会各领域中，是我们国家宝贵的财富。社会主义知识分子当然应该拥护中国共产党领导，拥护社会主义制度，坚持社会主义核心价值观。在我们社会里，知识分子可以从事各种职业，除了政府官员、公务员之外，还可以当教授、当研究员，当然也可以是自由职业者、自由撰稿人，或独立学者。但不管从事何种职业，都有个为谁服务的问题。我可以断言，即使是有少数人对政治不感兴趣而一心扑在自己的学术工作上，也不表明他们对社会现实问题、对政治问题没有任何具有倾向性的看法。至于所谓自由职业者、自由撰稿人或独立学者，更属于社会中政治思想活跃群体。所谓"自由"只是表明他们不在体制内，不受体制的限制，但不能说他们是不附着于任何皮上而在天空自由飞翔的毛。人不能拔着自己的头发离开地球。在社会主义社会，知识分子没有任何爱憎，没有立场，完全价值中立，我以为是不可能的。

有论者放言，社会主义中国没有有骨气的知识分子。没有人才，只有奴才，没有抗争者，只有应声虫。他们乐于谈论社会主义社会中的最后贵族，即最后的儒家、最后的知识分子之类的话题。仿佛社会主义知识分子个个都不如民国时期的知识分子有骨气、有气节。民国时期的知识分子最有气节的是反对国民党的人，但不见容于国民党，李公朴、闻一多之死就是证明。实际上，国民党对待知识分子并非一视同仁、无亲无疏、不问党派。查查国民党四一二反革命政变后的历史，查查死在国民党反动派屠刀下的共产党人和左派进步知识分子有多少，就不会这样胡吹瞎捧。中国共产党毫不隐瞒，我们的教育就是要培养社会主义的建设者和接班人，而不能是社会主义制度的掘墓人。

千夫诺诺，不如一士谔谔。真正的共产党人，真正有骨气的爱国知识分子应该刚正不阿，敢于直言，敢于讲真话。唯唯诺诺，并非好党员、好干部、正直的知识分子。我们提倡的骨气和气节，就是有爱国主义情操，为实现中华民族伟大复兴而奋斗，不向任何霸凌主义低头。如果因自己或家庭曾经有过的某些不公平遭遇而念念不忘，甚至朝自己的国家、民族以及亿万人民从事的社会主义伟大事业吐脏水，这算哪门子骨气和气节？！

作为知识分子，当然免不了舞文弄墨。要写作和发表文章，同样有个为谁写作的问题。习近平强调："文学艺术创造、哲学社会科学研究首先要搞清楚为谁创作、为谁立言的问题，这是一个根本问题。"[①] 我们一不种田，二不做工，有幸在这个领域从事工作，我们当然有我们义不容辞的责任，即以我们的成果服务于国家和人民。

皮之不存，毛将焉附，对知识分子来说，无论是哪个制度下都是如此。我们不要害怕有人说三道四，社会主义知识分子尤其是共产党员知识分子，特别是马克思主义理论工作者，就应该立场坚定、旗帜鲜明，我们就是附在劳动人民这张皮上，这是光荣的，是极大的光荣。马克思和恩格斯以及一切为无产阶级和劳动人民立言立论的理论家们之所以为人们所敬仰，原因正在于此。

---

① 《习近平在看望参加政协会议的文艺界社科界委员时强调：坚定文化自信把握时代脉搏聆听时代声音，坚持以精品奉献人民用明德引领风尚》，《人民日报》2019年3月5日。

卷五

智慧之思

1. 人是会思想的芦苇

按照帕斯卡的说法，人不过是自然界的一根苇草，是自然界最脆弱的东西。用不着整个宇宙都拿起武器来毁灭他，一口气、一滴水就足以致他死命了。然而，人是一根能思想的苇草。纵使宇宙毁灭了他，人仍然要比致他于死命的东西高贵得多，因为他知道自己要死亡，以及宇宙对他所具有的优势，而宇宙对此一无所知。

聪明的唯心主义者，即伟大的唯心主义哲学家，在哲学上的最大贡献并不是其唯心主义世界观，而是在唯心主义体系下强调了为机械唯物主义和庸俗唯物主义所轻视的人的精神的重要作用。它为人类探索复杂的精神世界派发了一张许可证，而将大脑分泌思想看作如同肝脏分泌胆汁一样的庸俗唯物主义则堵塞了人类认识精神世界的通路。

恩格斯曾经毫不留情地批判黑格尔的绝对观念创世说，说创世说在哲学家那里，例如在黑格尔那里，往往比在基督教那里还要繁杂和荒唐得多。因为上帝创世说属于宗教，而绝对观念创造世界比上帝创造世界更荒谬而不可信。但这并未妨碍恩格斯肯定黑格尔在绝对观念自我运动的唯心主义框架内取得的哲学成就，因为唯心主义提示我们：无论是本体论、认识论，还是人生观、价值观，都应该重视人的精神和意识的能动作用。片面的唯物主义是错误的。只要有人的参与，人的精神就要发挥重要作用。帕斯卡"人是会思想的芦苇"的说法之所以能登上思想的宝座，原因正在于此。人类文明和文化的创造，哪一样能离开人的精神参与呢！

世界是客观的。在人与世界的关系中，世界是作为人的活动对象存在的。它不仅是客体而且是对象，是人的活动对象。我们能把不适宜人居住和生存的环境变成适宜人的宜居环境，不是上帝的恩赐，而是人努力的结果；穷山恶水可以变为青山绿水，水害可以变为水利，是人的功劳。从人产生后,人已逐步地加速度参与自然世界演化。尤其是随着科学技术的进步,这种介入越来越大、越来越显著。可是自然有其自身的规律,违背自然规律得到的是加倍的报复。人类从自然一次次报复中,又得出一条认识:人要改造自然,首先要认识自然,服从自然。

面对现实世界,我们不会发现没有人参与的纯自然世界。如果说,王国维《人间词话》区分有我之境和无我之境,这种区分只是美学上的,那么对"人化自然"来说,这种区分并不存在。恩格斯说:"只有人能够做到给自然界打上自己的印记,因为他们不仅迁移动植物,而且也改变了他们的居住地的面貌、气候,甚至还改变了动植物本身,以致他们活动的结果只能和地球的普遍灭亡一起消失。"①

认识论、人生观和价值观领域,更是人的精神和观念活动的领域。否则,就不可能有人的认识和人生观、价值观问题。唯心主义超出机械唯物主义和庸俗唯物主义的地方,正在于它极大地扩大了对人的认识的研究领域,包括存在和思维的关系、经验和理性的关系等,引导人们充分注意人的意志、理想、信仰以及修养的作用。脱离对人的观念和精神作用的研究,认识论、人生观、价值观的研究是不可能的。唯心主义强调观念和精神的作用有其合理性。面对同样的对象、同样的人生经历、同样的人物和事件,会有不同的认识、不同的人生态度和不同的价值评价,如果不考虑主体的意志、修养和已有的前识,是不可能理解的。

在中国哲学的研究中,有些学者最厌烦唯物主义与唯心主义的区分,以及对哲学基本问题的强调。因为他们不愿意承认宋明理学和陆王心学的命题中包含唯心主义成分。因为按照传统看法,凡是一种哲学打上唯心主义烙印,无异于宣布它是错误的。这当然是一种极其简

---

① 《马克思恩格斯选集》第3卷,人民出版社2012年版,第859页。

单化的看法。

从本体论来说，理在事外，心外无理、心外无物的心本体的确是唯心主义。陆王心性之学，引佛入儒，其本体论思想确与慧能的学说相同。可是把它限定在伦理道德领域，限定在人的修身养性领域，强调人的道德培养、道德修养，承认人有佛性，是可以改造的，可以成为圣人，这些还是有价值的。现在流行的心学热，强调修身养性，从道德修养角度来看有其可取之处，因为当代人的物欲和功利主义太重，蔑视道德修养，因此宣传心学有补过之功。正是在这个意义上，习近平把共产党人的党性修养称之为共产党人的"心学"，强调知行合一，反对知行脱节。但这与王阳明强调的向内用力，从人的内心中寻找良知良能，"一念之动即是行"是不同的。共产党人的知行合一是理论与实践的统一，是共产主义的理想信仰与自己行为的合一。正如习近平总书记在中央党校（国家行政学院）中青年培训班开班式上所强调，"广大干部特别是青年干部要在常学常新中加强理论修养，在真学真信中坚定理论信念，在学思践悟中牢记初心，在细照笃行中不断修炼自我，在知行合一中有担当作为，保持对党的忠诚心、对人民的感恩心、对事业的进取心、对法纪的敬畏心，做到信念坚、政治强、本领高、作风硬"[①]。

说人出生就有良知，只能是伦理形而上学的一种假定，是不可证实的。赤子之心，是因婴儿呱呱落地，脱胎而出，他并没有与生俱来的观念。人的观念是在后天形成的。人在一定意义上可以说是个接受器、储存器。人的一生从开始与外界交流起，就会不断从外界，包括社会、家庭、教育和交往中，接受各种印象和思想，有好的也有坏的。不管好坏，只要为人接受就会成为人头脑中的认知储存，或称之为前识。人的认知储存可能是个大杂烩，良莠不齐。这也正说明了教育的

---

① 《习近平谈治国理政》第 3 卷，外文出版社 2020 年版，第 518 页。

重要性。良好的教育要从小给儿童储存正能量，储存良好的道德意识。在人的认识过程中，人既有前识，又不断改造从外界得来的信息而使之成为新信息。前识与后识的复杂交汇，矛盾对抗，或接纳，或重新组合，就是现实的人的现实思想认识。

中国没有国教，也没有像西方基督教那样的权威宗教支配人们的思想。在中国，最有权威的仍然是天。天理、天良，是自古为人们普遍接受的一种传统。因此，理学或心学在道德与心性修养方面，强调天理、天良、天性，强调修心的作用，可以发挥它清理人的心理和道德积垢作用。无论是理学还是心学，实际上是用它那一套理论来清理思想垃圾，是人内心世界积累的道德污垢的除尘器。形象地说，这是一种清理思想仓库的工作。天理、良知、良能，满街都是圣人，人心本善这类说法，实际上都是在做清理工作。所谓慎独、三省吾身等修养功夫，也都是在做清理工作。这种工作在道德修养范围内很有必要。但在清理工作之前必须明白，这些需要清理的垃圾是从哪里来的？如果不懂历史唯物主义，不懂实践的重要性，光依靠静坐修养，垃圾是清理不完的。

帕斯卡说人是会思想的芦苇。我们可以补充一句：被不同思想武装起来的人可不是同样的芦苇，有的可能伟大，有的可能渺小，有的为善，有的为恶。用正确的思想信仰武装的人，可以逢山开路、遇水架桥，克服一切困难，为人民利益而奋斗牺牲；如果为错误思想所洗脑，则其危害无穷。这种例子举不胜举。从希特勒纳粹的法西斯主义，到现在正在兴起的白人至上主义、种族主义等等，无不如此。新西兰某清真寺发生枪杀案，死伤近百人，从三岁儿童到七十多岁老人都未能幸免。可枪手被逮捕后毫无内疚，更无悔意，仍然做着白人至上的手势，庆祝自己的胜利。你能说他是能思想的芦苇，而不是恶魔吗？思想重要，正确的思想更重要。这就是中国共产党强调科学信仰的原因。

2. 哲学是普惠的智慧

哲学的作用具有普遍性，各门学科的研究都应该学习点哲学。任何一门学科都是研究专门对象，它的知识属于专门知识。任何一门知识要不停留在经验层面而进入理论分析，就离不开哲学。不仅从方法论的意义上离不开哲学，而且从对对象的理解上也离不开哲学。

任何一个科学研究者都必须确定，自己研究的对象是客观对象，还是自我的投射？这就涉及研究是从对象出发还是从主体观念出发的问题。科学研究离不开哲学基本路线，即从实际对象出发还是从主体出发的问题；离不开认识论问题，即科学研究的结论正确与否，有没有衡量标准，科学研究怎样才能达到发现和发明。或许有人说，我们不需要哲学，我们重视事实，重视实证。我们是实证主义不是抽象思辨主义。这个说法貌似有理，实则大谬不然。研究当然要重事实，重实证，可究竟什么是事实？实证是重耳闻目睹重现象，还是重规律重本质？这就进入哲学领域。如果说对象是依赖于主体的，那还有没有事实？重视实证是重视什么？对对象的所见和所闻都是通过感官，而感官产生的是感觉，在意识中它表现为现象。这就出现了一个哲学问题，光靠眼睛可靠吗？光靠听觉可靠吗？为什么筷子放在水里看起来是弯的？为什么同样的视觉，对同一对象会有不同的感受？为什么同样是耳朵，对音乐产生不同的感受？为什么仅凭五官会视而不见听而不闻食而不知其味呢？感官是接纳器，闭目塞听不可能认识世界，可仅以耳目为用也不能认识世界，更不能解释世界。世界上没有任何科学研究是无需理性思考的。没有理性的参与，人的耳目只是动物的官能。有人说，老中医不就是凭看吗，看病看病不就是看吗？这种说法是错误的。中医的"看"，是在中医医理指导下的看，望闻问切是医理和经验的结合。

画家说，我就是画画，与哲学无关，雕刻家说我就是雕塑，与哲学无关。可不同艺术部门都追求美，那什么是美？这就是个哲学问题。为什么艺术会产生不同的流派，为什么不同时代会产生不同时代的风格？这就是哲学问题或艺术哲学问题。历史学离不开人和事，可历史学不光是记人、记事，还必须解决历史记载的人和事是否真实的问题。历史有无事实？历史书写能达到历史真实，还是仅仅是文学创作？这就是历史哲学问题。至于分析为什么历史上会出现这样的人，这样的事，这就必须进入历史条件和历史因果性分析。这都是历史哲学问题。进入解释，就必然进入哲学分析。

有人说，我是搞实验的，在实验室工作靠的是实验数据，与哲学无关。果真如此吗？不是。透视胸部有没有问题，医生绝不会说没有问题，而是说没有发现问题。存不存在问题是客体本身的事，发现还是没有发现是主体认识问题。每张化验条都写明只对本次化验负责。因为观察不一定准确，况且病情是变化的，这次化验正常并不保证你下次正常。这就是辩证法，是变化的观点。

对人的安身立命来说，哲学尤其重要。人要安身，得有家，这个家说浅点，就是得有个房子，否则就是流浪街头，无家可归；说深点，必须有个家庭，父母子女；即使现在家庭结构变了，也必须至少两个人或三人的家庭。没有家庭的人就是孤苦零丁。可是哲学上讲的安身立命中的安身，并不是简单指有个物质家庭，此处所说的身是与心不可分的身，即是人的心灵安放之处。一个人即使有家庭，有所好房子，如果心灵没安放处，时时处于一种焦虑不安状态，房子再好，也是心灵无安身之处。人要安身立命，就是要为自己的心灵找到一个坚定的安放之处。庄子的安身立命就是顺其自然，随遇而安。儒家不同，安身立命不是随遇而安而是有大志向。修己安人，为天下老百姓谋幸福。张载的"为天地立心、为生民立命、为往圣继绝学、为万世开太平"的"四句教"，可说是儒家的安身立命之学。安身与立命是不可分的。心灵无安身之处，灵魂处于一种流浪汉状态，何谈立命？而要立命，必须安身即自己的心灵有安放之处。一个满怀烦恼和忧虑的人即使跑到最远的地方也是无法逃脱苦恼的,在任何地方都无安身之处。不安心,即不可安身。一个贪污犯即使逃到天涯海角,仍然是人无宁日,惴惴不安。这并非无安身之处而是无安心之处。

就人的生存而言,安身还是要有家,不仅是世俗的家,即家庭,更要有个共同的大家庭,即祖国。个人、家庭、国家是不可分的。没有家国观念的个人是不幸的、痛苦的。抗日战争时期,不少人尤其是东北流亡学生一听到有人唱"我的家,在东北松花江上",就会泪流满面。以为个人的安身立命只是个人的修养问题,是修心养性问题,这是极大的错误。安身立命,当然是个人修养,但无家无国的人不可能真正找到安身立命之处。一个不爱家不爱国的人,不要侈谈安身立命。即使出家为僧为尼,也有爱国僧尼。僧尼可以出家,但不能没有国,不能没有爱国主义情怀。一个毫无爱国情怀的出家人,是不可能成为大德高僧的。

我们应该区分人的生命的意义和人生的意义。人的生命的意义就在于它是生命,它的出生和存在对于自己、对父母亲人都有着血肉关系。爱惜生命,珍重生命,就是珍重自己的存在和自己可以发挥的作用。长寿是人人愿意的。没有人愿意过早死亡。中国人总是希望享天年,天年即自然给予人的最高寿命。叔本华说,全世界的人都习惯于祝愿长寿,这并不是意味着对生命意义的了解,而是更多地出自人类的天性,即求生的意志。可是从生命的意义和价值来说,寿的长短并不是标准。对人类有贡献的人,为国牺牲的人虽然死得早,但人们都不会忘记他。相反,即使长寿,一生平庸,也只是活得长一点而已。长篇小说并不一定比短篇小说更精彩。因此,生命的意义不能仅在于它活着,并不是只要活着就有意义,好死不如赖活。生命的意义必须转变为人生的意义,也就是转变为你这一生应该怎样度过。弗洛姆在《爱的艺术》中说,生命本身并没有任何意义存在,除非人类利用自己的力量去赋予生命意义。这句话是对的。人生的意义和价值并非生命的自然属性。人的出生并没有带来意义和价值，而只带来生命和生命的机能。生命的意义和价值有待人自己创造。因此，同样是人，他们的生存的意义和价值并不相同。

胡适在《答某君书》中也说过类似的话："人生的意义全是各人自己寻出来，造出来的：高尚，卑劣，清贵，污浊，有用，无用，……全靠自己的作为。生命本身不过是一件生物学的事实，有什么意义可说？生一个人与一只猫，一只狗，有什么分别？人生的意义不在于何以有生，而在于自己怎样生活。"[①] 每个人都有生命，但每个人的生命燃烧时发出的热和光都是不同的。

3. 智慧是相通的

哲学智慧是相通的，否则不是智慧。世界不同国家、不同民族，有不少格言中包含的哲理往往有相似之处。如果有心人能编一本世界格言大成之类的书，对世界文化交流肯定有益。

中国哲学有各种学派，但真正的智慧往往也是相通的。诸子百家，虽然各有其说，但其中包含许多道理却有可比之处。《易传·系辞上》云："圣人有以见天下之动，而观其会通。"司马迁也说："天下同归而殊途，一致而百虑。"

岂止中国哲学思想有相通之处，世界各国的哲学智慧也有相通之处。只要翻翻西方哲学史，我们就可以看到用不同语言表达的相同智慧。无论是在本体论、认识论和人生论方面都是如此。为什么？因为人是生活在社会中的人，面对的都是人与自然的关系、人与社会的关系、人与自我的关系。这三大关系可以说是任何社会的人都不可避免

[①] 胡适：《人生有何意义》，九州出版社2012年版，第8页。

的关系，因此涉及这三大关系的经验及将其上升为智慧的哲学会有相通之处。西方讲水，中国哲学讲水，西方讲水、气、火，中国讲五行相生，道理是相近的。

无论中外，在哲学思想上世界观与人生观都具有相关性。世界是包括人在内的世界，人如何看待世界必然决定他如何看待人生。如果把世界看成非现实的世界，往往会把人生看成过眼烟云，因而在人生观上往往是消极的，因为在一个虚无的非现实世界基础上，很难承载一个积极乐观向上的人生。同样，历史观决定人生观。如果历史是非现实的，那做好人与做坏人、留名千古与遗臭万年有什么区别呢？在有的人看来，所谓历史的评价，只是别人在评价，与真实的历史无关，因为历史没有客观性，没有规律，逆天而行与顺潮流而行没有区别，差别只在个人的运气。不相信历史客观性，不相信历史有规律的人，必然相信只要眼前幸福管它死后洪水滔天，反正历史上的东西都是无。一个没有历史感的民族永远不会为自己的行为有负罪感的，不会谢罪，一个没有历史感的人也不会有耻辱感，因为历史随着他的死而消亡。托克维尔说，当过去不再照亮未来，人心将在黑暗中徘徊。说的就是这样的道理。

不仅哲学具有相通性，在某些崇拜风俗上也会有某些共同性。风俗习惯最具有民族特性，但由于人类的风俗和自身的生活不可分，因而可能产生相通的崇拜，而只是方式不同。水是人的生命之源，因而才有泼水节，云南的傣族和缅甸都有，非常隆重。火重要，不仅西方有普罗米修斯盗火的神话，中国有些民族，如云南的彝族、纳西族、哈尼族、傈僳族、拉祜族、基诺族也有火把节，每逢节日，彩旗高挂，红灯高照，盛装狂欢。世界不少国家都会举办运动会，因为人类需要运动才能体魄健康，而且运动竞技既可加深交往，又能通过比赛提高民族的光荣感。古希腊的奥运会传统延续至今，此外还有各种运动会，既有国际的也有国内的；人们需要娱乐，各个民族都有自己特色的歌舞。但音乐是世界性语言，歌舞也可以相互欣赏并引起感情共鸣。

总之，无论是哲学思维还是某些崇拜和音乐歌舞，都各具特色又有相通之处。中国传统文化提倡的"和而不同"，是我们在世界文化多样性情况下处理文化差异的最高智慧。

4. 再谈智慧相通

哲学有民族性，但哲学作为智慧是相通的，因为智慧超越国界、超越民族，是人类的共同财富。我说的是智慧，而不是哲学体系。哲学体系，既有智慧，也有非智慧，仅属于时代或个人，或仅仅与政治相关。例如，黑格尔的哲学包含着哲学智慧，他关于发展的观点，关于事物整体性的观点，关于矛盾的观点，关于量变与质变的观点，关于否定辩证法的观点，关于异化的观点等等，都包含智慧，但他关于世界由绝对观念支配，关于普鲁士是绝对观念的实现等等，是为普鲁士王朝辩护，显然是非哲学、非智慧的。

哲学可以具有阶级性和民族性甚至哲学家个人的特性，但其中包含的智慧是相通的。研究哲学，要注意把其中包含的哲学智慧和仅属于个人的东西区分开来。我认为世界各国民间谚语中包含的智慧是相通的，因为谚语是人民生活经验的总结。比如"如履薄冰"，中国最早的诗歌《诗经·小雅》中说，"战战兢兢，如临深渊，如履薄冰"，用"如履薄冰"来教导人们，做事尤其做大事，应该谨慎、应该像踩着薄冰过河一样。这是东方智慧，其实西方也有，美国哲学家爱默生也说，"在薄冰上行走，速度就是安全"。道理相通，因为这个智慧的依据，是生活经验，是冰的物理特性。冰的物理特性全世界都一样，薄冰的承重能力是有限的。人们的实践经验和日常生活都证明这一点，因而哲学的升华也必然相似。

价值也是一样。人类由于生活经验的共同性，可以有共同认可的价值，但价值观却不同，没有共同价值观。我们批判"普世价值"，应该批判的不是价值本身，而是西方把它的价值观说成是普世的。以普世价值观冒充普世价值。我们并不反对自由、民主、人权、法治，这些是共同价值，我们只是反对西方把它认定的自由、民主、人权的解释和模式当作是普世的。当人类的共同价值经过西方的诠释变成普世的，这种普世性是虚伪的，是不可能被接受的。因为接受这种普世价值，就是接受对人类共同价值的西方解释，接受西方设计的政治制度、社会模式和发展道路。现在有些学者鼓吹中国要回到人类的共同道路，这是普世价值的另一种含蓄表达。在马克思主义看来，世界共同道路是走向共产主义，用中国的说法是走向大同，按西方学者的说法是走向民主、自由、人权、法治。可任何人都懂民主、自由、人权、法治并不是一个独立的社会，而是社会在政治、法权制度上的特征，它不具有独立性，而是依附一定的社会制度的。价值是人创造的，不是自然的。自然的叫品质，而不是价值。一块含玉的矿石是石，只有经过打磨才成为玉。

量体裁衣，鞋要合脚，这是生活经验。可是上升到哲学就变成一个哲学道理。心理学家荣格说过，一个人感觉合脚的鞋却会夹痛另一个人的脚，适用于一切病症的生活处方并不存在。中国共产党也一直强调，中国特色社会主义是中国的社会主义，我们并不想把它推向全世界，它并不是一切发展中国家发展的唯一模式，当然其中包含的经验也可以供参考、借鉴，但最终是否有效还得结合自己的国情。没有唯一的适合各个国家的发展道路，也没有唯一的治国万灵药方。恩格斯说过，包治百病的万灵药方是骗局。马克思主义也不是万灵药方，它必须结合各国的实际，加以灵活运用。

5. 智慧存在于生活中

按规律办事，事半功倍，违背规律，反受其害。《淮南子》中说：

"故任一人之能，不足以治三亩之宅也；修道理之数，因天地之自然，则六合不足均也。是故禹之决渎也，因水以为师；神农之播谷也，因苗以为教。"[①] 以规律为指导的行为，可以以一人之力治天下，而违背规律，虽集众人之力，仍然不能成功。中国"大跃进"，亩产万斤，轰轰烈烈，结果以失败而告终。治理自然，治理国家，治理社会，都应该有规律可循。在日常生活中我们都知道，正如推车，如果车轮是方的，使多大劲也不行，如果是圆的，则可以轻快地推走。这是再简单不过的道理，可是我们往往不知道。

英雄造时势还是时势造英雄，这是个争论不休的问题，可如果求之实际，则容易回答："夫圣人者，不能生时，时至而弗失也。"圣人并不能创造时机，而是能不失时机。一个人，能不失时机，就能有所作为。时不可失，机不再来。在没有革命的形势下任何人都不能制造革命，可有了形势则不然。贾谊在《过秦论》中说，与当时诸侯国反秦的力量相比，陈涉的智力、人力、地位都不足道，"然陈涉瓮牖绳枢之子，氓隶之人，而迁徙之徒也；才能不及中人，非有仲尼、墨翟之贤，陶朱、猗顿之富；蹑足行伍之间，而倔起阡陌之中，率疲弊之卒，将数百之众，转而攻秦，斩木为兵，揭竿为旗，天下云集响应，赢粮而景从。山东豪俊遂并起而亡秦族矣"。

6. 什么是哲学

对什么是哲学，罗素并没有定义，但有个描述性的说法：哲学，就我对这个词的理解来说，乃是某种介乎神学与科学之间的东西。它和神学一样，包含着人类对于那些至今仍为确切的知识所不能肯定的事物的思考，但是又像科学一样诉之于人类的理性而不是诉诸权威，

[①] 《淮南子·原道训》。

不管是传统的权威还是启示的权威。

哲学确实没有唯一的答案，但不能说没有答案。不同的哲学对同一问题可以有不同的回答。不仅对什么是幸福，什么是公平，什么是正义，什么是人生价值，诸如此类的问题，不同的哲学有不同的看法，而且对世界是客观的还是主观的，"存在是被感知"和"存在是不依赖人的意志的客观存在"哪个正确，认识从哪里来，有无天赋观念等等纯哲学问题，看法也是多样的。

如果这样，哲学有什么意义呢？一个完全不确定的、没有正确答案的哲学，对人的认识和实践有价值吗？人类为什么需要这种没有答案的哲学呢？这里有两点值得注意：第一，哲学不能是哲学家的胡说八道。哲学可以具有科学性，也就是说，在哲学中可以区分出正确的回答和不正确的回答。从这个角度说，哲学是关于真理的学说，它不是神学。例如人的认识只能来自实践，而不可能是头脑中自生的，天赋观念是错误的。物质世界是客观存在的世界，在人类产生以前世界就存在；人类产生以后，人类在改变世界，但世界并不因此成为依赖人的存在。任何一个个体都会死亡，但世界仍然存在。尔曹身与名俱灭，不废江河万古流。即使人类不存在，世界仍然存在，不过那是一个没有人的世界。因此，世界的客观性是对世界本质的正确解答。这种例子我们可以举出很多。可以这样说，哲学问题有些可以有正确的答案，有些没有，正在探索。但不能笼统说哲学没有答案，否则，哲学真像一件破披风，任何人都能披上。马克思作为一个新哲学的创始人，不是这样的看法。马克思强调哲学应该是关于真理的学说，他反问道："哲学是不是应该照俗语'每个地方都有自己的风俗'这句俗语所说的那样，对每一个国家都采取特殊的原则呢？哲学是不是应该在一个国家里相信 $3 \times 1=1$，在第二个国家里相信女人没有灵魂，而在第三个国家里却又相信有人在天上喝啤酒呢？难道存在着植物和星辰的一般本性而不存在人的一般本性吗？哲学是问：什么是真实的？而不是问：什么是有效的？它所关心的是一切人的真理，而不是个别人的真理。"①

马克思是把哲学看成关于真理的学说，而不是根本不可能有答案的思辨学说。这与马克思恩格斯在哲学中的变革不可分。马克思要创立一个不仅能说明世界而且能改造世界的哲学。如果哲学根本不可能有真理，只有无休止的自说自话，怎么可能为无产阶级和人类解放创造一个科学地说明世界和改造世界的哲学学说呢？马克思主义哲学具有科学性和实践性。正因为它具有科学性它才能发挥认识和改造世界的指导作用。

马克思主义哲学对于哲学的一些重要问题提供了具有科学性的答案。但马克思主义哲学不可能包括全部哲学问题。哲学领域无限宽广，我们会面对许多的哲学问题，因此哲学是一个大家族，各个时代、各个国家的哲学家都会对哲学提供多样的智慧。马克思主义哲学并不是狭隘的宗派主义哲学，它能广泛吸收各种哲学智慧。马克思主义创立时，马克思和恩格斯对古希腊罗马哲学、18世纪的启蒙主义哲学、19世纪德国古典哲学，尤其是黑格尔和费尔巴哈哲学都进行过研究。我们当代马克思主义哲学也应该如此，我们要坚持马克思主义哲学，但我们同样应该关注中国传统哲学，关注西方哲学尤其是现代西方哲学研究的新问题和新成就。在哲学研究领域中，孤陋寡闻，只埋头自己的专业，就不可能有宽阔的世界眼界。我们为什么要关心其他哲学的成就和动态呢？世界如此之大，科学发展如此迅速，新问题如此之多，各个哲学家都会从自己角度进行思考。其中肯定包括新问题、思考的新视角和新方法。它山之石，可以攻玉，所有这些对丰富和发展马克思主义哲学来说肯定是有益的。

哲学家是追求真理、从人们熟知而并不真知的事物中揭示秘密的人，他使人学会思考。但从有人类以来，真正的哲学家并不多，这一

---

① 《马克思恩格斯全集》第1卷，人民出版社1995年版，第215页。

点叔本华也承认。他说，一个哲学家能为自己在哲学青史中留下名字，就是一件相当了不起的事情。确实，你读读中外哲学史，数数人头，并不多，即使在哲学最发达的年代，也是为数有限。为什么？因为我们对世界的理解和探索，具体对象是相对容易把握的，当进入具有整体性和普遍性的层面就相当困难了，因为它是人们用任何实验工具都无法观察到的，除非借助于抽象思维能力，没有任何工具可用。

一个真正的学者，究竟应该是面对文本还是立足事实进行研究？面对文本，我们最多可以做一个哲学史家，而面对事实，面对世界的思考，我们才可以成为一个哲学家，成为一个思想家。面对文本，我们可以成为一位学者或专家，但难以提供新的思想，至多是在照着说之后写写读后感，而真正的新思想不是来自文本，而是来自对现实的关注。叔本华打了一个很有意思譬喻：讨论和比较别人所说过的东西不会特别帮助我们获得对事物的洞见，也不会丰富我们的知识，因为这样做始终就像把水从一个容器注入另一个容器而已。只有通过自己对事物的思考才能真正充实我们对事物的洞见知识，因为只有事物才能永远近在眼前，随时为我们提供认识的活的源泉。如果只从书本中讨生活而不关注现实，在叔本华看来，这种人好比一次次重复地把旧瓶子倒转过来，生怕漏掉最后一滴水，而对自己脚下潺潺流过的生活却无动于衷，视而不见。他还批评说，对哲学的奇怪和糟糕的定义就是，哲学是一门由纯粹的概念组成的学问。

真正的哲学的生长不能依靠编织纯粹的抽象概念，而只能以我们对外在和内在世界的观察和经验为基础。要在哲学里真正做出成就，不可能只是通过试图组合概念就能实现。哲学就如艺术和文学，其源泉是我们对世界的感知和把握。而且，人们无论怎样抬头不看地上，也不可能在世界发展中保持冷血，而始终不投入行动并感受到世界发展所带来的震撼。

在哲学研究中，我们应该区别意见和真理。意见是个人的，而真理才是属于大家的。真理是磁石,它永远指向某一个正确的方向,而意见尤其是荒谬的意见,则是错误的路牌,它把人指向错误的方向。真理具有普遍性和永恒性,它会不断丰富,但不会被推翻,即便在某一时间由于误解或社会原因被遮蔽,但浮云难以遮日,真理归根到底会被承认的;而一种错误的哲学不管它如何流行,如何符合一定时期的人们的某种需要而成为显学,但终究会烟消云散,成为过眼烟云。正如一种时髦服装可以流行于一时,但不会永远流行。

哲学当然不可能脱离具体的科学知识,因为它必须面对科学知识,包括自然科学知识和社会科学知识。没有知识依据的玄思冥想只能是空洞的思辨。马克思主义哲学就其来源说,既包括对人类知识积累的继承,也包括对自然科学和社会科学成就的总结。这是马克思主义哲学科学性的依据。但就哲学的对象和功能来说,它并不研究具体科学,因为具体科学是研究世界某个特定领域,而哲学研究世界的整体,是以一般普遍规律而不是以特殊规律为对象。

不理解整体也难以理解局部,正如不理解人的结构的整体,也难以理解人的任何一个器官的功能一样。就这个意义说,哲学如同乐队指挥,虽然他不演奏任何一种乐器,但一个乐队不可能缺少指挥,尽管它可以缺少一种乐器。少一种乐器仍然是乐队,而没有指挥则没有乐队。一个乐队既需要某种乐器演奏者,同样需要乐队指挥。正如人类对世界的认识一样,需要各门具体学科,以便深入认识局部,但同样需要能把各个局部联系起来的整体思想。哲学就是从世界整体把握世界的学说,所以我们把哲学称为世界观。

叔本华曾把客体与精神活动的关系比喻为琴与琴拨子的关系,虽然人有同样的大脑但对相同的对象可以产生不同的影像。为什么会这样?人们误解唯物主义,以为物质第一性、意识第二性,就是对象相同,主体意识必然相同,这是一种机械反映论的观点,而不是辩证唯物主义能动反映论的观点。物质第一性,意识第二性,在于强调人的思想不是主观自生的，它有其物质根源。那么，为什么相同的对象会产生不同的思想呢？这就涉及哲学基本问题的第二个方面，人的意识具有能动作用，人们在接受外界的东西时在头脑中会经过一个重新构建的过程，从而形成对同样对象的不同反映。这样，人不仅是通过大脑反映对象，而且人们原有的前识也参与认识的形成。这有评价的作用，不同的评价会影响对对象的反映。如果这样说，唯物主义关于物质第一性、意识第二性，关于存在决定意识的观点岂非无用？不是的。它有用。因为当我们深入研究为什么对象相同而思想意识不同，或者对象相同而形成不同的影像时，我们还要回到物质第一性，回到存在决定意识上来。因为不同的思想意识，不是从天上掉下来的，它肯定有它的现实原因，这个原因不在主体自身而在主体之外的存在。用琴拨子弹琴，不同的人会弹出不同声音，原因就在于琴拨子的力度或弹琴者的手法不一样。但如果没有琴拨子，琴永远不会发出声音，否则就是列宁说的发疯的钢琴，自我弹奏。

没有对象和对象的进入，就没有思想和意识，这是唯物主义；同样的对象会产生不同的思想，这是辩证法。苏轼有首诗说，如果不用琴，只有手指能发出琴声吗？如果只有琴没有手指，琴会响吗？都不行。主体与客体是相互作用的。

人的主客体关系是非常复杂的，参与反映的不仅有思想而且有心情，情绪不同对事物反映也不同。心情好和情绪恶劣，对同一样东西可以产生爱心和憎恶。这就是为什么发怒时，往往会导致认识片面性的原因。情绪不仅影响健康，而且影响认识。中国哲学强调安静，说静而后能安，安而后能定，定而后能得。人只有在冷静时才能正确思考。学习哲学应该具有好奇心，没有好奇心哲学思考就失去了动力。但哲学的好奇不同于"包打听"，不同于对别人别事感兴趣，哲学的好奇心是探讨事物的本质，是探讨具有普遍性的事物，而不是社会新闻，张家长李家短的闲事。因此，哲学家的好奇可以称为惊奇心，而好打听别人家的闲事，则是好奇。好奇与惊奇不同之处，在于惊奇是求知，而好奇是打听闲事。

主客体关系不仅是认识论问题，也是历史唯物主义问题。因为主体和客体都是在实践基础上变化的，而不是凝固不变的。历史，就是历史主体和历史客体相互作用的过程。主客体不是抽象的，也不是静止不变的，毫无变化的主体和客体是不存在的。

7. 哲学的方式

哲学有不同方式，不同的哲学各有其特点，例如中、西、马就各有特点。中国哲学着重的是伦理学说，当然也有认识论、本体论、逻辑学，但不发达，因此中国哲学重视人作为主体的修养，注重人的内心世界，强调返回自我，万物皆备于我，强调心外无理、心外无物，强调正心诚意。这样，心性之学成为中国哲学的主导。西方是认识论型的，关注外在世界，关注世界本体，关注认识论和逻辑的研究。马克思主义哲学是改造世界的实践型哲学，它倡导正确认识世界特别是改造世界，因此它强调哲学的科学性，为人们提供一个科学的世界观和思维方法。

大家都爱引用雅斯贝尔斯关于轴心时代的论述。他说，人类一直靠轴心时代所产生的思考和创造的一切而生存。每一次新飞跃都回顾这一时期，并被它重新燃起火焰。自那以后情况就是这样。轴心时期潜力苏醒和对轴心时期潜力的回忆或曰复兴，总是提供了精神动力。其实，最早提出这个看法的是恩格斯，不过没有用"轴心时代"的说法而已，他在《自然辩证法》中说过，古代哲学中包含后来一切思想的萌芽，人们不断回到古代。这是哲学的特点，自然科学就不这样。自然科学和技术的历史只是历史，现代的自然科学远远超过古代的科学技术，而哲学则不同。在当代，还没有谁敢说自己超过了孔孟老庄或亚里士多德、苏格拉底、柏拉图，因为哲学是关于世界和人生的一些根本问题的学说，它涉及的是永恒的需要不断重新回答的问题。古代哲学家对这些问题的思考，会为后人留下具有价值的思想资料和思想智慧。

哲学不会因为它时代久远而失去智慧，正如真理就是真理，无论怎样歪曲终究改变不了真理的光辉。正如在垃圾堆里发现的钻石也是钻石一样。自古以来，有多少真理性的思想在当时未能得到认可，而在若干年后才被人重新发现它们的价值啊。

8. 哲学与闲暇和惊奇

古希腊罗马人说，哲学需要闲暇和惊奇。闲暇，可以理解，一个终日忙于求生、食不果腹的人是无暇也无心去探索哲学的，因为哲学探索是非功利的，不似其他行业可以作为谋生手段，好在古希腊哲学家多系奴隶主，不愁衣食更不用操持家务。惊奇也不难理解，但要把它与"好奇"区别开来。好奇侧重于日常生活中对琐细事物的兴趣，而惊奇则侧重于对世界本身奥妙的追问。

遗憾的是，我们当代的哲学研究者往往这两样都有所欠缺。一是缺少闲暇，太过匆忙。这并不是说没有时间，大学里的哲学教员，研究所的哲学研究人员并非没有时间，只是功利心太重，只想短平快出成果，没有从容研究和十年磨剑的心态。这样，我们的哲学家疲于奔命，没有专注于有质量的产品。二是缺少惊奇，缺少对外在世界的惊奇，只醉心于自己那点研究，对当代世界、当代中国产生的问题缺乏惊奇，缺乏哲学思考的兴趣。

哲学思考需要有创造性思维。创造性思维不同于常规思维。常规思维是经验性思维，或基于现有知识成就的传统思维。科学需要创造性思维，否则就没有新的科学原理的发现；技术家同样需要创造性思维，否则就没有新技术的发明。一部科学史或技术史，就是不断突破经验思维和传统思维的历史。可哲学呢？哲学需要有创造性思维吗？哲学能不能进行创造性思维，这是我一直感到困惑的问题。

哲学发展的一个最大弱点是它越来越专业化、学院化、学术化。在哲学史上，一些有创造性的哲学大家都不是学院派的专业化哲学家，从孔孟老庄到程朱陆王，他们都是大大小小的官员，他们生活在社会中感受着社会的脉动。应该说哲学本来是他们的副业，但他们却成就了真正的哲学。西方古代同样如此。哲学走进学院，哲学家成为专业哲学研究者，这是近世大学成立以后的事。专业哲学研究者由于脱离了与生活的联系，因而真正成长为有大成就的创造性哲学家的很少，因为他们都是从书本上讨生活，缺少创造性思考问题的源泉和动力。他们的读者更少，基本上都是在极少数同行圈子里。曲高和寡，知音几稀。他们缺少创造性思维，更多是像叔本华所说，从瓶子里倒水，从一个瓶子里倒入另一个瓶子里，研究的成就不过是把水倒得比较干净，没有漏掉最后一滴水而已。当代解释学以文本为研究依据，没有任何人敢说自己不是从文本中倒水而是在流自己的水。

马克思主义哲学是最具创造性的哲学，因为它立足生活，面对社会问题。它不是倒水，不是把别的瓶子里的水倒到自己的瓶子里，而是从生活中，从科学发展、社会发展和社会科学成就中提炼出新的问题和思想。凡以问题为导向，必须有创造性的思维方式，因为按经验思维方式不可能解决面对的新问题。我们当前哲学的困境，就是我们都在从别人瓶子里倒水，而不是流淌出自己的新水。

9. 哲学的味道

有些人看不起马克思主义哲学，说这算什么哲学，根本没有哲学味。你看苏格拉底提出的"认识你自己"，这才有哲学味道，才是真正的哲学。康德研究纯粹理性，黑格尔研究精神现象学，存在主义研究人，尤其是个人内在的"烦"，这才是哲学。马克思主义哲学研究世界发展的辩证规律、历史规律，这算什么哲学！

这种说法根本不懂什么是马克思主义哲学。马克思主义哲学是为人类求解放，为无产阶级求解放的哲学，它不是解决个人内心苦恼，解决如何解脱死亡恐惧之类的哲学，而是追求人类幸福和解放的哲学。对马克思主义哲学来说，没有对世界和人类社会发展规律性的认识，没有一个正确的世界观和思维方法，而只纠缠在人的内心世界、个人的烦恼，那人类永远不可能走出旧社会、开创新社会。

各种哲学，有各种不同的智慧，提供不同的思想。但要革命，要改变世界和改变社会，肯定要依靠马克思主义哲学，而不可能靠康德的纯粹理性，或黑格尔的精神现象学，更不可能靠存在主义，靠叔本华或尼采。老实说，对无产阶级和人民大众来说，能够为他们提供改变自己受压迫处境、通往幸福生活的哲学，才是最好的哲学。

10. 哲学中的主体和客体

这是一对普遍性范畴，它囊括了全部人类在各个领域中活动的主客体关系，因而具有普遍的指导作用。尤其对人类历史发展而言，历史中的主体与客体具有同一性，因为哲学中的主体作为人，就是在历史活动中形成的。也只能在历史发展过程中，人这个主体才能真正认识自己。人作为主体的力量，它的对象化都表现在历史过程中。历史就是人类作为主体活动的结果，并显现主体的力量。我们说历史是人民创造的，这是具有政治意义的说法，实际上是人作为主体创造历史的另一种表述。离开历史，人作为主体就没法认识自己，因为他没有镜子，即没有可能从自己的创造物中认识自己的物化存在。人是从自己创造的对象中认识自己力量的。长城、故宫，以及各种创造物，体现的是中国人民的创造智慧和力量。

认识自己的审美观，也是通过对象返观自身。例如，一个画家的水平和情趣，就表现在他的画作中。一个农村妇女的心灵手巧，就表现在她绣的香囊、花鞋，或缝制的衣服中。没有写过一首诗的诗人，没有画过一张画的画家，没有一部作品的作家是没有的。孔子说述而不作，其实他的作就在述中。我们可以通过他对六经的整理，通过《论语》中他与学生的谈话了解他的思想。世界上会有没打过仗的将军和元帅吗？没有。和平年代成长起来的将军、元帅，严格说来只是军衔而非真正经过考验的将军或元帅。这也就是演习和实战式的备战之所以重要的原因。

11. 哲学的重要性

哲学的重要性在于，哲学思考能把对对象的认识提高到超越具体知识的水平。要对对象形成规律性把握，能够做出正确的解释，必须具备基本的哲学素质。不探索因果性的观念，就难以发现规律，因为规律就存在于因果关系中。不懂原因，就无法预测结果。没有辩证唯物主义观念，就既不懂实事求是的重要性，也不懂发挥主体能动作用的重要性。不懂辩证法，就不懂如何分析；没有矛盾观念，就不懂从何处下手，因为从认识角度说，矛盾就表现为问题。哪里有矛盾，哪里就有问题。解决矛盾，就是解决问题。可以说，凡是不解决矛盾的所谓解决问题，都是掩盖问题。因而，真正的维稳必须是釜底抽薪而不是扬汤止沸。釜底抽薪是解决矛盾，扬汤止沸是掩盖矛盾。

雷蒙·阿隆说，为了从哲学上理解过去，就必须进行哲学思考。确实，如果对历史不进行哲学思考，后人面对的就是一堆没有内在联系的各种死材料。历史是客观的，但对历史的理解和把握是主观的，它决定于历史学者的水平。要对历史事件、历史人物和历史发展过程作出令人信服的说明，就不能只是简单堆积材料，而必须对材料进行梳理、考证，把材料变成一种关于历史真实过程的规律性揭示，而这就必须借助哲学思维。我们说让文物和地下考古发现活起来，就是让它们承载历史的意义。

12. 哲学的功能

我们经常问什么是哲学？哲学有什么用？哲学是一门学科，一个大类，它包括古今中外各种哲学，它们各有自己的观点和看法，各有自己的哲学观，即对什么是哲学的不同看法。唯物主义不同于唯心主义，马克思主义哲学不同于语言哲学、分析哲学，因此我们无法给出一个所有哲学家都赞同的哲学定义。但是我们如果不是追求定义而是从哲学的本质来看，即从哲学与各门具体科学的区别来看，我们可以说，哲学是关于总体的学说，对世界而言，关于世界某个领域的学说是具体科学，而关于世界的总体看法就是哲学，这就是世界观；关于认识总体的看法就是认识论，关于人生总体的看法就是人生观，关于如何评价的总体看法就是价值论。一句话，哲学涉及的是总体，而具体科学涉及的是局部。正因为哲学是总体，我们才可以说哲学是关于世界观的学说。而在世界观中，如何认识世界的学说是认识论；如何看待人在世界中的地位，以及关于人的本质、生命意义的学说，就是人生观；关于对世界和事物如何评价的学说，就是价值论。可是认识不可能离开世界，没有世界就无可认识；没有世界就没有人，没有人在世界中的地位问题，也无法理解生命的本质和意义。可以说世界的存在是根本，因此我们从最一般意义上说哲学是关于世界观的学说是正确的。有人说，分析哲学、语言哲学不是世界观，难道它不是哲学吗？要知道，语言哲学、分析哲学是哲学中的一个分支，它不能代表哲学全体。哲学存在几千年，可分析哲学、语言哲学是近代才兴起的。可以说，它是哲学这棵大树的一片树叶，而不是树根。哲学的树根是世界观。分析哲学、语言哲学说到底也不可能离开世界观，当它把语言作为世界之根，而不是把语言看成交流和表达的工具，认为有什么样的语言表达方式就有什么样的世界时，就是语言构造世界的唯心主义。马克思对此有过明确的说法，认为世界绝不是从语言中产生，而是世界产生了人，进而产生了作为交流工具的语言。

哲学有什么用？一句话，哲学无所用，又无处不可用。无所用，是说哲学不是某种专业，它的作用是提供哲学智慧，而智慧的本质是分析力和判断力。可是分析力，必须有分析对象，没有分析对象的分析力是一句空话；判断力必须有被判断的对象，没有判断对象，判断力也是一句空话。因此，哲学停留在哲学范围内，没有用，只是搬弄概念，玩弄范畴。当它走出哲学范围，了解对象，具有了关于对象的知识，才能发挥作用。没有调查就没有发言权，只有通过调查，分析力和判断力才能发挥作用。同理，没有研究就没有发言权。你对历史没有研究，就不可能有关于历史专门问题的发言权，认为单凭历史唯物主义原理就能对自己毫无研究的具体历史问题发表中肯意见，这是不可能的。正如具体自然科学领域一样，认为单凭自然辩证法就能无所不能无所不知，这是不可能的。这是旧历史哲学、旧自然哲学的幻想。马克思主义主张，哲学是自然科学和社会科学知识的概括和总结，它同样要回到自然科学和社会科学自身才能显现它的分析力和判断力。正因为这样，哲学架空，就流为空谈，百无一用，除了满足思辨的嗜好；哲学与具体科学相结合，就能提高人们的分析力和判断力。分析力和判断力是任何实际部门，是任何科学研究者必备的能力，因此哲学无处不可用。

13. 思想的本质

一个人的思想绝对独立是不可能的。除了受社会存在决定之外，人的思想还会受到两种思想的影响：一是传统思想的影响，二是当下流行思想的影响。这两种思想影响不是绝对分开的。

我们从父母、学校、社会，以及书本中受到的影响就是这两种思想的混合物，但比例不一样。例如比较传统的家庭可能传统影响较多，而新式家庭新思想影响较多，读经典可能受传统影响多，读流行书则受社会思潮影响多。但无论如何，任何人都不能自吹思想完全自由、独立，仿佛自己的思想都是从自己头脑里流出来的。

一个人对传统与流行思潮具有选择性，可以接受什么或不接受什么，但任何人都不可能既不受传统影响又不受流行思潮影响。认为自己的思想是从天上掉下来的，这不符合马克思主义的认识论。思想家呢？思想家的思想不是独立思考的吗？不是独创的吗？我可以告诉你，既是独创又不完全是独创。马克思主义是马克思和恩格斯创立的，马克思和恩格斯算大思想家吧，可如果没有人类思想积累的成果，没有19世纪英国、法国和德国在经济学、哲学和社会主义思想上的成就，可能有马克思和恩格斯吗？如果马克思和恩格斯没有与同时代人的交往，没有思想碰撞，可能有马克思和恩格斯吗？不可能。马克思和恩格斯的伟大在于他们能适应时代需要，接受和改造前人的思想，创造出马克思主义。所以，马克思主义是自己时代需要、前人思想积累、马克思恩格斯独立思考三者的结合，缺一不可。马克思恩格斯同时代的人很多，聪明才智之士很多，但并不能都成为马克思主义创始人。所以自由之精神，独立之思想，只是主体的一种治学态度，如果没有思考的对象，如果没有思想的积累，不可能有多大作用的。越是大学者，接受和利用别人的东西越多，如果没有这个条件，自由精神和独立思考就是一句空话。陈寅恪、王国维本人都学贯中西。这本身就是证明。

14. 哲学家与哲学搬运工

我一直认为，一个真正的哲学家应该是思想家，而不能是哲学搬运工。而我们现在的哲学研究者，不少属于搬运工。博士论文搬运工更多。都是找个人物，论述生平、著作、思想，如此而已。至于中国哲学研究中靠引经据典过日子的也是这样。这就是搬运工，从被研究者的书中搬到自己的文章中。当然会有点解释性的东西，但并无创见，基本上就是搬运工。哲学不应该是搬运工，即使是哲学史家也不应该是搬运工，虽然哲学史研究允许搬运，因为哲学人物在哲学史中就是搬运对象。可是一本有水平的哲学史著作，就不能只是搬运思想材料，著者本人还要有自己的思想和看法。

怎样才能成为一个思想家呢？关键在于有创见。冯友兰先生说，我们不仅要照着讲，更要接着讲。照着讲，是哲学史，接着讲是哲学，自己的哲学。可是所有儒家学说，虽然有接着讲，但大盘子仍然是照着讲，因为它有一个大范围，这就是道统。只要讲儒学，就不可能超出这个范围，只是通过解释先圣之道加上自己的体悟，可原件仍然是原件。儒学虽然说已是第三期新儒家，可它的底子底色仍然是儒家。返本开新，离不开它的本。开新是有限的解释学的开新，从儒家学说中开出民主、自由、人权之类的东西。可是这种开新如果离了谱，就不再是儒学。

15. 哲学与哲学史

哲学史是研究别人说了什么，而哲学是自己有话要说。一个哲学家可以是哲学史家，但哲学史家绝不能等同于哲学家。我们应该学习哲学史，熟悉历史上那些哲学说了些什么，解决了哪些问题，留下了什么问题，这对于我们继续前进是必要的。但目的还是为了继续前进。

哲学的进步方向是科学性。不能认为哲学不具有科学性而只是思辨。黑格尔说："当代哲学里优秀的东西,是自认为它的价值在于它的科学性里的,并且,不管别人的看法如何,事实上优秀的东西之所以被人承认为优秀的东西,完全由于科学性。"[①]

马克思主义哲学是科学的哲学。有人反对,说哲学不能是科学的,科学是有结论的,而哲学是没有结论的。因此,凡是有结论的属于科学,无结论的属于哲学。如果这样,我们何必需要哲学呢?其实,哲学不会有唯一的结论,但没有唯一结论不等于没有结论。马克思主义哲学的每条基本原理都具有结论性即科学性,因为每条原理都有可证实性。但马克思主义哲学原理有三个特点,第一,每个原理虽然以原理方式出现,但它是人类全部认识史的结论。没有一条原理是从天而降的,它们都是人类探索的结晶。第二,原理不是封闭的,而是开放的,它应该随着人类实践和科学发展而不断丰富。第三,原理不是用来背诵的,而是用来用的,即作为人们认识和实践活动的方法论指导。一些人瞧不起哲学原理,是因为他们把原理视为语录式的东西,是一些抽象结论的总汇,而不知道每条原理的运用都具有无穷的力量。

16. 专门知识与哲学

专门知识与哲学智慧,我们应该正确处理两者的关系。贬低或抬高任何一面都是片面的。专门知识是与社会分工相联系的,是社会生产和社会活动不可缺少的生存本领。社会越发展越进步,科学分类就越多,技术也会越来越专门,对专业的要求越来越高。可是专业化的知识有它的局限,它的长处在于专门化,它的短处也在于它的专门化。专门化是精,过分专门化是窄,往往容易只看到局部而看不到整体,

---

[①] 〔德〕黑格尔:《精神现象学》上卷,贺麟、王玖兴译,商务印书馆1979年版,第49页。

只见树木不见森林，因此人类不仅需要专门化的知识，而且需要哲学智慧，需要一个正确的世界观、人生观和价值观。它不属于任何一门专门知识，也不是一种专门技术，但它对人类的全面发展是绝不可少的。没有哲学智慧，没有理论思维的民族是难以站在世界前列的。

专业的特点是专用，它的专业特性决定它不能离开自己研究的对象。它的标准是实用，有用，专用；但它离开自己的专门范围则无用，手术医生去造原子弹无用，正如原子弹专家在手术台上一样。而智慧的特点是没有专门对象，但它能够普遍适用，因为智慧是一种分析能力和判断能力，是一种逻辑思维，因此人不仅要成为有知识、有才干的人，而且应该通过学习哲学成为一个有智慧的人。因为哲学智慧不仅教导我们如何做人，做一个有道德的人，而且教会我们如何思考。因为哲学的世界观和方法论就是一种正确思考的艺术。它能突破专业知识的局限性，提供一个实事求是的辩证的思考方法。可以说，没有一个科学的突破，没有一种新技术的创造，不是自觉不自觉地解决了继承与创新的关系问题。没有继承，不站在前人肩膀上不可能创新，可仅仅站在前人肩膀上而无突破也不可能创新。这个继承与创新关系就是一个哲学问题。一个有专门知识的人，在超过他的专业知识范围之外可能是个很愚蠢的人，这就是我们经常看到的科学家变成邪教信徒，或者变成一个除专业之外没有任何分析能力和判断能力的人。原因就是他只有专业知识而缺乏哲学思维。哲学应该与知识结合，哲学家要关注知识和科学的进展，关注日常生活经验中的知识；而专家应该关注哲学乃至人文学科的知识，不能淹没在专门知识中陷于没顶之灾。据说，当年美国西部大开发时，许多淘金者蜂拥而至，都想发淘金财，可有的人不淘金，专门开饭馆、洗衣店、旅馆，为淘金者服务。结果淘金者因为人多，反而没发财，而为淘金者服务的人反而获得商机发了财。淘金者人多，而且不见得能淘到，而所有淘金者都必须吃、住宿和洗衣。一个是偶然发财，一个是必然的消费。这就是智慧，商业智慧。

资本主义社会的诞生和发展，依靠两样东西：理性和科学。反对封建社会的专制制度，需要理性来批判封建制度。如恩格斯所说："在法国为行将到来的革命启发过人们头脑的那些伟大人物，本身都是非常革命的。他们不承认任何外界的权威，不管这种权威是什么样的。宗教、自然观、社会、国家制度，一切都受到了最无情的批判；一切都必须在理性的法庭面前为自己的存在作辩护或者放弃存在的权利。"① 理性，可说是反对封建制度的有力武器，理性本身就包括自由、平等、正义。如果说理性是反对封建制度的武器，科学则是发展资本主义社会生产力的武器。

崇拜理性、崇拜科学是资本主义思潮的两大特征，但在真实的资本主义制度下，理性和科学都发生了异化。人们发现，"这个理性王国不过是资产阶级的理想化的王国；永恒的正义在资产阶级的司法中得到实现；平等归结为法律面前的资产阶级的平等；被宣布为最主要的人权之一的是资产阶级所有权；而理性的国家、卢梭的社会契约在实践中表现为，而且也只能表现为资产阶级的民主共和国。18世纪伟大的思想家们，也同他们的一切先驱者一样，没有能够超出他们自己的时代使他们受到的限制"②。至于科学发展，则伴随着生态恶化与道德沦落。随着资本主义制度日益暴露出它的内部矛盾，反理性主义、反对科学技术的后现代主义得到传播。其实，问题根本不在于理性而在资本主义制度的本质。

17. 智慧与真理

哲学是关于真理的学说，还是关于智慧的学说？把这两者对立起来是不对的。如果智慧中不包含真理的因素，那就不是智慧，而只是

---

① 《马克思恩格斯选集》第3卷，人民出版社2012年版，第391页。
② 同上书，第392页。

小聪明，哲学是大智慧，是通达圆融的大智慧；同样，如果真理中不包含智慧，无助于提高人的思维能力和判断力，那就是空洞的真理。

真理，不仅要求真，而且要求理，有真无理，不是真，真的思想和学说其中包括理，无理即不真；反之，理中肯定包括真，理如果是真理，一定是真道理，假道理一定不真，而是披着真理外衣的谎言。谎话，重复一千遍仍然是谎话，而真理被打倒一千次，仍然会再度辉煌。无论西方某些国家如何用法律甚至用暴力禁止马克思主义，宣布马克思主义非法，马克思主义都是禁不绝的。马克思主义产生后一个多世纪的历史和世界现实状况，充分证明了这一点。

哲学是关于智慧的学说，也是关于真理的学说，二者是相通的。而且，有一点需要注意，即哲学是爱智慧，是追求智慧，是爱真理，追求真理。爱与追求都是动态的，不要把智慧和真理看成僵死的，一成不变的。而要不停地追求，绝不满足既有结论。因此，哲学本质上是具有批判性的反思的学问，它要对既有结论不停地再思考。如果认为智慧和真理一到手后就是一成不变的，不会再发展，认为智慧可以达到超人的智慧，真理可以达到终极真理，就是对哲学的误解。没有终极真理，也没有超人智慧。真理到顶峰，智慧到超人，都是违背哲学辩证法本性的。

18. 道与理

凡事要讲道理。可什么是道理？就是既要有道，又要有理。道，是抽象的、不可见的，理是可说的、可见的。《道德经》开首一句话就是，"道可道，非常道"。道是不可言说的，凡是可言说的，都不是道；道不仅不可见，而且是普遍的。庄子说过，道无所不在，从天地到尿屎，无处不存在道。

理不同，理是可说的，理是可见的，因为理就存于事中，凡有此事，必有此理。不存在无理可说之事。水稻不同于大豆，自有水稻不同于大豆的理，男生与女生性格不同，自有其不同之理。科学研究就是求理。一事有一事之理，一物有一物之理。如果知其理，就可以理解事物之所以不同。

可是理与道不可分。因为道是普遍的、抽象的、不可见的，但存在于可见可说之理中。比如说，矛盾规律是不可见的，是普遍的抽象的，但具体矛盾是可见的。同室的室友可以发生矛盾，家庭里可以有矛盾，拆迁可以有矛盾，城管可以与摊贩有矛盾等等。这些矛盾都是可见的，都有可说之理。矛盾的普遍性和规律就存在于形形色色的具体矛盾之中。这个不可见的是道（规律），可见可说的是理（理不离事）。没有道，即没有普遍规律，不懂矛盾规律就不懂为什么具体事物中有矛盾，如何解决矛盾。道比理更高一层，以道说理，讲道理，就是以普遍性原则具体运用于具体事物之中。

以矛盾观点才能解释具体事物的矛盾，才能懂得如何解决矛盾。这就是哲学的重要性，人们可以从哲学视角来阐述具体事物之理，来探求具体事物之理。这种理不会是歪理，不会是无理取闹，而是道中之理，理中有道。这就是哲学与具体科学的联结，就是哲学的具体运用。格物求理，由理致道，这就是转识成智，由具体到抽象，而以道说理，就是由抽象到具体。凡是有理讲不出的，肯定缺乏哲学思维，凡是理讲得空空洞洞的，肯定是只懂抽象原则，而不懂具体事物、具体之理。

19. 真理和探索真理的道路

《西游记》的启示是，要想取得真经需要经过种种磨难。唐僧师徒与妖魔鬼怪斗争，最后取得真经。孙悟空完全可以背着唐僧一个跟斗就到达西天，何必如此历经艰辛？可是，如果真经唾手可得，那真经就一文不值。一个人是如此，一个社会的发展和进步也是如此。

共产主义非常美好，可为实现共产主义我们牺牲了很多人。不可能有鲜花铺就的革命道路。正如一个婴儿的出生，要有怀孕、生产和污血，经历种种痛苦才得到一个宝宝。正如列宁所说，分娩是痛苦的，除了生下一个活生生的、有生命力的生物，它还必然会产生出一些死东西，一些应当扔到垃圾堆里的废物。可是，我们不少人只注意婴儿诞生时的污血和痛苦而忘记了婴儿，因而革命在他们眼中是暗淡的、阴暗的、要不得的。这就是为什么至今一些人总是抓住革命中一些问题，而无视革命的巨大成果，导致全盘否定革命的原因。

20. 理论与实践

理论来自实践，是实践经验的总结。自然科学的理论，来自科学实验，离开实验室自然科学理论就不可能产生和发展。当然，实验室的研究是随着近代工业发展而产生的。在农业社会没有实验室，但它有广大群众的生产实践经验，最早的科学也离不开人们的实践。社会科学与自然科学不同。社会科学没有实验室，从总体说，可以说整个社会的实践就是它的实验室。具体地说，人们的经济活动的经验为经济学提供基础，政治活动为政治学提供基础，道德活动为伦理学提供基础，人们的自然科学和社会科学为哲学提供基础。不以人类的实践经验为依据的理论概括，是空想和虚构。从概念到概念，没有任何实践依据的纯思辨的方法，是不可能提供科学学说的。我经常看到一些学者争论什么正义、公平、人道、人性等等，完全停留在抽象概念自身，总想寻找一个抽象定义，这是不可能有成果的。老实说，除了写篇不解决任何问题的文章外，一无用处，因为社会的公平、正义，不是按你的定义呈现它的本质，而是依据它的历史条件在不同情况呈现它的不同面貌。奴隶社会对公平正义的解释和资本主义社会不可能一样。不管亚里士多德有多高的智慧，也不可能为资本主义社会规定一个普遍适用的公平正义的定义。因此，按照历史唯物主义观点，公平、正义、平等、人道都是历史的范畴，如果掏空了它的历史性内容，就是一个一无所用的空壳，就是一个词而不是一个概念。

　　词和概念的区别在于，词是通用的，而概念是历史的。自然科学理论是用汗水写成的，而社会科学理论是用血写成的，尤其是革命理论。它是血的经验教训的凝结。据陈晋先生的文章介绍，1964年薄一波等人向毛主席汇报工作时，说到全国正在掀起学习《毛选》热潮，毛泽东的回答说："什么是我的？这是血的著作。《毛选》里的这些东西，是群众教给我们的，是付出了流血牺牲的代价的。"其实，早在1956年9月10日，在中共八大预备会议上毛泽东就说："我们有了经验，才能写出一些文章。比如我的那些文章，不经过北伐战争、土地革命战争和抗日战争，是不可能写出来的，因为没有经验。所以那些失败，那些挫折，给了我们很大的教育，没有那些挫折，我们党是不会被教育过来的。"[①]可见革命的社会科学理论可以是血写成的。用实践经验尤其是鲜血写成的论文，和坐在沙发上写的如何革命的文章显然是不同的。

21. 真理不能有逻辑矛盾

　　凡是真理都是连贯、统一的，它们彼此补充、论证，而谬误则处处碰壁，矛盾之处在所难免。在论证中，逻辑矛盾是原理不能成立的表现，应该排除逻辑矛盾。但学说之间的矛盾是不可能排除的。正因为学说之间有矛盾，相互辩论，争鸣，学术才得以发展。因此在学术领域倡导"双百"方针是完全正确的。一家独鸣，就必然阻碍学术的

[①] 见《作家文摘》2016年9月16日，陈晋文。

发展。

为什么需要科学世界观？因为只有科学世界观才能使我们正确认识世界。有人说，"一人一世界"。这意思是说，各人有各人的世界，你的世界就是你心中的世界。如果这样，那科学认识何以可能？没有共同世界，任何科学原理都只属于科学家个人。实际上"一人一世界"并不是客观世界，而是自己认识里的世界。世界只有一个，这就是人类共同生活所面对的世界，这是客观世界，可对这个客观世界的认识却是多样的。这种多样性，可以产生于认识主体的前识的影响，因为人往往以自己积累的知识去认识世界。这种认识的多样性，也是因为世界本身是多样多面的，各人的着眼点不一样，因而其所见不同并形成不同的认识。比如，植物学家关注的是植物世界，动物学家关注的是动物世界，而旅行家可能除山水之外一无所见。而且即使是山水，诗人眼中的山水和普通游客眼中的山水又不一样。"一人一世界"的世界，是对世界的主体映象，而非真实世界的全体。正因为这样，我们必须有一个科学世界观，帮助我们正确理解客观世界与主观世界的区别，认识共同世界和个人世界的区别。科学追求的是共同的、客观的世界，科学原理就是客观世界的共同原理，是对所有的人都适用的，这样科学才能成为真理。

世界上没有不同的科学原理，科学原理是普遍的；但有不同的主观世界，即对世界的不同认识。为了保证对世界认识正确，我们必须有一个科学世界观，因为科学世界观是教导我们如何正确看待世界的。周易卜筮，问天、占卜，认为天有意志可以知道祸福休咎。而祭天，则是有求于天，设天坛求天，设地坛求地。天决定国运，地决定农作物的生长。在中国哲学中，天是个最重要范畴。天不仅决定国运，也决定人性、人运。人的良心称天良，人的本性称天性。有冤喊天，哭天，不满则指天骂地，仿佛天有意志可以听到一切。这种能主宰一切的天，实际上就是神，敬天就是敬神。可在中国，与西方不同的是，天与人是相通的，而不是凌驾并外在于人的意愿之上的唯一力量。

春秋时人们认为天道远，人道迩，不相及也。可宋儒则强调天道与人道为一，天道即人道。程颐说："安有知人道而不知天道乎？道，一也，岂人道自是一道，天道自是一道也？"朱熹也说，"天即人，人即天"。天道即人道，是一个无法证实的命题，怎么能证明它们是合一的呢？从科学角度看，天与人相关，天热天冷穿衣要看气候，这是纯粹的生理要求，而天道无非是气候环境，并非表明天有意志。天人合一，从人与环境角度看容易理解，从天道与人道合一角度看无法理解，因为这时天已经神化和成为有意志的存在了。天意从来高难问，什么是天的意志？没有人能说清。如果把天道理解为自然规律，人的行为应该服从自然规律，这就能理解。这样理解的天人合一，没有神秘性、神圣性，只有客观性和规律性。

22. 旗帜鲜明

什么叫旗帜鲜明？一支军队有军旗，一个国家有国旗，这都是代表军队、代表国家的符号。没有旗帜的军队不是正规军，没有国旗的国家不是一个正式的国家。一个政党也是如此。政党的旗帜就是它的指导思想，没有明确指导思想的共产党，算什么共产党呢？旗帜就是方向，就是力量。对于共产党来说，倒旗就是倒党。

外交上，我们强调求同存异，这是处理国与国关系的原则；可在科学认识领域，求同存异则没有增加任何东西。以水济水，还是水，只有水中加点别的东西才能增加味道，调和五味，才有好味道。为什么要重视不同意见呢？因为相同意见，对自己来说没有增加任何东西，可相反的意见则能增加知识。歌德说，"我们赞同的东西使我们处之泰然，我们反对的东西才使我们的思想获得丰产"。从矛盾角度看，只有矛盾才能推动认识的发展，而没有矛盾则思想会停滞。矛盾是自然和社会发展的动力,也是认识发展的动力。

就认识发展动力来说,马克思主义与诠释学有不同的看法。推动思想和学术发展的基础是什么?不能归结为对经典的诠释学。以经典为对象,从对经典的再解释中获得新的理解,实际上并没有超出经典的已有思想的范围,只是给予新的解释;这种从经典到经典,以解释为动力的研究方式,仍然是停留在书本范围,停留在从思想到思想的范围。尽管我们可以根据实践需要重释经典,但这仍然是从经典到经典,并没有根据实践形成新的理论,而只是解释理论的一种方式。

马克思主义的立足点是实践,人的认识和理论来源于实践而不是来源于书本。实践论强调认识来源于实践,因此学术研究应该立足于实践而不是立足于书本。但这并不否认诠释经典是我们掌握前人知识和智慧的一种方式。对于人类认识和理论来说,这只是一种辅助方式,是对实践的补充。这实际上是涉及两种认识基础、两种认识来源的问题。诠释学作为一种研究经典的方式当然有其价值,但如果作为推动思想和认识的唯一方式,则是不可能的。试想,如果我们的思想认识就是依赖对经典的诠释,比如说,依赖不同时代不同学者对《论语》的诠释,无论多少不同的诠释,也都只是从书本出发的不同的解释,除此之外还能增加什么呢!实践最大的优点是增加新的东西,这个新的东西不是来自书本,而是来自实践经验和总结。诠释的长处是解释经典,可是整个思想仍然是在书本夹缝中找发展的空隙,是在书籍的夹缝中求发展,是不可能有远大前途的。

23. 矛盾论与实践论

矛盾论与实践论主题不同,但思想不可分。因为在马克思主义哲学中,认识论与辩证法本来就是一体的,叫唯物主义辩证法,或曰辩证唯物主义。

实践论就是探讨实践和认识的对立统一关系和矛盾运动的哲学理论。没有矛盾分析观点，当然就不可能揭示实践和认识的辩证关系；反之，没有实践是认识根源的观点，就不可能理解矛盾观点的由来。而且，如果不立足实践、立足国情，就不可能分析中国的矛盾运动。可以说，实践论是运用于实践与认识中的矛盾论，而矛盾论则是立足于实践的基础上对矛盾的认识论。

当然，它们之间的界线并不能取消，因为主题不同，论域不同。实践论中，矛盾是方法，用矛盾方法分析实践与认识的矛盾；而在矛盾论中，实践观是理论指导，而其对象则是客观的矛盾运动。在马克思主义哲学中，实践观点、辩证观点、唯物观点是统一的。表现在自然观上就是自然辩证法与唯物主义的统一，表现在社会领域中就是历史唯物主义与历史辩证法的统一，而在总体上则可称之为辩证唯物主义和历史唯物主义。

24. 实践经验的不可替代性

宰相起自州部，猛将起自卒伍。这是中国选拔人才的历史经验。这个经验的哲学本质就是实践出真知。实践是直接经验，而读书是间接经验。间接经验当然重要，可如果光读书而无直接经验，就无法真正体认间接经验。在亲身经验基础上接受间接经验，这种读书才能真正得益。历代王朝的创业者大多文化水平不高，甚至是文盲，如刘邦、朱元璋，一个是亭长，一个是乞丐，可他们得天下后都懂治国之道，成为开国君主中的佼佼者。相反能文善诗者往往缺乏治国经验，如宋朝的徽钦二帝都是艺术大家，南唐的李煜是绝世词人，都是亡国之君。生于深宫之中，长于妇人之手，虽然都有最好的老师，终究培养不出出色的帝王。

还有一层历史唯物主义道理，这就是时代的需要。凡是创业之君，都是出于乱世。刘邦起自秦末农民起义之时；朱元璋则是元末群雄并起争夺天下之时，若非雄才大略，胆识过人，根本不可能在群雄逐鹿中取得胜利。时代造就人才，也需要人才。毛泽东同样出于乱世，他和他的战友们都是时代造就的杰出人物。和平时期没有这种条件，也没有这种需要。邓小平的才能只能显现于"文化大革命"后的由乱到治的社会要求中；习近平只能出现在改革开放三十多年后所进入的新时代新要求中。从任何伟大人物的出现，都能看到时代的需要和明显的时代烙印。只有从历史唯物主义和辩证唯物主义认识论才能说清这种现象。

25. 言近旨远

言近旨远，是朱熹评价《大学》的话。我借用来作为我们哲学的一种风格，但解释不同。我以为真正的哲学写作或讲述，也应该是言近而旨远。言近，就是通俗；旨远，就是其中包含的道理极其深远，或者说超越就事论事，领悟更深的哲理。如果哲学通俗化限于一事一例，一言一理，这不算通俗化。真正的通俗化应该是言近旨远。人会死，我说人会死，这是言近，由人会死而悟到万事万物都有始有终，这就是言近而旨远，由一事物而言及万事万物。一个真正有哲学思维的人，应该从日常的事物中看到万物，从一理中体会万理。言要近，理要远。

例如，量变与质变是辩证法的一条基本规律。世界万事万物的存在都是具体的存在，既然是具体的存在，一物和他物就会有区别。这种区别就是质的规定性，或者说事物的性质。作为具体事物，不仅有质的规定性，还有多少、大小量的规定性。世界上的存在，没有量的存在是不可能的。凡存在必有质，必有量。可以说，质与量都是事物的规定性，不同的是，质的规定性是内在的，质不同，事物就不同，这是本质的不同；量的规定性是外在的，在一定范围内，它不影响事物的性质。同样是人，高一点，矮一点，都是人；一桶水是水，一瓶水还是水。但是，这个"但是"很重要，量的区别如果超过一定限度，就会引起质变，就会产生性质的区别，这就是我们说的量变到质变的规律。

量是客观的，是事物固有的。当量的存在抽象化，就变成数。数是概念，是量的抽象化。数学中的数就是一种抽象。由于量与事物不可分，而且量的变化可以引起质变，因而数就易被神秘化。因为凡事都会有数，而数有一定限度，比如人的寿命有长短，一个王朝延续多少年也可以用数度量。可是这种计量都是事后的计数，而非事前的规定。如果被计量的数变为不可改变的定数，就会导致神秘主义。比如认为一个人的寿命长短是生下来就被注定的，一个朝代的长短也是注定的。数的神秘化是天命论和命定论的特点，天命论强调天机不可泄漏，不可泄漏的天命就是定数，人的命有定数，王朝的长短有天命，人的寿命长短有定数等等。确实凡物都有数，因为凡物都有量，不是佛家讲的无量佛。有量必有数，有数必有限，任何数，凡是可说出的数目都是有限的。说不出的数，所谓无穷大，是不可言说的数，是不可计之数。

恩格斯说过，自然界是辩证法的试金石。我们也可以说，社会发展和社会生活同样也是如此。我们只要用心考察一下，就可以发现辩证法的规律无处不在起作用。从物壮则老，到人的生老病死，从一个社会的朝气蓬勃到走向没落，以及一个政党的兴败存亡，无不如此。天下无不散的筵席，说的也是这个理。善始善终，对个人、对政党、对社会，都不容易。

26. 无用与有用

无用与有用不是完全对立的。"走不以手，缚手，走不能疾；飞不以尾，屈尾，飞不能远。物之用者，必待不用者。故使之见者，乃不见者也；使鼓鸣者，乃不鸣者也。"① 老子也强调，"有之以为利，无之以为用"②。

"足以蹍者浅矣，然待所不蹍而后行；智所知者褊矣，然待所不知而后明。"③ 如果没有容足之地，实践如何发展呢？实践必须有一个未曾实践的无限空间才有可能发展。如果没有未被认识的东西，则已经认识的东西总是有限的。不能说，尚未进入实践之内的存在是无用的，它的用就在于为实践的发展提供无限可能性。正如尚未认识的东西为人类认识发展提供可能性一样。如果任何认识都是至矣、尽矣，无可以加矣，人类认识就会停滞。尽善尽美，就是发展的终结。辩证法总是为发展留有足够的空间。历史终结论是错误的，自然终结论同样是错误的。

27. 两种认识论研究方法

认识论研究有两种根本不同的方法，一种是以人的认识能力为对象，研究人的认识有无可能认识对象。这种以认识能力为对象的认识论，如同不下水而研究人有无可能学会游泳一样。另一种是以人的实际认识过程来研究认识，研究人的认识和实践的关系，人类如何从实践中获得认识。这种认识论同时是实践论，实践论就是最科学的认识论。所有脱离实际认识过程，而只以认识能力为对象的认识论学说，最终都会陷入怀疑论和不可知论。

物自体的概念就是以认识能力为考察对象的必然结果。当认为人的认识不能达到对象自身而只能认识事物在人脑中的主观表象时，必

---

① 《淮南子·说山训》。
② 《道德经·第十一章》。
③ 《淮南子·说林训》。

然产生现象和物自体分割的问题。马克思主义以实践为基础，认为人的认识如果能在实践中运用而达到目的，就不存在不可认识的物自体。一个能在实践中制造出来的东西，我们不能说自己对它没有认识。

错误与真理相伴而行。人不可能径直认识真理，而往往是通过错误来认识真理，当知道自己错了，就离对真理的认识不远了。不认识错误，永远不可能认识真理。因为真理与错误仿佛一个铜钱的两面。知道什么是错的，就知道什么是对的；同样，知道什么是对的，也就知道什么是错的。真假、美丑、善恶是不可分的。这就是辩证法。精神贫乏产生了对精神的渴求，正如一个口渴的人对水的渴求一样。过于世俗往往促使人产生对神圣东西的追求。但这个神圣的东西只有两种，一种是超越世俗的，这就是宗教，宗教超越世俗，因为它是对一个并不能感知的存在的信仰；另一种是世俗性的，它是高尚的，但又是世俗的，因为它追求的理想就在人间，它激励人们为现实的人的现实利益而奋斗。它是神圣的，因为它超越个人而为社会理想，但它又是世俗的，因为它激励人们为人类、国家和民族的利益而奋斗。因此，这种世俗性更具神圣性。

28. 论问题

为什么我们重视问题，强调无论研究还是实践都要以问题为导向呢？因为问题决定我们认识和实践的目的。我们的认识和实践不是为认识而认识，为实践而实践，而是为了解决问题。不解决任何问题的认识和实践有什么意义呢？

问题就是矛盾。以问题为导向，本质上就是以认识中或现实存在的矛盾为导向。从矛盾论观点看，只有解决认识中的矛盾的理论才是有价值的，只有解决实践中的矛盾的实践才是有功效的。马克思主义的伟大，就是它以"资本主义向何处去"、"人类如何才能获得解放"

这一根本问题为导向进行理论创造的。如果资本主义社会没有根本问题，或马克思和恩格斯没有抓住它的根本问题，怎么可能产生马克思主义呢？毛泽东的伟大就在于解决了中国革命的根本问题，找到了一条不同于城市武装起义的农村包围城市的道路。这条道路包含着中国农民起义的经验，因为中国农民从来都是从农村开始的，但中国农民是山头主义、占山为王或流寇主义，而中国共产党领导的农民革命是以农村为根据地积蓄力量再从农村进入城市，最后夺取全国胜利。中国革命的道路，就是从农村到城市，又以城市反哺农村。

有人认为，凡是真正的问题，都是科学能回答的，都是能证实能检验的；凡是不能为科学所回答的问题都是假问题。哲学问题没有唯一的、相同的答案，都是各是其是、各非其非，因而哲学是完全不必要的。这种说法是完全错误的。

第一，任何实证科学，即具体科学，都只能研究世界的某一领域或部分，可世界并不只是部分，世界是整体性存在。而对世界整体性本质的研究属于哲学。这种研究有价值吗？当然有。因为任何关于部分的研究，如果离开了对整体本质的把握，那它对部分的把握就不可能是科学的。正如石里克所说，哲学绝不是一门具体的科学，它不是与具体科学并驾齐驱，而是在特定意义上高于它们，因为哲学的内容是整个世界，而不是世界的某个部分。确实，没有任何一门具体科学能揭示世界的本质，对世界本质的思考必须是哲学的思考；也没有任何一门具体科学能把握世界各部分的整体联系，而哲学可以通过对具体科学的概括和总结来把握世界万物之间的联系。唯物辩证法就是这种哲学，世界上没有任何一门科学能取代它。

第二，除了物质世界外，还有一个精神世界。这个世界同样无限宽广，它包括人的精神追求、信仰、理想等，而树立一个超越世俗生活的精神境界，就是哲学的任务，而不是具体科学的任务。因此，真正能掌握哲学的人，必然具有一种超越世俗生活方式和单纯物质追求的精神世界。一位哲学家应该同时是一个智者，是一个智慧的追求者和爱好者，而不是一个只满足于日常生活的人。正如石里克所说，智者不仅通过他的知识，而且通过他的生活方式，与凡夫俗子隔离开来，因而可以说，除了纯粹技能之外，精神在生活各个方面都能发挥作用。

我们生活在一个最需要哲学的时代，但我们并不自觉。自然科学的发现，例如暗物质的发现，信息科学的发展，人类智能的巨大进步，提出一系列的哲学问题；而中国社会的深刻变化，利益和阶层的大调整，社会存在的变化，思想领域的多元化，导致人们陷于信仰的缺失和理想的动摇，以及道德的滑坡、价值观的颠倒，迫切需要世界观、人生观、价值观的重建，可以说，我们生活在正需要哲学的时代，需要正确的世界观、历史观、人生观和价值观指引的时代。可偏偏是这个时代哲学被冷落，这不奇怪吗？我相信，哲学总会因为时代的需要而发挥自己的作用。

29. 要注重悟

哲学当然要注重逻辑推理和理论论证，但更要重视哲学体悟。哲学智慧是一种生命智慧，是生活经验的积累。黑格尔说过，同一句格言对一个年轻人和一个饱经风霜的老人是不同的。其实最善于逻辑论证的亚里士多德也说过，我们应当像注重推论那样，注意那些有经验的和年老的人或具有实践智慧的人所表达的一些不能推论的说法和经验之谈。

智慧在于行动，而不在于言谈。夸夸其谈不代表智慧，智慧在于正确的判断和行为选择。最能显示出一个人的智慧的，是能在各种危险之间作出权衡，并选择最小的危险。问题导向的重要，就在于它以需要解决和仍然没有解决的矛盾作为出发点。培根说得对：如果一个人从肯定开始，必以疑问告终；如果他准备从疑问开始，则会得到肯定的结果。

知识可以学到,智慧不可能学到。蒙田说,别人的知识可能使你学到某些东西,但是只有运用自己的智慧,才能成为智者。英国学者科尔顿说,有智慧而没有学问,要胜过有学问而没有智慧;就如坐拥金矿而不富,还不如不占有金矿而富有。因此,一定要学会思考,不能光读书不思考。孔子说,学而不思则罔,思而不学则殆。因为只读书不思考,是让自己的思想被别人牵着走,只有思考才把别人的东西变成自己的。

我们一定要区分学问和知识。创造知识是要面对对象的,而做学问则可以面对书本。这就是为什么既有有学问的傻瓜,也有拥有生产知识、生活智慧的普通人。他们的智慧可以高于所谓学者。因为学者的知识可以是外来的,而生活经验总是属于自己。

对真理的追求比对真理的占有更可贵,因为追求真理是不断发现真理,而占有真理仅仅是占有而已,它不为真理增加任何一点点分量。正如财富一样,创造财富比占有财富伟大。只有创造财富才能占有财富,而占有财富并不能增加财富。波普说,学问如药剂,入名医之手,则为世上有利有用之物,入庸医之手,则为有害之物。

30. 见解

做学问最重要的是有见解。没有自己的看法,只是重复别人的观点,有什么意思呢?那不叫作学问,叫复印机。搞理论同样如此。

搞马克思主义理论有见解很难,因为害怕别人指责离经叛道,或者什么左的右的之类。这是搞马克思主义的最大障碍。前怕狼后怕虎的人,是不可能有创造性的。马克思是最具理论勇气的,是最具创造性的,他最反对在理论研究中以谦逊为名压制对真理的追求。马克思说过:"精神的实质始终就是真理本身,而你们要把什么东西变成精神的实质呢？谦逊。歌德说过，只有怯懦者才是谦逊的，你们想把精神变成这样的怯懦者吗？"①精神追求的是真理而不是谦逊。真理是大胆的、勇敢的，可以打破常规。马克思主义应该是最具创造性的理论，应该是不断发展着的理论，可是实际上我们又最容易堕入教条主义，因为教条主义保险。实际上，这种教条主义才是背离马克思主义的本质的。

见解，就其形式说是主见，是主体的见解，它不可能脱离主体。但主见不能纯粹是主观的，不能只是"我认为"，而必须是真理的探索，脱离真理，片面强调主体性，强调"我认为"的主见，不能认为是真正的见解，只能称为一己之见，可能对，也可能错。因此，真正的见解必须立得住，能经得起反驳，经得起实践检验。这样才可能防止见解变为偏见，变为谬误，而且即使错了，也容易纠正。

在马克思主义研究中，提出个人见解要正确处理如何阅读经典文本的问题。这是一个最难的问题。因为我们不可能脱离马克思主义的经典文本的阅读来谈论自己对马克思主义的见解。从来不阅读马克思主义著作的人，甚至连一本马克思的著作也没有看过的人无权评论马克思主义。我们经常能见到这种人，对马克思主义说三道四，你问他读过哪本马克思主义的著作，对不起，从来没有读过。对这种人可以不必理他。因为他所说的不是见解，而是偏见、成见。

阅读必然同时是一种理解，而理解必然包括诠释。而诠释，如果没有正确的哲学观点，很容易走向借他人酒杯浇自己心中块垒，完全歪曲原意。因此，文本的内容虽然是以文字的形式存在，但它并不是任意的文字组合，而是表达作者见解的文本。因此，真正的诠释不能仅是对文字的理解，而应该是对原意的理解。恩格斯一再主张应该按照原意来理解原著，不能读出原著没有的东西，把自己的理解挂在前人的名下。这是个很难的问题。人们会说，我就是这样理解的，你能知道原意是

---

① 《马克思恩格斯全集》第 1 卷，人民出版社 1995 年版，第 111 页。

什么？甚至根本不存在什么原意。因为原意是在阅读中生成的。因此，一百个人读同一本书，可以有一百个理解。既然读《红楼梦》可以读出各种各样的贾宝玉来，为什么我们不能读出各种各样的马克思主义来呢？！我不能知道贾宝玉应该是什么样子，也不知道他在曹雪芹心中是什么样子，我只知道在我心中是什么样子。不必追求曹雪芹笔下的贾宝玉，这是不可能知道的。这种说法对吗？对，又不对。

文本有自己的本义，否则它不可能作为经典传下来。如果当时作者没有赋予它任何内容，需要后人根据自己的解读去增添内容，它根本不可能产生。一本书肯定有作者表达的确定的内容，而后人在自己条件下，在不同语境下阅读可能会有自己的理解。这个理解属于读者自己，书中的内容属于作者。何以知道作者的本义呢？这就是作者在全书贯穿的内容，一个论断可以在全书其他部分得到解释。只要不断章取义，只要上下连贯，只要把作者及其著作放在他自己时代来理解，就可以比较准确地理解原著。从《论语》解读出当代的民主、人权、自由、平等，肯定是不可靠的，因为孔子的时代不可能产生这些思想。我们也不可能把马克思解释成为自由主义者、人道主义者、宗教信仰者，虽然你可以从他的某句话、某段话中抓住个别词句来作这种解释，但从整体上说，马克思是个无产阶级革命家，是个无神论者，是个历史唯物主义者。

我们不能把自己的理解挂在古人名下，塞进原著中没有的东西，但这并不是说，我们不能由原著的启发对它进行发挥，引申出新思想。这是可能的。但这应该是属于读者自己的，因为它具有读者时代的印记。真正创造性的见解不是源于阅读，而是来源于自己面对问题时通过分析得出的新结论。我们分析时会借助于以往的理论，但结论必然是新的，因为它面对的问题不同。由思想延伸到思想，称之为感想、理解，它来源于阅读；由事实到思想的飞跃，称之为创造和发展，因为它不是由思想到思想，而是由实践到思想。由思想到思想可以在书斋里完成，由实践到思想的飞跃，必须亲自参加实践，接触新的实际。

中国哲学中没有大脑是思维器官的说法。孟子说，心之官则思，而按照解剖学的观点思维器官是大脑。可中国哲学中，心是非常重要的范畴。心学的根本概念就是心，从孟子的四心说到王阳明的心学，核心概念都是心。如果用唯物主义和唯心主义标准来衡量，显然是唯心主义的。可如果把它还原到中国哲学框架内，我们可以看到，心已经属于马克思主义说的第二性的东西，它是在人降生后不断社会化过程中积累起来的前识，包括接受的和亲自体会的各种情感和思想。孟子说的四心，显然属于道德心、同情心；王阳明的南镇看花属于审美范围。人来观花，花与自己的心中的花一道显现，你走了，花与你心中的花一同寂灭。至于是有花无花，它在山中自开自落与你无关。可中国哲学，没有解释这些属于情感的、道德化的心究竟从何而来，如何形成，而是把它看成既成的，主体固有的，因而主张还归本心，即还归人的最纯正没有受外界污染的情感。

按照马克思主义观点，人的大脑是思维的工具，也是人的种种情感、记忆的贮藏器。大脑在思维时，在反映时，在思考时，人的心即人的前识，包括道德、价值和情感会同时发生作用。人用脑子思考，可用心体会。脑子思考是生理的，是运用器官，而用心体会，则渗入前识和情感。因此，同样是看到一种东西，内心会有不同的反映。如同同样是看到乞丐讨钱，有的人有同情心，有的人没有同情心，视而不见。从这个角度说，心在脑中，即大脑中储存的已有的前识。而不是大脑本身，不是另一种思维器官名之为心的实体。脑外之心，无依附之处。心不是大脑的分泌物，而是文化和教育的产物，而思维能力则是大脑的机能。

我们为什么重视心呢？因为人在社会化过程中形成和积累的前识，在人的生活中发挥着重大作用。这就是精神的作用。不承认心的作用，在心与物之间或二元对立或重物轻心，都是错误的。

31. 想象力

研究历史需要想象力，这是不错的。想象力指的是历史的叙述，而不能是事实的构建。在历史事实上依靠想象而不依靠史料，就会陷入历史的虚构。其实，想象力可以说在一切科学都是需要的。历史需要想象力，文学、哲学同样需要想象力，即便自然科学也要发挥想象力。没有想象，便没有创造性的科学研究活动。因为真正的科学研究不是写生，不是临摹，而是创造性活动。但并不因此就可以抹去各门科学的界线。想象力与抽象思维能力一样，是一种能力，而不是可以任意虚构的理由。

在中国传统中，文史哲是相互关联的，但又有边界，而不是一锅粥。文学与哲学不可分，文以载道，这个道就是哲学；文中有史，不仅可以在一定程度上以诗证史，例如从杜甫的"三吏三别"中窥测到开元盛世的真实情况，也可以以文证史，因为文学总是反映时代，一个时代的文学可以折射出那个时代的某些侧面。恩格斯就把巴尔扎克的小说称为法国史。

历史中有文学，中国著名的历史著作都具有很高的文学性，《史记》被称为史家绝唱，因为它不仅是历史著作，也具有很高的文学性。它也与哲学不可分，因为历史离不开对历史规律和因果律的探索，司马迁就把自己的宗旨定为"究天人之际，通古今之变"。至于哲学著作，同样具有历史价值和文学价值。老子的《道德经》就是一首韵律诗，《庄子》《列子》都具有极高的文学价值。但文史哲并不会因为它们不可分，就可以漫无边界。实际上文史哲各有特点。文学是形象思维，哲学是抽象思维，而历史是事实思维。文学可以依靠想象力构建不曾发生的情节，它的重点是讲故事。没有故事，就没有文学。但它的想象和虚构要做到合情合理，必须有哲学思维和历史思维。但文学并不因此而变成史学或哲学。同样，历史的写作方式和叙述方式可以文学化。在一些缺乏可证材料的地方可以用合理的逻辑推理，并发挥想象的作用，但历史并不因此就变成文学。因为历史的内核和基础是事实，而不是想象和虚构。如果在历史学中，想象多于事实，文学叙述多于事实的叙述，就失去了史学的本质而变为历史小说。历史小说不是历史而是文学。历史科学和历史小说的分界线，就是事实和虚构的分界线。

32. 不要害怕辩证法

　　宗教信仰者认为上帝力量最大，其实规律力量最大，例如辩证法的力量就是无敌的、不可抗拒的。凡物莫不有对，有上就有下，有阴就有阳，有左就有右，有统治者就有被统治者，有资本家就有工人，有老板就有打工仔，成对存在是规律。像《道德经》说的，"故有无相生，难易相成，长短相较，高下相倾，声音相随，前后相继"。物极必反是规律，物壮则老是规律，人有生老病死是规律，物有始终是规律，大国兴衰是规律，"千里之行，始于足下，九层之台，起于垒土"是规律，任何事物都有矛盾和规律，总而言之，辩证法规律统治世界。

　　辩证法的客观性是任何人都不能否认的。尽管有人拼命否定辩证法的客观性，其实连这些否定辩证法的人都在受辩证法支配。对实践着的人来说，要想在实践中取得成功，主要是要按辩证法办事，不能违背辩证法。多少贪赃枉法的腐败官员都不懂得辩证法，不懂得防微杜渐，不懂量变与质变的关系，没有一个贪污犯不是从小贪到巨贪的。有的人志大才疏，一生无成，因为他不懂辩证法，不懂"天下难事必作于易，天下大事必作于细"。一个拒绝做小事的人，也不可能做大事。

　　是不是因为世界受辩证法支配，失败和成功可以转化，我们就害怕成功呢？是不是因为人人会死，我们就坐着等死呢？是不是因为大国有兴衰，我们就不要崛起呢？是不是因为事物可以向相反方向转化，我们就永远甘居弱者，不当强者，甘居下流不争上游呢？这不是对待辩证法的正确态度。马克思主义教导我们，任何事物的转化都是有条件的，我们不是无条件的转化论者，而是有条件的转化论者。我们应该创造条件，发挥人的主观能动性，防止事物向坏的方向转化，争取向好的方向转化。胜不骄，败不馁，可以争取失败转化为胜利，也可以防止胜利转化为失败。事物的转化是规律，可朝哪个方向转化取决于人们的主观能动性的发挥。

要掌握辩证法，必须懂"变"字。"变"字很重要，世界无不变之事，无物不变，无人不变，无国不变，凡是顽固守旧，拒绝变化，不能与时俱变的国家或人终究会衰败的。"金玉满堂，莫之能守，富贵而骄，自遗其咎。"

当年梁启超在《变法通议》中说，"法者，天下之公器也，变者，天下之公理也"，"变亦变，不变亦变"。事物也是如此，变亦变，不变亦变。所谓按辩证法办事，就是掌握辩证法规律，争取事物朝有利于我们的方向转化。这就是学习哲学的好处。老子辩证法中的守柔、居下等等，不是甘居下流，而是只有守柔才能以柔克刚，只有居下，才能众望所归，终成大业。"江海所以能为百谷王，以其善下之，故能成百谷王。"

33. 辩证的否定

辩证法的本质是对立统一规律。事物的发展是源于内在矛盾，发展的方式是其中一种新的因素对旧因素的自我否定，从而产生一种新的事物。正如花是对花蕾的否定一样，没有对花蕾的否定，就不可能开花，没有对种子的否定就不可能长出作物。因此发展必然是一连串的否定，而同时又是肯定，即肯定从否定中产生，正如婴儿的出生是对胎儿的否定，而胎儿是对精子和卵子的否定一样。社会主义是对资本主义的否定，不否定资本主义不会有社会主义。可这种否定同时也是对资本主义社会包含的积极因素的肯定。所以说"仇必和而解"是错误的，因为仇即矛盾着的事物必然是否定的一方克服肯定的一方，然后形成新的肯定的事物。

34. 偶然性

如果不承认偶然性的作用，认为一切都是必然的不可改变的，就会走向神秘主义和命运决定论。一次战役的胜利和失败，包括许多偶然因素，但战争的最后结局就包括在必然性之中。例如，中国革命的成功，包括无数战斗，包括战场上和地下斗争，其中有不少惊人的情节，故事性的东西，有很多偶然性。但是中国革命的最终结局，是中国共产党人的胜利和国民党反动派的失败，这不是偶然的，而是必然的。可以这样说，偶然性对局部有时会起决定作用，但对历史总体的方向性而言，处于主导地位的是必然性。我们说历史发展是有规律的，就是指总体和全局而言的，而不是说每件小事都是必然的。

孟德斯鸠在《罗马盛衰原因论》中说，"支配着全世界的并不是命运。这一点从罗马人身上可以看出来：当罗马人根据一种办法来治理的时候，他们一连串的事情都是成功的，可是当罗马人根据另一种办法来行动的时候，他们就遭到了一连串的失败。有一些一般的原因，它们或者是道德方面的，或者是生理方面的。这些原因在每一个王国里都发生作用，它们使这个王国兴起，保持住它，或者是使它覆灭。一切偶发事件都是受制于这些原因的；如果偶然一次战败，这就是说一次特殊的原因摧毁了一个国家，那就必然还有个一般的原因，使得这个国家会在一次战斗中灭亡。总之，一个总的基础是会把所有特殊的事件带动起来的"[①]。

---

① 〔法〕孟德斯鸠：《罗马盛衰原因论》，婉玲译，商务印书馆1962年版，第102页。

35. 解释与文本

按照施莱尔马赫的观点，解释者不仅要理解文本的原意，而且要发掘原作者自己都没有意识到的东西。这样说，解释者比被解释者对自己的文本的内容有更深的理解。理解者比被理解的作者更了解其文本。这样说，其实文本变成与作者无关的东西，因为文本一旦出现，它就与作者脱离而任人评说。可是文本是由文字书写的。要想超越文字，必须进入心理分析，而心理分析把文学变成精神分析学。这种解释学与其说是客观地研究作者，解释和理解被解释者，不如说是在解释自己的理解。老实说，这不是解释文本，而是借助于解释文本来阐述自己的观点。这不是研究，而是创造。创造出作者没有说过的东西，创造出文本中没有的东西。这样的解释学不可能达到客观性，而只能阐述自己的理解。运用这样的方法来研究历史，必然会导致事实不重要，重要的是自己对事实的解释，从而把历史学著述变成文学创作。

36. 概念化与概念思维

概念思维不等于概念化。概念思维是哲学思维，哲学思维的特点是借助概念进行思维。在哲学的概念思维中，概念不是空洞的，而是包含丰富内容的，因为它是从现实中形成的概念。因此，哲学中的概念思维表明人的认识已从感性认识上升为理性认识。对相关对象形成概念，即把握对象的本质；而概念化的思维是无内容的思维，它对自己运用的概念的丰富内容并不了解，概念只是语词，而不是哲学概念。因此，概念化往往会导致教条主义思维，是一种毫无内容的抽象思维。它不可能产生结果，因为它并不涉及被思考对象的本质，而是在概念中兜圈子，即我们说的从概念到概念，两脚不沾泥，不是站在大地上而是站在云端。

37. 直接知识与间接知识

在当代世界，由于互联网的发达，信息和知识传递无比迅速，出现了一种新人类，这就是宅男宅女，不用出门，不仅饿不死，而且能知天下事。仿佛印证了两千多年前《道德经》中的话，"不出户，知天下；不窥牖，知天道。其出弥远，其知弥少"。这是不是推翻了马克思主义认识论关于认识来自实践的理论呢？没有。任何认识都是来自实践，这就是亲知，是直接知识，是知识的生产；而从互联网得到的是间接知识。如果没有直接知识的生产者，人们不可能从互联网上获得任何知识，正如没有工厂生产产品，从互联网上是不可能网购到任何东西的。科学技术越发达，间接获得知识的渠道和可能性越多，可如果没有从事实践和知识生产的人，论证也不可能获得任何间接知识。正如没有电视剧的拍片人，从电视上是看不到任何电视剧的。因此，知识的流程应该是知识的创造者（直接实践者）——流通渠道（各种传播手段）——知识接受者（间接知识）。这与物质生产一样。生产者（产品）——流通渠道——消费者。没有实践，就没有知识生产者；没有生产者，就没有产品消费者。我们在认识领域中重视实践，正如在物质生产领域中重视实体经济一样。

38. 熟知与真知

熟知并非真知，这是黑格尔的名言。其实，中国哲学家也有类似的话："人莫不饮食也，鲜能知味也。"尽管人人天天饮食，但真正懂得美食而成为美食家的人很少。哲学与具体科学不同，它是从熟知中求真知。叔本华说过，哲学的任务不在于更多地观察人们尚未见到的东西，而是去思索人人可见而无人深思过的东西。确实，科学是去发现新原理，技术是发明新工具，而哲学家则是对人们习以为常的事物进行思索并发现新的智慧。

人人生老病死，几千年无人解决这个难题；人人都追求幸福，但至今对什么是幸福也仍然茫然。如果有人对这个人人追求、世世代代追求的幸福给以一个有智慧的启示，就是了不起的大哲学家。这就是为什么两千年前的技术早过时了，而两千年前的哲学智慧仍然在启迪人们，仍然在供人们学习的原因。

我们有些人对马克思主义哲学原理怀着一种轻视的态度，说我都学过多少遍了，无非物质第一性、意识第二性，诸如此类。其实，这种人根本不懂马克思主义哲学。一个对马克思主义哲学的原著能背诵的人并非真懂马克思主义哲学。马克思主义哲学中每个原理，都是人类丰富知识的结晶，可以说都是一部人类认识发展史。就以物质第一性、意识第二性为例，你能深刻理解它的内涵吗？至今为止，所有哲学家都认同吗？没有。只要看看当代西方哲学家的思想，主张唯心主义的大有人在。因为如何在理论上实证上阐述这个原理并不容易，关于大脑如何思维，客观事物如何进入人的大脑，这个转化过程至今也没有弄清楚。至于社会存在如何决定社会意识，它的机制、方式等，仍然是有待研究的问题。

39. 偶然性

在历史的发展中，偶然性起着自己的作用，而从辩证思维来看，偶然中包含有必然。任何历史事件的发生，就其本身来考察似乎是偶然的，但在辩证思维中，这种偶然性成为必然性表现自身的一个环节。必然性是全体，是结果，而偶然性是单个事件。两者结合在一起，必然性存在于一连串的偶然性之中，并借助偶然性来实现自己。人们看不到必然性，必然性潜藏在偶然性的深处，我们见到的是偶然性。偶然性是用眼睛看的，而必然性是用辩证思维把握的。这就是黑格尔说的"理性的诡计"。

40. 见微知著

中医治未病不治已病。微与著是相互联系的。事物都是由微而著。由小苗而成参天大树，婴儿长成大汉都是由小而大，由微而显，这就是量变到质变。

我们往往忽略量变，当突变来临时，感到惊慌失措，不知如何应对因而陷于失败。真正有智慧的人，都注重量变，在量变阶段加以防范，增加有利于自己的质变，防止不利于自己的质变。所谓见微知著，就是这种哲学智慧。用以治国就是有长远眼光的战略思维，用以治事，就是不断积累经验，使自己的能力发生质的变化。学哲学的用处就是在细微处看到走向，看到可能发生的变化，防患于未然。这才叫眼光。碰到头破血流，祸从天降还不知怎么回事的人，肯定是目光短浅的人。

41. 两种角度

对现实的观察有两个角度。一个是由现实观察现实，这是直面现实。优点是我们就生活在现实中，是近距离观察，可以掌握直接现实的材料。缺点是太近，往往不识庐山真面目，只缘身在此山中。因此，还应该借助距离，这就是历史的考察。不畏浮云遮望眼，只缘身在最高层。从历史高度来观察有它的优点，它可以从人类的过去中，从长的历史阶段，考察现实事物何以如此的历史成因，从而突破直接生活于其中的短时空的局限。

观今宜览古，无古不成今。从认识方法来说，历史和现实相结合是最好的方法。既有现实的直接性，又有历史的间接性，即把现实问题放在历史过程来考察。你不了解一个事物吗？考察它的历史吧，弄清了它的历史，也就了解了它的现在。因为现在如此是由历史上如此发展来的。

42. 底线思维

底线思维是辩证法思维，即关于度的思维。底线就是度。破坏底线就是过度，事情必然发生质变。道德底线是做人的界线，破坏道德底线就由人变动物；超越法律底线就是犯罪，底线是罪与非罪的界线。底线思维就是一定要知道分界线在哪里，道德与非道德、犯罪与非罪的界线在哪里。安全底线就是忧患意识，国家底线就是爱国主义。

43. 因果与迷信

我相信因果关系，这在人生中就是因果报应。这不是迷信，我不相信宗教的因果报应，但我相信生活中有因果报应。因为因果关系中包含客观性，原因中就包含结果的因素。古罗马的塞涅卡说，"罪恶永远不能逃脱惩罚，因为对罪恶的惩罚就蕴藏于罪恶之中"。一个做坏事的人，不可能逃脱法律的惩罚，逃脱对手的报复，即使这些都能逃脱，也不可能逃脱自己良心的谴责。并不是上帝的惩罚，而是原因的惩罚。善有善报，恶有恶报，无论从法律、人际关系，还是从心理学上都说得通。一个心胸坦荡，与人为善的人，总会到处有朋友，而做坏事者到处是敌人。他怎么能平安一生呢？好人一生平安，就因为他是好人，处处可以得到回报，恶人难逃恶运，因为作恶多端，其中总会有一次遭到报复。中国人说"瓦罐不离井上破"，就是这个意思。

卷六

人生之思

1. 人：哲学中最大的难题

不管哲学如何强调人，强调哲学是人学，都不可避免地会遇到一个问题：什么是人？或人何以如此？如果是医学，我们可以进行生理解剖，可是在哲学中，在社会科学中，我们不可能通过对单个人本身的解剖来理解人，而必然要进入使人成为人的自然环境、社会环境和人类历史的研究。

人都是生活在一定的自然环境中，依靠自然提供的条件才能生存，因此人与自然的关系是哲学的重要研究对象；同时人也必须进入社会，因为任何一个孤立的人都不能生存，必须结成群体，而有组织的群体就是社会，因而人与社会关系是哲学研究的对象。人还必然要进入历史，因为自然和社会都是发展的，人是生存在变化发展的自然和社会中，即生存在历史中。要想了解人，不了解人的历史是不可能的。可见，哲学如果只是停留在人自身，就等于白说，除了人是人之外，对人一无所知。要真正懂得人，必须超出人的范围，进入人的各种关系之中。脱离各种关系的人，是幽灵，是不存在的关于人的抽象。

文学也是如此。文学就是人学是个重要命题。文学当然离不开人，要描写人。可文学上的人是什么？如果除了男人和女人外，什么也说不出，就没有文学。文学要讲故事，故事都有发生的地点、时间，都是有内容的，或者是战争，或者是和平时期的悲欢离合，或亲情，或爱情，或悲剧，或喜剧。总而言之，故事的社会背景就是社会，不是抽象的社会而是具体的社会。无论故事如何虚构，人物如何虚构，只要描写人，就不可能是孤独的人。《红楼梦》从主子到奴仆，男男女女不可胜数，人物的丰满度取决于其处于何种关系之中。因此，所谓文学是人学，绝不能理解为文学只描写人。文学不可能只涉及抽象的男人或女人，而不涉及被描写人的生活环境及其社会。可一涉及社会、人的生活环境，就必然涉及人的社会性。如果从被描写的人和故事中，看到的是没有社会性的光秃秃的一丝不挂的人，是从天上掉下来的人，这算什么文学呢？我可以肯定，世界上从来就没有这种只描写人而不进入人的社会的小说。即使是虚拟的社会，读者从这个虚拟的社会也能发现真实社会的倒影。没有任何一个作家有如此高的水平，写一本只是描写人而不涉及是什么样的人的小说。

史学的描述与文学具有某些相似性。文学的虚构是情节的虚构，是故事化的虚构，即使是现实主义的文学也不可能不存在虚构。一部好的文学作品并不取决于它是否虚构，而在于它的合情合理。莫泊桑《项链》的故事，人物和情节都是虚构的，可读者赞赏认可，因为爱虚荣而带来的伤害在社会生活中是常见的。我们不会把它作为历史，认为确有其人其事，但现实生活中确有此种类型的和类似的事。这就是创作中艺术的典型性问题。说不出何人，但又是常见的人。人与动物最大的区别，是人有思想和意识而动物是无意识的本能活动。当然也可能高级动物会有意识，但不可能意识到自己的意识，而是通过活动表示它有意识。如打狗它会跑，狗对生人会吠，对主人会摇尾。但这仍然是本能，它不可能在狗脑中形成认知。人不同，人的全部活动都是有思想贯穿其中的。像黑格尔说的，思想确是人类必不可少的一种东西，人类之所以异于禽兽者以此。不论在感觉、知识方面，还是我们的本能和意志方面，只要是属于人类的，都含有一种思想。

帕斯卡说，人是有思想的芦苇。虽然很软弱，但有思想。中国哲学也有这种看法，但中国哲学强调的是道德礼仪，人之异于禽兽是有仁义道德。实际上，人有思想是基础，而道德仁义则是社会化的规范，并非生而有之。

历史学不同。史学描述中的有关人物和历史事件的重大情节是不允许虚构的，但史学并不排斥对事件之间关系和历史人物行为的合理推测，尤其是涉及历史人物的心理描述时不可能举出事实。但事件的推测和人物的心理描述必须是此情此景下的合理描述，而不能是虚构。所谓合法的历史虚构，是在不需要证据条件下的虚构。我们在《史记》中可以看到这种写法。我们对人物的心理描述的真实性缺少证据，因为作者并不在场，也没有任何历史资料证实，但不影响历史总体的真实性，因为这种描述不需要证据，只要符合人物的性格和当时场景，人们就不会过分苛求。史学不是简单描述过去所发生的一切，而是思考它的意义和价值，会对历史事件和人物做出评价。但历史的真实过程并不取决于评价，这就是历史事实不同于对事实的描述的原因。

2. 人性

马克思主义坚持人不是抽象的存在物。我们坚决反对抽象人性论，因为它不符合实际。一些文学著作，包括影视剧都喜欢用抽象的人性煽情，赚取廉价的同情和眼泪，但人是不同的，因为他们有不同的利益。威廉·詹姆斯《信仰的意志》中说，如果从生物学角度来考察，人是最可怕的猛兽，并且是唯一有组织地把一个种族吃掉的猛兽。我且不说历史上的各种战争，即就二战中希特勒的屠杀犹太人，日本侵略者的南京大屠杀，以及现在发生的局部战争而言，无不如此。人没有天生的善性，也没天生的恶性。善恶取决于环境和制度。只要看看"文革"中一些红卫兵打人为乐的残忍，根本不像青少年，而像是一群狼崽子，就会明白这一点。

罗尔斯在《正义论》中说正义是社会制度的首要价值，正像真理是思想体系的首要价值一样。听起来很好，但仔细考察会发现不妥，真理与正义属于不同范畴，真理属于认识论范畴，说真理是思想体系的首要价值是对的，但说正义是制度的首要价值就陷于抽象。因为对于制度来说，没有共同的正义的标准。没有一个制度认为自己是非正义的。没有一个统治者认为自己的政策和行为是非正义的。正义不可能离开利益空悬在太空，一个阶级、一种制度认定的正义都是有利于自己利益的。我们还从来没读过历史上或现实中有一个统治者宣布自己的制度是非正义的。谁要是从抽象的人性观来定义正义必然掩盖不同社会制度的本质。

我也从来不赞成把道德归结为人性。心性论显然是片面的，人有"四端""四心"，这只是一种人性善的假设，从来没有被证实过，因为社会总有无数相反的事例。道德也不完全取决于教育水平。罗素说，我们没有理由期待一个受过教育的人比一个没有受过教育的人，或者一个聪明的人比一个愚笨的人在道德上更为优越。确实，道德高低与教育程度并非必然成正比。受教育得到的是知识，而知识是专业性的，它并不必然提高受教育者的道德水平，就像硕士比学士高，博士比硕士高那样；而一个普通农民，或一个识字不多的家庭妇女，可能比一个受过高等教育的人更有道德性，更善良，更富有同情心。如果我们的教育培养出来的是一些精致的利己主义者，那是我们教育的最大失败。

嫉妒心是处于社会中的人对别人成就的既羡慕又愤怒的一种心理。一个人会死，可社会中的嫉妒这种心理不会死。任何国家，任何时代都有嫉妒的人。嫉妒的特点都是嫉妒最接近的人、身边的人。或同事，或同学，或朋友。我们不会嫉妒奥巴马或普京，也不会嫉妒马云或山口百惠。因为他们与我们无关也无法比较。正因为这样，嫉妒者与被嫉妒者总是经常见面的，从而天天感到痛苦。嫉妒是一种最坏的情绪，具有嫉妒心的人永远不会快乐，因为他们总是望着别人而否定自己。他们不能从自己拥有的东西中得到快乐，而只能从别人拥有的东西中得到嫉妒的痛苦，最终受害的是他们自己。嫉妒的形成，与天然心理有关，但更与社会关系有关。

欲望也是人性的构成部分。从人的自然本性来说，食色性也；从社会本性来说，人如何对待欲望和满足欲望的方式取决于人的社会关系。人的快乐离不开人的欲望，但人的最大的痛苦也来自欲望，来源于无止境的欲望。快乐来自知足。知足和满足不同。满足是无法衡量的，多少算满足？欲望的本质就是永不满足。知足是可以知道的，因为知的主体就是自己。莎士比亚在《一报还一报》中说，你并不快乐，因为你永远追求着你所没有的事物，而遗忘你已有的事物。

求生当然是人的一种本能需要，也可以说是人性的一部分，但舍生取义则是人的社会价值。蒙田说，生命的用途并不在长短，而在我们怎样利用它。确实，生前活得短却有贡献的人，虽死犹生，因为他永远活在人们心中；而碌碌无为的一生，生命很长，但死后无人能记得。这就涉及生命的意义和价值问题。

人性是个极其复杂难解的问题，古今中外多少思想家绞尽脑汁也没有一个公认的答案。卡西尔在《人论》中说，人们绝不能用探测物理事物之本性的方法，来发现人的本性。这句话是对的。因为人的本性并非物理性存在，是任何仪器都无法探测的。马克思是用科学的抽象思维方法，从人生活于其中的社会关系中发现并考察人性，认为人没有永恒不变的人性，人性的变化决定于人生活于其中的社会关系的变化。

我们感叹于现在的一些道德沦落和价值混乱现象，说是人性的异化或人性的丧失。这是错误的、非历史唯物主义的说法。事实上，根本原因在于生活环境的变化，主要是私有制和市场经济的影响，私有制激发了人的占有欲望，以货币为中介的市场关系激发了人们对金钱的贪婪。这是不可否认的。怎么办？难道因此我们就不允许私有经济，不要市场经济吗？不能。我们不能为了道德而牺牲经济。我们不是道德浪漫主义者。我们不能为了所谓最纯的道德而牺牲经济。在贫困状态下，维持道德的纯洁是不可持续的。我们只有通过发展经济，增加财富，使少数人的富裕变成共同富裕，只有在共同富裕下才能最充分地提高人们的道德水平。在这个过程中，我们必须加强精神文明教育，加强道德和法治，但绝不要期望在贫富对立、两极分化基础上建立一个具有高尚道德的社会。

道德并不是产生于人的善良本性，而是人作为社会存在物的需要。没有道德规范，人类社会就无法运转，正如没有法律，社会就无法存在一样。日本有个学者说，谎言之所以遭到否定不是因为伦理上得不到允许，而是因为它使共同生活成为不可能。确实，任何一个道德规范都是社会的，具有社会功能。我们主张诚信，因为我们不希望受欺骗，主张仁爱，因为我们不希望遭到残忍的对待。道德就其行为主体来说是个人，就其功能来说是社会。一个道德风气败坏的社会是对所有人都不利的社会，正如池塘污水对所有的鱼都不利一样。

3. 人心与人性

人不可能一切返求诸己而从自己心里得到认识，而无需对象性存在。这是唯心主义的狂想。人的心，原本是空无所有。人并不是带着一个装满一切、可以取之不尽的本心降生的。

人刚出生，是一个生物学意义上的人，只有逐渐发育的大脑和各种感觉器官。它们是接受外界事物进入人心的通道和加工器。一个闭目塞听，与外界没有接触的人，是一个白痴。因此，人的认识必须有自身之外的对象性存在。对象，才是人的内心充实、取之不尽的源泉。离开对象，就没有认识。科学知识，来自对外界的科学研究；生活知识，来自生活的实践和日常生活中的交往；理想与信仰同样必须有对象，没有无对象的信仰和理想。宗教信仰是有对象的信仰，只不过是一种非真实的对象性存在，因为没有任何方法能证实上帝的实体性存在；而马克思主义信仰的对象必须是真实性的对象，马克思主义信仰是对可以实证其真实性的对象性存在的信仰。无论是关于社会主义取代资本主义的论断，还是对资本主义制度本质的批判，都是可以证实的。

人类的本性是相似的。爱、憎、愤怒、妒忌，都是如此。爱人会死，但爱不会死，正如妒忌的人会死，而作为一种负性感情，人类妒忌不会消失。只要人类存在，就永远不会消失。但是为什么爱、憎，愤怒、妒忌，原因是各不相同的，主体会变化，原因变化，表达的方式也会变化。所以人类某些基本情感不变，但其具体表现形式又不断随着时代而变。人性既具有共性，又具有特殊性；有不变性，又有可变性。人有人性，但没有一成不变的人性。人有人性，原因是人是人。有什么人性是指人性的内涵是变化的，正如爱是人性，但爱谁，为什么会爱是变化的。没有无缘无故的爱，也没有无缘无故的恨，就是指人性的可变性。只有抽象掉一切内涵，人性才是永恒的。任何概念，抽去内涵都是永恒的、不变的。正如世界皆变，只有变化不变一样。

  人的生命是从无到有，是父母赋予的，从有到无，是自然的馈赠。而生命只存在于有无之间，这是一个比较短暂的时期。我们喜欢探讨生命的意义，其实生命就是生命，它本身没有意义。生命的意义，是人的生命活动赋予的。这种赋予就是创造。生命的意义是生命创造出来的，而非生命自身固有的。因此同样的生命，意义可以各不相同。我们所说的英雄与小人，伟大的人与庸俗的人，有贡献的人和无所作为的人等等，都是就生命的意义而言的，而非讲的生命本身。就生命来说是相等的，都是生命，都应该尊重，可就生命意义来说，各不相同。这正如人为什么活着和为了什么活着是不同的。为什么活着，是生命，只要是生命就活着，只有为了什么活着，才赋予生命以意义。活着，是自然本性，为了什么活着是社会本性。没有天生的高贵与下贱，它不是生命赋予的，而是自我活动创造的。人生不可能是完美的，因为人们总是赋予完美以绝对性，而绝对完美并不存在。从这个意义上说，不完美才是生命的真相。正如幸福一样，绝对的幸福是没有的，幸福都是相对的。可见，人生中总包括不满意的东西。追求绝对的幸福，就是追求痛苦。可以说，凡是知足的人都是幸福的，凡是永远不满足的人，都是不幸的。人生不是弈棋，它没有悔棋，只有悔恨。有人说，人生是直播，而不是录像。诚哉斯言。

4. 人与天使

雨果在《悲惨世界》中说，"尽可能少犯错误，这是人的准则；不犯错误，那是天使的梦想。尘世上的一切都是免不了错误的"。共产党也会犯错误。我们党就是在克服错误，在不断总结经验教训中前进的。指出错误是为了改正错误，而承认自己的错误就是准备改正错误。对一个人来说是如此，对一个政党来说也是如此。如果扭住错误不放，采取清算的态度，这已经无关错误而是政治斗争了。

5. 人性中的善与恶

我不知道那些歌颂抽象人性而不承认人是社会关系总和的人，如何解释人性中的残暴，如何解释侵略，如何解释战争中的杀戮，如何解释杀妻灭子的行为。社会中有如此多的杀人案件，世界上仍然充满杀戮，用人性本善如何解释？威廉·詹姆斯在《信仰的意志》中说，如果从生物学角度来考察，人是最可怕的猛兽，并且是唯一有组织地把一个种族吃掉的猛兽。

屠格涅夫小说中描写奴隶主对待奴婢木木不如木木对待自己的狗。人对人的残暴有时远过人对动物。为什么？因为人与动物，尤其是自己的宠物没有利益冲突，而人与人存在着利益关系。当一个人伤及另一个人的利益时，必然是除之而后快。没有历史唯物主义观点，用抽象人性论能解释得通吗？！

6. 人与动物

毛驴并不因为穿上花衣服就会受人尊敬。穿戴整齐的狗仍然是狗。真正体现人的内在价值的是自身拥有的东西，如品质、学问、道德，而不是人之外附加的东西，如地位和财富。地位和财富是可以失去的，而人拥有的品质不会失掉。地位和财富可以包装一个人，而包装是在物品之外的附加，它不能改变物品自身的性质。因此任何包装，都不能改变一个人的内在品质。它是包装，而不是物品，是外表而不是灵魂。美颜如鲜花，赏心悦目，但很快凋谢；美德，如美玉可以传之后世。

7. 生命的意义

我们了解生命的意义，并非探索抽象的形而上学，而是有实际的意义。我们每一个人都拥有生命，都是鲜活的生命个体，但并不是我们每个人都懂得生命的价值和意义。当我们理解它的意义和价值时，我们会珍惜生命，否则会以错误的态度对待生命，甚至抱怨生命。存在主义宣扬我的存在是我的负担，或者说，一切烦恼皆因我。我的存在是一切烦恼的根源。这样，生命给人带来的只是痛苦和负担，个人的出生注定是个噩梦。这种悲观主义生命观，是消磨社会活力的腐蚀剂，是人生毒药。

个人生活中确实会存在苦恼和烦心的事，但这不是生命的全部。当一个人把自己生命的关注点转向社会、国家和民族，那个人的苦恼和心烦与这种转向承载的使命所赋予人的生命的伟大意义是无法相比的。如果我们都根据庄子的《至乐》，以死为代价来解决人的一切问题，社会发展就必然陷于停止。

8. 认识自己和认识他人

尼采有句话很有意思，他在《查拉图斯特拉如是说》中写道，人是最不容易被发现的，尤其是最难被自己发现。这话不难理解，因为人在人面前容易掩盖自己，人在人面前有两副面孔。人类社会仿佛假面舞会。中国人说,"画龙画虎难画骨,知人知面不知心"。实际上人最难的是认识自己。德尔菲神庙前写的就是"认识你自己",苏格拉底说"哲学就是认识你自己"。没有人能清楚地知道自己的缺点和优点,自己的长处和短处。自己眼中的自己和别人眼中的自己是不一样的。因为认识别人是把别人当作对象,自己是认识主体,是一种主客体关系。而认识自己,是自己既是主体又是客体,既是运动员又是裁判员,不可能很客观。

人既有理性也有非理性。理性是合理性,它建立在知识、文化和素养上,非理性往往是一种本能,它往往容易变为不合理性。人不可能拒绝本能,因而不可能没有本能欲望,包括对饮食、对异性的本能追求。但本能活动要在合理范围内,必须有理性的制约。理性仿佛是警察,防止行为由于非理性的冲动而越界。马尔萨斯在《人口论》中说:"每一种享乐,无论是感性的抑或是知性的,其追求均有理性为其适当的矫正者指导者。理性,使我们能够计算结果。因此,进步的理性,虽不能灭绝感性的快乐,但往往可以预防这快乐的滥用。"[1] 从这个角度说,理性是非理性的越界的防火墙。可实际上人最难控制的是欲望,理性在欲望面前往往失能。

人应该关注自己,而不应该总是把眼睛盯住他人。把眼睛盯住别人的,见到不如自己的人会产生满足感,而看到比自己好或有成就的人,容易产生嫉妒心。因为他如此关注别人的原因不是为了自己满足而是因为不满足。叔本华《生活的智慧》中说得好,人类的嫉妒心告诉人们,他们本身是多么地不幸;而密切地注视别人的行为说明他们本身是多么无聊。一个既不幸又无聊的人,其生活的意义和价值何在呢?

嫉妒心与报复心往往连在一起,我们反对你打我左脸我再送上右脸的奴隶哲学,但我们也反对内心积累仇恨。宽容之心带来快乐,而

---

[1] 〔英〕马尔萨斯:《人口论》,郭大力译,北京大学出版社2008年版,第90页。

仇恨心往往会使人日夜不安。培根说过，念念不忘宿怨而处心积虑图谋报复的人，所度过的将是一种巫师般的阴暗生活。和解应该是一种处理人际矛盾的最好方法。中国哲学中有不少这方面的人生智慧。

9. 人的超越性

人应该有超越性，超越自己的本能。这种能超越本能要求的东西就是精神，是精神境界。人之所以不同于动物就是他不满足于本能，而有高于本能的要求。这种精神境界表现为道德、情趣、修养，我们可以统称之为文化教养。文化教养越高，就离动物本能越远，按毛泽东的说法就是越脱离低级趣味，成为一个高尚的人。

人的本能要求不能否定，中国古人都说食色性也，是有道理的。可是衡量人之高下低劣的不是本能，不是食色，而是如何对待自己的本能，如何超越本能而进入精神领域。精神的特点是自由，包括思考和行动的自由。但人的自由是有约束的，约束就是社会规范，就是法律、道德、纪律。正如任何河流都有河岸，再大的海，再大的洋都有岸。美国就有东海、西海岸。没有岸，就没有大洋大海，就没有黄河长江。没有约束就没有自由。因为自由就是因为有非自由的限制才称为自由，因此自由是有边界的，正如大海有海岸一样。

信仰是人的超越性的表现。动物没有信仰，只有人才有信仰。信仰是情感与理性的混合物。但情与理如何结合往往决定信仰的走向。宗教信仰，是感情多于理性，宗教信仰是最具感情的。教徒之间，信徒与所信仰的宗教之间有一种情感的关联。可以说宗教情感是信徒之间的纽带。这种情感在合理的范围内是高尚的情感，但一旦变为排斥非教徒，变为排斥异教徒，往往会演变为宗教战争。这是情感压倒理性，情感成为非理性的宗教狂热。

马克思主义对自己的信奉者来说也可以说是信仰，但它是科学的信仰，理性的信仰。马克思主义信仰同样需要感情，并不是纯知性的或纯理性的。共产党人为马克思主义真理而献身，不仅是理性的选择而且包含着感情。对马克思主义的信仰本身就包含着对人民苦难的同情。所以池田大作说，一旦建立信仰，便闭上理性的眼睛，封住理性的喉咙，这绝不是信仰的态度。确实，如果信仰只有感情而无理性，往往是盲目的、狂热的。

信仰是外在的崇拜，信念是信仰的内化，而内心信念的坚实基础是相信。对一切都不相信的人，不可能有信仰。我们社会信仰的失落，是源于人们互不相信。不相信有安全食品，不相信有不贪污的干部，不相信政府，不相信任何人，唯一还可信赖的就是亲人。为什么会失信呢？是市场混乱，以及钱权交易、官员腐败造成的。而其最深的根源则是市场经济演变成无道德无法治的市场。我们是在还没有建立起保障市场经济健康运行的法治和道德的情况下，一下子把社会经济推向市场的。"一部分人先富起来"是正确的政策口号，没有一部分人先富起来，社会就陷于没有动力的停滞之中，但一部分先富起来不能成为引导人们思想道德方向的口号。一部分先富起来作为政策导向和道德导向之间有矛盾，必须处理好。否则以发财为导向，会对价值观念造成破坏，滋生贪污腐败。我们党一直倡导"两手抓"，倡导经济建设和精神文明建设"两手都要硬"，但一手硬、一手软的问题长期没有得到很好解决。在金钱与道德的抉择之间打败仗的往往是道德，金钱似乎无坚不摧，具有征服一切的力量。如果我们认真学习马克思《1844年经济学哲学手稿》中关于货币的论述，我们或许会在这个问题上懂得更多一些。

10. 精神的超越性

从个人来说，每个人都生活在一定时代，从生到死有一定的时间段。人人如此。可是有一种精神是不死的，它没有时间段，它超越时间，这种精神就是民族精神。它表现为哺育这个民族的伟大文化传统和智慧精髓。它为这个民族代代继承并在实践中不断发展。它不会随着伟大思想家个人的死亡而消失。我们纪念伟大思想家、政治家、军事家、科学家、文学家等等，就是纪念他们留给后世子孙的精神。从这个意义说，人是会死的，但精神可以永恒。这不是说精神可以没有承载者，民族精神的承载者就是这个民族的人民。

精神的产生既有具体的时间性，受时代制约，又超越时代而具有普遍性。不具时代性，就无法说明它为什么会产生，因为它的产生和内容都是受时代制约的，如果不能超越它产生的时代，它就是转瞬即逝的个人思想，不是民族精神。伟大思想家之伟大，不只是对他的时代而言的，而且是对后世而言的。

11. 立功与立言

如何看待三不朽，即立德立功立言，这是个哲学问题。叔本华谈到过立功和立言，认为在立功这条道路上，主要条件是伟大的心胸，而在立言和创作这条道路上，主要条件是伟大的头脑。他认为立功是过眼云烟，而作品则能保存下来。这个看法有道理，但不全面。

就个人来说，名誉、地位都是过眼烟云，而能够留下的是作品。这就是思想家比政治家更受人尊敬的原因，伟大作品可以留传后世，而个人的功名不可能长久。这种说法是把立功理解为个人的事业，个人的名誉、地位。可是，如果把立功不仅是看成个人的名誉、地位，而是看成对国家和民族的贡献，情况就不一样。秦始皇统一中国，确立郡县制和书同文、车同轨的制度对中华民族的功绩同样是永远的，毛泽东建立新中国的功绩同样是不朽的。这种立功，不同于个人的名誉地位。中国人说"求利要求百姓利，求名要求万世名"，这种百姓利和万世名就超出了个人的界限，而成为对国家和民族的贡献。

12. 生命与信仰

我们的生命是被给予的，是父母所赐，这是自然规律、阴阳和合的结果；但我们每个人生命中的内容，则是自己的创造。如果说父母只是给我们一张生命出生证，则这张出生证中的内容都是由我们自己填写的。我们用什么填写我们生命的内容？是用我们的行动，一个人的行动就是这个人的生命内容。你是什么样的人，不取决于你如何说，而是取决于你如何做。中国人爱说做人，你是什么样的人取决于你如何做人，即如何行动。人是行动中的人，是实践着的人。要行动必然要有思想，人的行动由思想支配，其中最重要的思想就是信仰。

不管人自觉与否，都是根据自己的信仰行动的。一个利己主义者行动时，潜意识中信仰的是"人不为己，天诛地灭"；一个共产党人临危不惧，勇于赴死，是内心中的共产主义信仰使然。信仰是思想的灵魂，是人的行动中看不见的手。只是我们很多人不自觉信仰的重要性而已。西班牙哲学家奥特伽·伽赛特说，人永远都要根据某种信仰而行动，他那生命的结构在根本上就有赖于他所依据的信仰，而且人类最有决定性的变化就是信仰的变化，即各种信仰的加强或削弱。

13. 天地人

在中国哲学里最难把握的是天、地、人、性、心。什么是天？说天是自然的物质世界，这种解释对中国哲学毫无意义。中国的天是与人相通的天，人的本性，称天性，人的良心，称天良，人有冤屈，求天，哭天，总之，天有意志，能赏善罚恶，能惩恶扬善。这样的天，变成中国人的一种信仰。

人，在中国哲学里，作为万物之灵的人是天地所生，它的本性是天赋予的。人对自己父母的爱，父母对子女的爱被称之人的天性；而天性，在人身上的体现就是人性，这就是儒家性善论的本体论根据。

　　至于什么是心，很难由科学来判断。在医学中，人并没有心，只有心脏，心脏病就是心脏有病，并不是人心变坏。因此，我们不可能用医学观点来探讨中国哲学范畴中的心。中国哲学的心并非器官，并非实体，而是对包括道德、情绪、心理、注意力、智慧等的人的主体意识的一个综合性概念。人心好，其实就是道德好，有怜悯心同情心就是有道德的人，心情愉快就是情绪好，高兴或痛苦都是一种情绪。因此修心，其实就是培养自己的道德情操，而不是修补心脏，心不好不是心脏有病，而是道德亏损，是缺德。正因为在中国哲学中，心是人的主体性内涵的总概括，因此，心对人具有支配作用。为什么《道德经》说，"五色令人目盲；五音令人耳聋；五味令人口爽；驰骋畋猎，令人心发狂；难得之货，令人行妨。是以圣人为腹不为目，故去彼取此。"[1] 因为五官所接受的东西都会联系到人的内心，即刺激人的各种不良情绪。儒家重视"正心"，因为"心有所忿懥，则不得其正；有所恐惧，则不得其正；有所好乐，则不得其正；有所忧患，则不得其正。心不在焉，视而不见，听而不闻，食而不知其味。此谓修身在正其心"[2]。显然这里所说的心包括人的心理、人的情绪，它能影响人的生理，其中特别是人的道德善恶会影响人的身体和行为。总之，作为主体灵魂的心，对人非常重要，不要把唯心主义简单化，以为重视心就是唯心主义，重视物就是唯物主义。这是根本不懂什么是唯心主义，什么是唯物主义。

　　唯物主义和唯心主义的区分不是重视物与重视心的区别，而是如何解释人的主体思想，包括人的认识、人的思想从哪里来的问题的区

---

[1] 《道德经·第十二章》。
[2] 《大学·第八章》。

别。如果认为人的思想不是无源之水、无本之木，而是在人生活于其中的社会物质生产方式中有它的深刻根源，这就是唯物主义，如果认为人的思想完全决定于主体自身，天才人物决定于其自己的天赋，这是唯心主义。按照这种观点，黑格尔可以出现在非洲，也可以出现在中国，可以出现于原始社会，也可以出现于资本主义社会。黑格尔的哲学观念与当时德国社会无关，只与黑格尔的个人才能相关。这样观察思想家，观察历史人物，能不胡说八道吗？正如说，爱因斯坦早生两千年，相对论可以早出现二千年，制造原子弹的专家出现在波希战争年代，古希腊早就可以有原子弹一样的荒谬。

14. 人与神

世界上不少民族都有把某个神作为自己民族的开创者的现象，为什么？古希腊史家李维说过，我们允许先人通过神人结合以使城的开创更具威严，以使自己民族起源神圣化。确实，像日本人自称天照大神的子孙，天皇是神不是人，这对二战中日本军国主义狂热有很大的作用。中国历史的特点是人的历史，无论是神农尝百草，有巢氏架木为巢，都是人。至于女娲补天、盘古开天辟地，是神话，它们并不是中国人的祖先历史。

儒学称为孔孟之道，并非孔子与孟子没有差别，只要读读《论语》和《孟子》就可以看出他们的思想差别不小。孔子对待君父可以说是绝对服从，不准造反，即不准犯上作乱，主张富而可求也，虽执鞭之士亦能为之，做人主张温良恭俭让。孟子公然主张"民贵君轻"，主张可以造反，不过换一个说法，"残贼之人谓之一夫，闻诛一夫纣矣，未闻弑君也"。至于君臣关系，并非绝对服从，"君之视臣如土芥，则臣之视君如寇仇"。孟子提倡大丈夫精神，"富贵不能淫，贫贱不能移，威武不能屈"。可是，孔子与孟子的思想是一脉相承的。孟子把孔子的仁发展为仁义,可以说孟子是继承和发展了孔子的学说,孔子被称为至圣,孟子被称为亚圣,在王道仁政上两者完全一致。

15. 人是社会存在物

人是社会存在物,是集体性存在。在农业社会是集族而居,一个村是一个姓,资本主义社会是市场社会,不可能集族而居,而是通过物的交换相互联系,这也是一种联系方式,是通过市场关系而发生联系。不管如何,有关系就会有矛盾,既有一致的一面,也有冲突的一面。

为了人类这个集体能有秩序地生活,必须有规则。无规则,社会就会解体,人类世界就会变成弱肉强食的丛林世界。维持人类社会的规则有两种,一种是软规则,这就是道德。道德首先规定在与人相处时什么能做,什么不能做,不能犯规。这种规定就是道德规范。但它是软的,因为道德是依靠个人自己的良心和社会舆论来维持的。还有一种属于硬规则,这就是法律。法律是依靠政权力量如法院、警察来维持的。可见,道德和法律是因社会存在本身的需要而产生的,并不是因为有良心才产生道德,有坏心才产生法律。道德和法律都不是基于人的本性,而是基于社会需要。道德是晴雨表,它是社会状态的体现。现在有些人的看法倒过来了,仿佛一个社会不好,是因为道德不好。不知道道德风气不好是因为社会出了问题。道德是第二位的,是从属于社会的。

整治道德应该从整治社会失范入手,而不是单纯从道德入手。历史经验证明,一个王朝的灭亡,不是亡于道德,而是亡于社会制度的腐败。道德不可能救国,也不可能亡国。但它具有强大的反作用。我们要重视道德,但不能把一切寄希望于道德。马克思主义从来反对把一切问题归于道德,而总是从分析社会的经济和政治制度入手,寻找道德失范的原因,而不是倒过来从道德入手进行批判。不是因为道德不好导致腐败，而是因为腐败导致道德不好。从个人分析仿佛是因为道德不好，可把个人放在社会来考察就可以发现，腐败的原因在于社会存在腐败的土壤。个人道德状况只能解释为什么别人不腐败，而他腐败。道德可以解释道德个体，而不能解释社会。这就是为什么马克思主义首先主张社会革命，而不是道德革命的原因。从改变个人道德来改变社会，把社会寄托在个人道德修养上是荒唐的。这就是为什么解放以后一天可以消灭妓院，可以消灭吸毒的原因。现在之所以又出现这些消极丑恶现象，是因为它有滋生的土壤。如何在开放的市场经济条件下同时维持社会道德的纯洁是一个很难的课题。

历代儒家的功能就是维持社会既成秩序，而既成秩序的特点是君权，因此儒家是维持君权父权族权的，这不是因为它道德坏，而是因为它的生存和发展的土壤，即封建社会和农业生产方式本来就是这样一个社会。它既然是要维持而不是变革这个社会，当然要维持君权父权族权，而共产党要革命，当然要反对君权父权族权。

改良主义为什么行不通？因为没有一个统治者自愿交出权力。慈禧也好，清政府也好，即使快要倒台也不会交权，只有革命这条路。为什么西方资产阶级革命可以成立君主立宪呢？如英国、日本，因为这是妥协，是对双方有利的产物。革命者可以减少阻力，君主可以得到人身和某些特许权利的保证，这种妥协，是以君主不再具有政治统治权力为前提。资本主义社会仍然是资产阶级专政的社会，君主作为国家的象征只会在需要时出场。为此，资产阶级政府每年给予一定数目的皇族费用，用高价养皇族，而且要保护他们的尊严。

社会主义革命则没有这种可能。资产阶级革命，是一个私有者革另一个私有者的命，即工业资产阶级革地主阶级的命，而社会主义革命是革一切剥削阶级的命，因此没改良的可能，只有革命。至于取得政权以后，社会继续变革可快可慢，可以采用革命方法也可以采用改良方法。这是另一个问题。这不是一个社会形态到另一个社会形态，而是新社会形态内部的问题。这里说的革命不是推翻政权，而是采取激烈手段实现自己特定的目的，而改良则是采用渐进式的方法逐步改变。

16. 人的社会性与个体性

人的存在是双重性存在：社会性和个体性。人的现实存在是个体的，是彼此不同的具体的存在，是具有个体性的个人的存在。但个体的存在，现实的人的存在，并不是彼此孤立的、互不相关的原子式的存在，而是关系性的存在，即社会性的存在。人都打上了社会性烙印。不存在超越社会、超越时代的抽象的人。人是具体的，但当我们把他们上升为一个概念时，就用一个人字来概括，他们都是人。不仅中国历朝历代的人是人，外国人不论白人黑人或其他什么族的人都是人。这个普遍的人，不是现实的人，而是关于人的概念。

抽象人性论的错误，就在于它立足的是这种人，从抽象的人出发抽象出一种普遍的永恒的人性、不变的人性。这种人有没有？没有。这种没有社会性的人，实际上是动物，动物性不是人性而是动物性或称为兽性，就是食与色，即都要吃和繁殖。人当然也有食色二性，但与兽性不同之处在于同样是吃，对人而言食分三等，同样是性，有人妻妾成群。这就不是单纯食与性的问题，而是社会问题。

人是主体，有主体性，这是不错的。人应该有个性、有自由、有能动性，这都是对的。但我们要注意，主体性要不变为个人主义，即把主体性单纯归为个体性，必须承认个体性是彼此相关的，个人能力、才能和智慧并不单纯是个体的产物而同时是社会的产物。牛顿成为牛顿、爱因斯坦成为爱因斯坦，固然有他们个人的才能的原因，但如果他们生活在前资本主义社会，生活在不需要蒸汽机动力的时代，生活在不可能产生相对论的时代，牛顿成不了牛顿、爱因斯坦成不了爱因斯坦，正如毛泽东生活在唐朝就不是毛泽东。我们不能把个人淹没在集体中，但也不能把个人从集体中孤立出来使之成为一个与时代无关的天才人物。没有这种天才，天才也离不开社会需要，只要加以分析就可以发现产生这种天才的社会需要。

黑格尔说人的本质是精神，是自由。这是把人个体化的结论。从独立的个人来看可以这样说，当我们把人摆在人与人的关系中考察，我们会发现任何个人在集体中都不是绝对自由的，而是受制约，受彼此自由的制约，因为你需要的自由，不一定是我需要的自由。你需要十点睡觉的自由，我需要十一点睡觉的自由，诸如此类，因此生活在社会中的人必须按一定规则生活，才能既保证个人自由，又不妨碍别人的自由。在这种情况下，自由就不可能是无限的。无限的不是自由而是任性。而任何任性的人的最后结果是被剥夺自由。你只要看看监狱中的犯人就能明白这个道理。

至于说人的本质是精神，也是就个体说的。因为个体的行为和生存的主宰是精神，肉体是精神存在的生理基础。可从人类来说，人不可能靠精神生存，而且精神也不可能自我产生，它必然有其产生的基础。无人身的精神是唯心主义幻想。因此，人的本质应该是劳动，而精神是在劳动中产生的。马克思主义不同于黑格尔主义，正在于马克思主义把人看成社会性的集体性存在，而不是一个个彼此无关的个体性的精神存在。

维持集体存在的是劳动，而劳动方式就是社会存在的基础；而精神则是作为集体人的精神纽带。因为人要交流，要劳动，不可能像动物一样无意识地生存，而必须是有意识地自觉生存。精神和语言就是适应人的这种生存而产生的。

我们所说的回归生活或生活哲学，是建立在唯物主义基础上的，根本不同于胡塞尔的回归生活或回归事物本身。历史唯物主义的回归生活，是指回归社会现实生活，因为哲学不是脱离生活的抽象思辨，不能高居于概念王国。而胡塞尔的回归事物本身是回归主体意识，因为事物只有在人的意识中才能呈现给人，因而存在不可能是离开意识的存在。这样回归事物本身就是主体回归自我意识。

这是哲学的老问题。存在只有被意识到才知道它存在，但并不因此就说存在不能离开意识。这是两个不同的问题。人只有通过意识才能把握存在，但存在不能因为被意识把握就会变成主观的存在而非客观的存在。认识是反映对象而非主体与客体绝对同一。同一哲学是唯心主义哲学，是不区分主体与客体的哲学。为什么列宁称有聪明的唯心主义和愚蠢的唯物主义呢？区别在于对人的精神的能动性的不同看法。黑格尔的客观唯心主义，主张绝对观念既是实体又是主体的承担者，主客体统一就是绝对观念达到最终的自我统一。听起来很神秘，实际上表达的无非是主体精神创造客体（异化为对象）又克服异化，返回主体。至于主观唯心主义者主张的存在是被感知，或客体不可能离开主体，是主体思想中的客体因而并不具有客观性，则是另一种思路。在主客体关系中，处于主导地位的是主体，也就是意识或精神。赋予精神以创造力是对的，但赋予它绝对的决定作用是错误的。因为事实证明，人在实践中总是容易碰钉子，容易失败，就是因为客观性成为主体精神的障碍，要越过这种障碍就必须承认它存在于自己的面前，而不是虚幻的存在。心外无一物，何处染尘埃，是错误的。世界有主体与客体之分并非由哲学家决定的，而是由人与世界的关系决定的。当人从自然界脱离，通过自己的劳动成为人，就超越了动物本能。本能的动物无主客之分，因为动物就是自然界的一部分，就属于自然界。人与动物不同，人是以自然改造者的姿态出现的，因为他们不仅依赖自然的赐予而且要向自然索取，因而人以劳动作为自己的生存方式，必然是以自然为对象，必然要区分主体与客体。如果只有主体没有客体，人类无法实践，因为没有实践对象；如果只有世界没有人，没有一个与世界不同的有意识能劳动的生物的出现，也就没有主客体关系。人是自发地本能地在劳动基础上实现主体与客体统一的。可哲学家们并不是一开始就意识到这一点。

在马克思主义哲学产生之前，主客体统一有三种方式：一是通过认识对象达到主体与客体的统一；二是通过唯心主义方式达到主客体统一，或者主体体现为客体，像黑格尔的绝对观念通过异化和复归达到统一，或者像主观唯心主义只承认主体而把客体视为主体思维中的客体，如贝克莱或马赫；三是主客体融合论，认为社会生活没有主体与客体之分，现实生活或人类生活的世界就是一个融合主体与客体的世界。与上述三种观点不同，马克思主义哲学既承认主体与客体之分，这就是世界物质性的观点，又承认主体与客体统一的观点，这就是世界的人化。主体与客体统一的基础是实践，人是在实践基础上实现主客体统一的。这种统一是一个永远没有结束的过程。这就是从实践到认识，从认识到实践，循环往复的过程。不存在主客体的绝对统一，绝对统一就是人类已经穷尽了世界，穷尽了真理。

由感性上升到理性，并不必然从此进入永恒的抽象概念的王国。理性思维需要抽象概念，这是人类认识飞跃不可缺少的环节，但不能停留于抽象概念之中，并把它变成一个独立的王国。因为认识上升到理性概念后还有第二次飞跃，而且是更重要的飞跃，这就是从理论到实践的飞跃。它不是上升到天上，而是回到地下。这就是马克思主义不同于黑格尔哲学的地方。

人的感性认识有局限性，人的眼睛看不到联系。尽管人不是孤立的个人，但在人的眼中，人就是一个一个的个体。而个体间的联系必须通过思维才能把握。社会是有机整体，可这个整体只有用历史唯物主义观点才能把握，光用眼睛是看不出来的。世界是相互联系的，没有孤立的事物，可人用眼睛是看不出世界的普遍联系的。因此，对事物联系的认识必须用思维才能把握，理论的重要性正在于它为我们提供把握事物内在联系的方法。所谓在场和不在场，本质上是认识的层次问题。当我们的认识只是停留在现象时，这种认识也只能是在场的；

当我们深入到本质时，就能发现所谓不在场的东西，而不在场，实际上是在场，只是它隐蔽在现象后面。任何现实存在都有它的历史根源，而过去了的历史就成为不在场的东西，但实际上历史仍然是在场的，这就是历史对当代的影响。如果不在场，它就不可能有影响。因此，我们按照马克思主义的认识论，可以说在场的是直接的感性认识范围，而不在场的则是不能直接为感性把握而必须理性把握的东西。当理性思考探索到事物变化的原因时，就把不在场的东西变成在场的了。例如，著名油画《父亲》和《农鞋》，只要懂艺术的人，看到的就不仅仅是画面上直接呈现的苍老的父亲、破烂的鞋子，而能看到它们背后没有画出的东西。这就叫欣赏，叫艺术水平。这些看似不在场的东西，只是没有说出的东西，实际上就包含在画面之中。一切都是在场的，绝对不在场的东西是不可认识的。

哲学不是伦理学，不能认为哲学只是境界问题。哲学有不同类型，它们的本质和功能是不一样的。对于为人类认识和改造世界提供科学的思维方法和认识方法的马克思主义哲学来说，它不是单纯以追求人生境界为目的的，否则就不可能发挥自身的全面功能。因此，研究世界发展规律和人类社会发展规律，包括人类认识规律，才是马克思主义哲学的本质规定。没有规律性认识，只有境界追求，马克思主义哲学就会变成个人修心养性和提高道德境界之学。如果这样，马克思主义哲学根本不可能产生，也不必要产生。自古以来各种道德学说可以说门派众多，但无一不是教人为善的。中国哲学尤其是儒学就是这种类型的学说。只要读读陆王心学就能明白这一点。

世界观是全部哲学的共同本质，只是有隐性和显性之分。任何哲学，只要涉及人与世界的关系，都不可能回避世界的本质问题。不知世界是什么，它是否具有客观性，则人与世界的关系很难讲清楚。因此，任何哲学，只要是哲学，都无法回避主客体关系。因为主客体关系不是哲学家的主观划分，而是人作为有意识有思维的能动生物与周围世界的关系的必然表现。世界不作为客体，人的活动，无论是认识活动还是实践活动就不可能有对象，而人不作为与外界相区分的主体，就没有实践者和认识者。主客区分是必然的客观现实，而主客绝对对立才是一种哲学观点。无论是中国的万物一体的天人合一，还是后现代主义的人与世界融合，都是一种哲学观点而不是事实本身。天人合一，无法抹平天与人的区别；人与世界融合，也无法取消人与世界的区别。世界的客观性，它在人之外的存在，不会因为任何哲学而取消，哲学家没有上帝的能力，他不可能凭借一种哲学观点就改变人与世界的主客体关系。不论哲学家如何反对，自然界照样按自己的规律运行，科学家照样研究客观规律，任何无视自然客观性的做法都会受到自然的报复和惩罚。世界可是不讲客气的。至于在道德领域，知人知天，致良知、心外无物、心外无理，都可以，因为它涉及的只是个人的修养。可是真的要知行合一，这个行不是指自己在观念上践行道德，而是在事实上把自己的道德变为实践。改造外在世界，哪怕是改造一个人，也都必须承认它在你心外存在。如果一个生态伦理学家不承认自然的客观性和规律性，而只讲道德原则，我看是无济于事的。

17. 我与我们不可分

任何人都是一个我，我是唯一的、不可重复的、不可取代的。但我又不是唯一的存在，因为只有一个我是无法生存的，我只能与我们同在。我是生活在我们之中。这样，我是社会关系中的存在，而非社会关系外的存在。但随着社会的发展，人的存在方式似乎越来越个体化，似乎个体可以脱离开其他人而孤立存在，比如现在的宅男宅女。可实际上，他一刻也离不开其他人。只是联系方式发生了变化，用不着见面，一切通过互联网搞定。互联网，让个体存在变成世界性存在，可以与世界任何地方的任何人发生联系。直接交往变成间接交往。在我看来，这是科技的进步，改变了人们的社会联系方式。联系仍然存在，但联系方式变了。别小看这种方式变化，与此相随的是人与人失去了亲密感。亲情、友情和人情都变成电波。"一日不见"如隔三秋这种浓情深意不复存在了。

人既是个体，又是集体。既是我，又是我们。因此人应该具有两种特性，个体性和集体性。作为我，我应该具有自己作为独立存在者的人格和尊严，作为独立存在者的思想自由和自我意识。可作为集体存在，作为我们中的存在，我们必须具有集体性，这就是我的自由不能侵犯他人的自由，我的尊严不能损害他人的尊严。更进一步说，我的自由应该成为促进我们的自由的条件。

个人不能凌驾于集体之上，集体也不能牺牲个人的自由。个人有个人的自由，个人有个人的尊严，个人有个人的独立，但集体同样如此，集体的自由、尊严、独立就表现为国家和民族的自由、尊严和独立。这就是马克思主义主张的个人与集体的统一。所有自由主义者都是把个人凌驾于集体之上，因此他们永远得不到真正现实的自由。

据我所见，在哲学领域中很少有思想家论及集体，而都是强调个人，只有马克思主义哲学强调集体，因为马克思主义哲学是人类解放的哲学。人类解放是集体的事业，是任何个人都无法完成的。任何单个的个人仅凭一己之力想摆脱旧制度的束缚是不可能的。像当年鲁迅论及娜拉离开家庭之后怎么办，最后还得回到家庭，因为社会没有改造是无路可走的。马克思主义哲学是集体的哲学、群众的哲学，但马克思主义从来不否认个人的重要性。一个由无数不觉悟的个人混合而成的集体只能是乌合之众，并不是马克思主义需要的集体。马克思主义主张组织政党，就是要通过组织的力量形成改造旧制度的力量，并在新的社会制度下促进每个人的自由全面发展。有觉悟的个人和无觉悟的个人是两种个人，他们是两种不同制度下的产物，而不是决定于人性的变化。正如解放战争中俘虏的国军士兵，能够变成解放战士。

人是同一个人，处在不同制度下会成为不同的人。

18. 人的个体性与关系

个人是个体性存在，而集体是关系性存在。个体是实体，集体是关系。正因为如此，个体是独一的，而集体是多样的，因为关系是多样的。一个人，既可以是家庭、家族中的一员，也可以是阶级、阶层中的一员，还可以是民族、国家中的一员。个体在关系中扮演着不同的角色。个体离开集体则不存在，而集体缺少某一个体仍然是集体。这就是为什么集体优先于个人的理由。维护集体，包含维护集体中的个人，而只维护某个个体，未必有利于维护集体。

有个人，必然有个人利益；有集体，必然有集体利益。这两种利益的载体都是个人，因而每个个人都需要处理个人利益与集体利益的关系。一个人不能没有个人利益，也不能没有集体利益。作为家庭成员，有家庭利益；作为民族成员，有民族利益；作为国家成员，有国家利益。家庭好，自己也好，其他同理。国家强大，是每个国人的幸福。

个人主义和集体主义不是两种利益，而是对两种利益之矛盾的处理方式。个人主义是个人为中心，损害集体利益，而集体主义是把集体利益放在个人利益之上。集体利益并不排斥个人利益，因为集体的发展对处于这个集体中的个人肯定有利。一个破落家庭的成员肯定是穷困的，其他同理。有人说，小河不满大河干，而不是大河不满小河干。只有个人利益得到满足才能有集体利益。这个譬喻是不确当的。因为个人不是一条条互相流向大河的小河，而是独立的个体，他们不是互补关系，而是相互竞争的关系。不是彼此同心协力构筑同一个集体，而可能由于相互矛盾而拆台。因此，在社会生活中，我们强调集体主义，就是为了保证不因个人而损害集体从而最终损害个人自己。

19. 自由与责任

自由是最具吸引力的，是人人赞成的。可是自由与责任不可分，一份自由，就要承担一份责任。要自由而不要责任，不是自由是特权。萧伯纳说过，"自由意味着责任。这就是为什么多数人见它害怕的原因"。当真正获得自由时，不少人将逃避自由。有学生因为找不到工作而发牢骚，说不如你们那时国家分配好。有自由选择，又不要自由选择，反而羡慕分配。我说，这不是自由的错误，是你们对自由理解的错误。你们的自由概念就是我的事情我做主，任何人管不着。你们从来没有考虑到，社会不是你一个人的独立王国，而是由人群组成的。你要自由，我也要自由，人人要自由，没有规则行吗？没有规则就没有自由，人人遵守规则就是责任。

你有择业的自由，有跳槽的自由，单位就有不选择你的自由，有解聘的自由。单方面的自由，唯一的自由者的自由，在人类社会是不存在的。没有法治，没有规则的自由世界是梦想。这个梦想可以一个人在房间里靠在沙发上实现，一走出房间就破产了。因为走出房间是走出私人空间，进入社会公共空间，处处有规则，连走路过马路都不能绝对自由，何况其他。自由是有边界的，这就是道德和法律。有位学者说得好，江河若没有堤岸，便不成其为江河，自由存在于约束之中。没有堤岸叫洪水泛滥，不是江河；没有约束的自由，叫疯狂而不是自由。

学术自由、思想自由、舆论自由，都非常重要。但这种自由也不可能是无规则的。学术自由的本质就是"学术"的自由，是学术范围内的自由，自由的目的是推进学术研究和探讨。即使探讨中有错误，或有不同观点，都是应该鼓励的，阻碍学术自由会妨碍学术的发展，没有自由就没有学术研究和探讨。但如果重心不在学术，而在"自由"，即假学术自由之名宣传自己的政治主张，这是夹带私货，这种学术自由不属于学术自由而进入政治领域。

思想自由的本质在"思想"的自由。思想是最具创造力、最需要自由而反对禁锢的。思想自由的目的是发挥思想的创造力和创新力，发挥个人的主观能动性。但思想自由一旦与政治联姻，变为争夺政治斗争话语权，就不再属于思想自由范围，而属于思想斗争的范围。这种情况下，就看谁代表真理，谁代表扼杀思想创新的保守力量。评价的标准已经不是抽象的自由，而是真理，看谁占有真理。

舆论自由，在我们国家同样重要。舆论自由起着对政府、对执政党的舆论监督作用，也肩负着宣传党的方针、路线政策的作用。报纸是党、政府与人民联系的纽带和通道，发挥着沟通上下的桥梁作用。与任何自由一样，舆论自由同时负有正确报道的责任，而不是超越法律和新闻的准确性和真实性要求的所谓"无冕之王"。有人认为，报纸只需要报道坏的不必报道好的，只要报忧不必报喜，这样才能发挥牛虻作用，而不是歌功颂德的工具。这种说法貌似有理，实质上似是而非。应该说，报纸既要发挥监督作用，同时也应该宣传党的政策和主张。党报姓党，不应该理解为党报为党说话，错的要说成对的，这不是共产党人的党性，而是宗派主义。党性和人民性不是对立的，也不应该对立。如果只对党有利而对人民不利，文过饰非，这就不是党性。

20. 论自由

自由现在最为一些知识分子所看重，所乐道。可是没有人问，你为什么要自由？难道自由的追求者把自由视为最终价值，为自由而自由吗？当我们把自由作为目的时，往往忘掉了人类之所以需要自由的原因。其实，自由本身不是目的，而是从属于人们所追求的目的。自由是他们能摆脱束缚达到自己目的的手段或道路，因而自由总是从属于目的的。资产阶级追求自由，是反对封建专制制度所必需的，因为封建专制制度阻碍了资本主义发展的自由；无产阶级追求自由，因为这是他们能够组织起来反对资产阶级的条件，因此资产阶级不会给无产阶级太多的超越资产者自身利益的自由，而是用法律为自由设立界限，给自由画个圈圈。绝对的无限的自由是不可能的。

学者需要自由，需要独立思考，这没有问题。陀思妥耶夫斯基说过，发表自己不正确的意见，要比复述别人正确的意见更有意义，因为前一种情况下，你是一个人，后一种情况下，你不过是只鹦鹉！可见，学术自由、思想自由，这都是应该的。但学术自由的自由绝不是抽象的自由，它同样有目的：根据自己的价值追求和政治倾向，赋予自由以不同的使命。在国民党统治下，学术自由可以成为反对专制的要求；在共产党领导下，学术自由的目的可以是多样的，难以一概而论，必须具体问题具体分析。总而言之，自由是重要的，人本来就是自由自觉活动的类存在物。没有自由，人什么也干不了，但自由绝不是目的。当年马克思强调人的自由自觉活动是为反对异化劳动，凡是强调自由都有自己的目的，这个目的或是正确的、符合社会进步方向，或者相反。因此，自由往往是一杆大旗，但要看是谁举着，要什么样的自由。不能光抽象地说自由是天赋的，是好东西，是不可剥夺的，至于追求自由的目的却不在考虑之列，这是十分荒唐的。

如果一个强盗要求抢劫的自由，小偷要偷窃的自由，吸毒者要求吸毒自由，你同意给他们吗？肯定是不会的。民主也一样。资本主义制度的民主，最集中的表现是票选。资本主义民主不是目的，而是达到资本主义社会执政合法性的依据。这个合法性对资本主义统治是至关重要的。列宁说过，资本主义制度下的民主制是资产阶级最好的统治形式，因为它是软性统治而不是硬性统治。没有做好，群众有意见，可以下台换马，民主党不行，共和党上，共和党不行，民主党上，但换来换去，只是面孔不同，本质不变。有人羡慕资本主义制度，说民主制没有政变。其实，在成熟的资本主义制度下，没有推翻资本主义根本制度的政变，因为统治阶级制定的法律极其完备，无产阶级不可能通过政变掌握政权，而资产阶级根本不会通过政变来推翻自己的政权。当然，在采用民选制度的国家不可能政变也是相对的。在一些号称民选的国家，不是经常发生政变吗？民主不是万能的，要看什么样的民主。民主有真有假，有多数人的民主，有少数人的民主。不能认为凡是盖上民主的印章，就是真货。

21. 幸福

幸福难以描述，也难以量化。因为幸福的主体是人，而人并非抽象存在物，人是各种各样的现实存在物。不同的人对于幸福的感受是不同的，这就是幸福感的问题。幸福感无法物化，同样面对黄金、钻石、别墅，有的人感到无比幸福，有的人可能淡然置之。幸福感也无法量化，幸福时的内心快乐程度，难以描述。这就是为什么哲学家对幸福争吵不休的原因。

从马克思主义观点来看，把幸福完全个体化，归结为个人的问题，把幸福感归结为内心感受，是不正确的，至少是不全面的。历史唯物主义认为，幸福是个社会问题。在阶级社会中，总体上说，有产者会有更多的幸福感，而处于社会底层的受剥削受压迫的人则少有幸福感。因为他们各自获得的生活资料和能得到的生活条件完全不同。劝穷人、受压迫者知足常乐，劝他们回归内心世界，感受内心自得其乐的幸福，是欺骗，是蒙汗药。一个合理公正的社会，会给绝大多数人创造幸福的条件，至于在同样条件下，各人的幸福感可以不同，但绝不能把回归内心世界当作人类追求幸福的唯一之路。认为回归内心就能达到幸福，就天下太平，什么斗争都化解了——这是一切剥削阶级的理论家们最最喜爱的理论。

22. 内在幸福与外在幸福

应该把幸福区分内在幸福与外在幸福。外在幸福，是社会的给予和个人的实际处境，内在的幸福则是各人内心对幸福的感受。同样的住房，不同的人的幸福感可以完全不同。

内在幸福感不是纯主观的，仍然是受客观制约的。由无住房到一百平方的住房，这是一种感觉；而从上千平方的别墅搬到一百平方的寓所，是另一种感觉。我相信，无衣无食、饥寒交迫的人不会感到幸福。幸福总是需要一定的条件，或者说感到快乐和满足的客观条件。无条件的幸福感是蒙人的。但有了客观条件是不是一定感到幸福，这取决于个人对幸福的看法和感受。亿万富翁也有感到不幸福的，也有苦恼的，皇帝也会有皇帝的苦恼。这就是为什么哲学家对什么是幸福莫衷一是的原因。

我们无法找到一个普遍的幸福定义。说幸福是快乐，是满足，都过于简单化。如果非要下个定义的话，我认为幸福不是对物质条件的满足，而是对生活状态的满意。满足和满意是不同的。满足是量，住房有多少平方，钱有多少，等等。如果追求满足，就永远不会有幸福，因为人的欲望是永远不可能满足的；而满意不同，满意不是欲望，而是一种生活状态或生活方式的追求。有的人生活简单，朴素，安静，就感到很幸福，虽然实际享受并不多。所谓知足常乐就是如此，因为知足是一种境界，它无法用多少钱来衡量。

叔本华认为，个人幸福的主要因素，在于我们的内在的品质，而外界只不过是对我们产生一种间接的影响罢了。这个说法有一定道理。但这只是从主体方面看待客体，因而把人的幸福感看成纯粹的内心体验。如果这样，外界只是动因而不是原因，就无法解释为什么处境不同的人，对待同一事件会有不同的感受。存在决定意识，人的社会地位、处境和生活条件，会影响他们对幸福的感受。这就是为什么穷人容易满足而有些富人反而不满足的原因。因此，对幸福的考察必须包括主客观两个方面。既要考虑客观条件，又要考虑人的感受。一个生活在污泥中的人感受的幸福是虚假的幸福。它给主体带来的不是人格的尊严而是贬低。一些穷人把自己一生积累的财产捐给寺院带来的幸福和快乐，不是真实的幸福和快乐，而是由于执着信仰带来的心理的自我安慰。

叔本华并不否定客观因素，但是他把决定性的因素赋予主体。他说，生命中的主体因素，对于我们的幸福和快乐而言，其重要性远远超过客体因素。并举例说，"体健力壮的乞丐比之恶疾缠身的君王要快乐得多"。在这里，叔本华把幸福偷换为快乐。其实幸福与快乐有区别，快乐是心情，而幸福是处境。君王就自身处境而言，无论是享受还是生活，当然比乞丐幸福；但就体健力壮的乞丐比之恶疾缠身的君王而言，谁更快乐，当然是乞丐更快乐。因为一个即将死亡，而另一个健康地活着。死亡意味着幸福生活的结束，而健康意味着生命的存在。

我们不能说，只要健康地活着，其他一切都无所谓，这种体会只对即将死亡的人来说是对的。对活着的人来说，除健康外还有其他需要，包括生活的需要，人的生存条件的需要。我不相信一个健康的乞丐比所有的人都快乐。人的幸福构成条件是多方面的。说穷人比富人幸福，只要你感到幸福就行，这是一种麻醉剂。马克思反对宗教，说宗教是鸦片就是就这点说的，而不是完全否定宗教的其他社会功能。

有人说，"事物不影响人，是我们对事物的想法影响我们"。这样，我们处于什么社会，是穷是富，是统治者是被统治者都无关紧要，只要改变看法一切都会颠倒过来。这是一种忽悠人的说法，因为它不利于被压迫者的反抗和斗争。"心灵的内在财富是真正的财富，其他一切都可能弊多于利。"这种财富观是非马克思主义的。因为它忘记了一个基本事实，任何人都是无法仅仅靠内在的心灵财富生存的，何况是整个社会。我们追求的是全民的物质富裕和文化素质的同步发展。这才是马克思主义的幸福观。

23. 人是文化的凝结

人与动物的区别在于动物是本能活动，人是自觉活动。本能活动的特点，是动物生下来的习性就注定的，受自然规律支配。动物是受地理环境决定者，它的一切本能和生活习惯都是由不受它支配的自然决定的；人也有本能活动，人的生活习惯，同样会受自然环境影响，山西人爱醋，湖南人爱辣，肯定与气候和环境相关。但人最本质的特点，并非单纯由自然决定，而是受文化环境支配，人是文化的产物。人受文化影响比单纯受自然影响要大得多。因此，同一个国家，同一个民族，同一个地区，即使自然环境气候没有发生大的变化，但不同时代的人的思想观念和生活方式也会发生很大的变化。农业条件下的人和工业条件下的人就很不同。所谓代沟，就是社会文化环境造成的而不是气候造成的。

人是文化的产物，而文化又是由人创造的。文化不是本能活动，不是遗传性活动，而是自由创造并代代相传的活动。没有自由，就没有文化创造。这里的文化创造是广义的，包括工具制造和人文创造。从这个意义说，可以说人是自我创造物，人通过劳动创造自己，从而越来越摆脱单纯的自然本能。

自由对人至关重要，它是人作为主体的自觉活动的表现。这一点，法国启蒙主义者都是承认的。卢梭在《论人类不平等的起源和基础》中就说过，"在一切动物之中，区别人的主要特点的，与其说是人的悟性，不如说是人的自由主动者的资格。自然支配着一切动物，禽兽总是服从；人虽然也受到同样的支配，却认为自己有服从或反抗的自由。而人特别是因为他能意识到这种自由，因而才显示出他的精神的灵性"[1]。"在禽兽的动作中，自然支配一切，而人则以自由主动者的资格参与其本身的动作。禽兽根据本能决定取舍，而人则通过自由行为决定取舍。"[2] 当然，卢梭也看到人虽然生而自由，却处处都在枷锁之中。这个矛盾是不能只从人的本性上得到解释的。

人类具有双重特性，既是物质生产者，又是能思维的动物，而作为生产者和思维者的人，都生活在一定的社会组织之中。没有群体，任何个人都不可能存在，人只有生活在人群中才能成为人。现在一些人说的孤独、隐居，宅男、宅女，形式上是离开社会过个人生活，其实他们生活中的一切都离不开社会，是社会化的进步为他们提供了可以过个人生活的条件。因此，人的进步不同于动物的进化，它不是人的身体的变化，而表现为社会的进步。社会进步，可以表现为物质生产的进步和文化的进步，而表现在个人身上就是人的物质创造能力和精神创造能力的进步。

24. 唯物主义与信仰

人有没有灵魂？这关乎信仰问题。我们经常听到有这样的议论：相信人有灵魂，说人死后仍然可以在另一世界与亲人相见，所谓相见于地下，这样可以减少死亡的痛苦；或者说做坏事下地狱，做好事入天堂，这样可以净化人的道德。所以，肯定人有灵魂的唯心主义或宗教对人是有帮助的。相反，唯物主义说人没有灵魂，没有来世，没有天堂地狱，人死了，化为一缕青烟，成为尘土。这种唯物主义会导致人生没有意义，草生一秋，人活一世，然后就一无所有。因此，人应该有信仰，信仰来世，信仰宗教。唯物主义基础上不可能建立信仰，

---

① 〔法〕卢梭：《论人类不平等的起源和基础》，商务印书馆1962年版，第83页。
② 同上书，第82页。

唯物主义只能导致在世时大吃大喝，死后拉倒。这种说法是错误的，它把唯心主义的宗教信仰等同于一切信仰。

其实，不相信来世，不相信鬼神，不等于没有信仰。某些唯心主义和宗教把信仰寄托在来世；而马克思主义的唯物主义把信仰寄托在现世，把人类解放和人民美好生活作为自己的信仰。这种信仰是科学的、实践的、积极的。多少共产党人为这个信仰而奋斗，不怕流血牺牲。来世，是没有的，而现世是可以亲见的；天堂是不可见的，而人间社会是可见的；人上天堂，只是为个人，而建立人间天堂，则是为人类。因此，任何宗教信仰本质上是个人的信仰，而革命信仰则是社会的理想和信仰。

25. 信仰和理想

在马克思主义体系中，哲学和政治经济学不属于理想范畴，而共产主义属于理想范畴，因为它是未实现的，是人们创造和追求的。但共产主义信仰的科学性，正在于它是以马克思主义哲学和政治经济学为基础的。

理想实现了就不再是理想，而是现实，而对超越现实的更高期待称之为理想。信仰是对外在对象的追求，而信念则是信仰和理想的内化，变为存在于人的思想和行为的坚定原则。信仰不转化为信念，则缺乏行动力量。信仰与理想相联，与外在对象联系；信仰成为信念，变为与人心相联系。信仰可以是理论的，而信念则是实践的。

信仰，不是一成不变的，理想也是如此。信仰会动摇，理想会破灭。因此，信仰需要不断加固，加固信仰的工具是理论。理论越彻底越科学越能说服自己，信仰就越坚定，而信仰越坚定，理想就越不会破灭。池田大作说过，"一旦建立信仰，便闭上理性的眼睛，封住理性的喉咙，这决不是信仰的态度"。没有理论或学理性支撑的信仰是盲从。可以说，科学理论是信仰的前提和支撑，而理论坚实，信仰坚定，理想才能不会因一时挫折而破灭。摧毁理想的是信仰的动摇，而摧毁信仰的是理论动摇。而动摇理论的又是理论与实践的矛盾，是理论无法解释实践，反而被实践所证伪。

26. 活在当下

如何看待现在，即当下，是一个哲学问题。我们把时间分为过去、现在和未来。可实际上，任何人都是活在当下，即现在，没有一个人可以活在过去和未来。这当然对，可如果进一步推论，人只有当下，只活在当下，必然引出错误的世界观和人生观。因为世界有历史，有历史就有过去和未来，人类社会有历史，有历史就有过去与未来。我们的祖先，就是我们的过去，我们的子孙后代就是我们的未来，如果没有过去和未来，就不知道我们从何处来到何处去。

片面强调活在当下，可能是一个极端个人主义的哲学观点。即使就个人而言，同样有过去，这就是自己走过的路，有未来，这就是自己的前途。就时间的瞬间而言，每一刻都是当下，就时间的流逝而言，有过去的当下和未来的当下。过去的当下，就是过去，未来的当下，就是将来。人生活在当下，但人类历史不是活在当下。每件物品，每个社会，每种变化，都是超越当下而保留过去的记忆和痕迹，也包括超越当下而有着对未来的希望。

27. 命运

命运，无论在中国还是古希腊，都代表着必然性，它是对人类早期受外在环境支配的人的不自由处境的状态表述。中国有天命论，古希腊同样有天命论。不同的是，天命论在中国表现为哲学，而在古希腊表现为文学。古希腊三大悲剧,埃斯库罗斯的《普罗米修斯》中普罗米修斯盗火,最终被雷电击中而打入冥谷;索福克勒斯的《奥狄浦斯王》中杀父娶母的命运预言无法逃脱,都说明人受命运支配。

在人类对自然本质没有深刻认识之前,在人类对社会规律没有认识之前,天命论和命定论几乎难以避免。命定论本质是天命论,因为人不能掌握自己的命运只能依靠人之外的力量。这个力量,在西方是神,在中国是天。中国对天的崇拜与西方对神的崇拜本质上是一样的,都是对人之外支配人的神秘力量的崇拜。

当代自然科学和社会科学都有很大的发展,可人对神的崇拜、对命运的崇拜并没有减少。世界上宗教信仰者很多,各种各样的宗教,本质上都是对高于人并在人之外的力量的崇拜。中国同样如此,中国革命胜利后,宗教信仰和迷信大大减少,人们从革命中看到了自己的力量。可改革开放后几十年,宗教信仰者大量增加,为什么?因为人们感到命运未定,被一种看不见的力量支配,这种力量其实是市场的自发力量。人只有完全掌握自己命运时,对外在力量的崇拜才会减少,并转而崇拜人自己。只有到人类相信自己的力量,相信自己能掌握自己命运时,迷信才会消除。

28. 选择与后果

选择是与后果相联系的。任何选择都必须同时承担选择的后果。选择可能会有两种结果,好的结果或坏的结果,合乎自己选择意愿的结果或事与愿违。选择的结果决定于选择的目的,而目的是否能实现决定于目的是否符合规律。违背规律的选择,逆历史潮流而行的选择,总是会搬起石头砸自己的脚。历史上这样的事例,擢发难数。

自由与选择是人的活动的特点,是人与动物的重要区别。动物没有自由,虽然看起来海阔凭鱼跃,天高任鸟飞,似乎自由得很,但其实只是动物的本能。庄子《逍遥游》中借北冥之鱼化而为鹏，水击三千里，扶摇直上九万里的寓言，隐喻的是追求绝对的意志自由，可他也知道如果没有风，大鹏有翅也是难以远飞的。自由，只是有待的自由，完全无待的即无条件的自由，只是幻想，是不存在的。

动物没有意志自由，也没有选择，动物是被自然选择，而非选择自然。人不同，人的全部活动具有自主性和选择性，人的行为是有意识有思想有目的的行为。但自由同时赋予选择以严肃性。人对自己的选择负有责任，既有道德责任，又有法律责任。不负责任的选择不是选择，而是任性，任性的结果往往是被剥夺选择的权利，失去自由。作为一个人，尤其是有远大抱负的人，应该严肃对待自己的选择。

当马克思还不是一个马克思主义者时就认识到这一点。他在中学毕业作文《青年在选择职业时的考虑》中说："自然本身给动物规定了它应该遵循的活动范围，动物也就安分地在这个范围内活动，不试图越出这个范围，甚至不考虑有其他范围存在。"人不同，人能选择，特别是进行职业的选择，"这种选择是人比其他创造物远为优越的地方，但同时也是可能毁灭人的一生、破坏他的一切计划并使他陷于不幸的行为"[1]。可见，人的选择既可能带来幸福，也可能带来不幸。而其中的关键在于选择的目的性，即选择的目标。马克思认为，应把为人类服务当作职业选择的目的："如果我们选择了最能为人类而工作的职业，那么，重担就不能把我们压倒，因为这是为大家作出的牺牲；那时我们所享受的就不是可怜的、有限的、自私的乐趣，我们的幸福将属于千百万人，我们的事业将悄然无声地存在下去，但它会永远发挥作用，而面对我们的骨灰，高尚的人们将洒下热泪。"[2] 这是一个十七岁中学生的誓言。可以说，马克思一生就是这样，无论怎样流亡颠沛、贫病交

---

[1] 《马克思恩格斯全集》第1卷，人民出版社1995年版，第455页。
[2] 同上书，第455—456页。

加，都在为崇高的事业而奋斗。即使他已逝世一百多年，从世界各地来凭吊的人，面对马克思的坟墓，仍然满怀敬意。

马克思的确伟大，不仅理论伟大，人格也伟大。马克思是个大写的"人"。他和所有普通的父亲一样，怀有对儿女无限的爱，可是因为革命而陷于穷困的他只能眼睁睁地看着儿子夭折；他对自己的爱妻燕妮无限爱恋，可是因为贫困不能给出身贵族的妻子以安定和比较富裕的生活，而只能依靠典当银器和大衣救急。他宁可依靠挚友恩格斯的友情帮助，也决不向统治者屈服和低头。马克思出身于生活优渥的律师家庭，他的妻子燕妮出身贵族。如果他为自己的个人生活考虑，完全可以跻身普鲁士上流社会，可马克思没有走他的阶级为他铺就的这条"功成名就"之路，去当学者、当律师、当教授，而宁愿做一个为广大劳苦大众解放而受反动统治者迫害和驱逐的流亡者。直到1883年3月14日，马克思坐在书桌边的圈手椅里安静地停止思维，他一生对自己的选择从来没有后悔过。这种为世界被压迫者和穷苦大众谋解放的"九死无悔"的人格光辉，是何等高尚，何等辉煌灿烂！

29. 习惯决定命运

习惯是人自己造成的，但人往往为自己的习惯所支配。一种习惯形成后往往与人相伴一生。不是人自己支配习惯，相反是习惯在支配人。习惯的好坏对人的命运和前途至关重要。因此，从小培养一个好习惯，是家庭和学校共同的责任。而且家庭的责任更大，因为在成年之前，与子女朝夕相处的仍然是父母。子不教，父之过，教不严，师之惰。中国古人对父母和老师各自的责任分得还是很清楚的。

人的习惯是多样的，有生活习惯，有工作习惯，有思维习惯等。可以说，人的很多活动都具有习惯性，是习惯性活动。人的习惯性活动不同于动物的本能性活动。动物本能活动也是习惯性的，本能仿佛就是一种天生的习惯。动物的习惯是本能，得之于类的遗传，凡属于这个类就有这个习惯。狗有狗的生活习惯，猫有猫的习惯。人不同，人的习惯是人在自己的生活中形成的。可以形成，也可以改变，但人要改变一种习惯需要毅力。吸烟是习惯，饮酒也是习惯，吸毒也是生活习惯，但要戒掉需要毅力。但可以改变，这就是人的习惯不同于动物本能的地方。动物改变本能就不成为这种动物，而人可以改变习惯而成为更好的人。

人的生活节奏是习惯性的。上班下班，上课下课，大家都按自己的节奏和习惯生活和工作，但这样的生活的意义是什么呢？似乎没有人去考虑。有人说，这只是哲学家的事情，普通人谁会关心这种问题。这是一种表面的看法。习惯掩盖了人生观问题。其实，人人都有人生观，区别只是自觉或不自觉、系统或零碎、有意或无意而已。学生上大学，肯定有个目的，毕业找个好工作、报答父母，改变自己的命运，等等。这些目的中就包含人生观问题。老师教学同样有这个问题，教书是谋生手段，还是育人职责？正确的回答是为国家培养人才，立德树人。对公务员来说，上班下班是干什么？是做官还是为老百姓办事？这也是目的问题。人的活动没有不包含目的的，人的职业中都包含从事这个职业的目的。目的问题，就人生来说，就是人生观的问题。人生观的根本问题就是人生目的问题，就是人为了什么目的而生活的问题。我们每个人的生活中都包含这个问题，但不是每个人都思考这个问题。我们都在忙忙碌碌，都在习惯性地工作和生活，日复一日、年复一年，我们不会停下来问问自己：究竟我们是为了什么而生活，生活的意义何在？一个人，风头正劲，处在走运的时期，处在得意的时期，不会问自己为什么活着的问题，而当人生失意，当遇到挫折，遇到不幸，遇到痛苦，走下坡路时往往会问自己为了什么活着的问题，这时是人生观的危机时期。堕落、沉沦还是奋起，这时人生观起着决定作用。

人生观非常重要，无论在日常生活中还是生死关头都在起作用。在日常生活中，一个理发员、炊事员、普通的工作人员，可能不懂什么叫人生观，也不思考什么人生观，可是理发员为每个人理发，而且尽量理好发，就是在尽自己作为一个理发员的责任，炊事员做好饭菜使食客满意，就是在尽自己的炊事员的责任。每个人都能尽自己作为社会一员的社会责任，心中有他人，就是有了一个正确的人生观。一个医生不好好治病，一个教员不好好教学，一个人占有一个社会岗位却不尽一个社会角色的责任，这个人的人生观肯定是心中只有自己没有他人的个人主义的人生观。人生观，不是放在嘴上的，是表现在行动上的。

至于危难时期，特别是生死抉择时期，更是对一个人的人生观的考验。人生观问题是存在的，我们不自觉其存在，是因为我们过着习惯性的生活。其实正是在这种生活中，隐蔽着人的生活目的。可以这样说，在平常时期，人生观存在于人的生活态度、工作态度中；在国家、民族危难时期，在大的生死考验时期，人生观存在于生死取舍之中。司马迁在《报任安书》中讲到，他由于为李陵说句公道话而遭受宫刑，这可是奇耻大辱，他本应自杀，但他为什么没有去死呢？他说是因为他有自己的人生观，"假令仆伏法受诛，若九牛亡一毛，与蝼蚁何异？而世俗又不能与死节者比，特以为智穷罪极，不能自免，卒就死耳。何也？素所自树立使然也"。也就是说，我没有自杀是因为我有自己坚持的人生观。这就是"人固有一死，或重于泰山，或轻于鸿毛，用之所趣异也"。司马迁不自杀，含垢而生，因为他有所追求，就是完成《史记》。他列举了古代一些人遭受厄难而有成就的例子，说自己也要成为这种人。

生与死不是生命的两头，一头是生，另一头是死，死是生的结束。其实生与死处于同一过程。死在生的掩盖下悄悄地进行，这就是人的细胞的新陈代谢。这是量变，当细胞的新陈代谢运动停止，就是死亡。

319

这时的死，是生的结束，同时也是死的结束。因为对死者来说，既没有生，也没有死，死者不死。死亡的意义和价值，就在于它使生具有意义和价值。正因为人是会死的，生命才变得可贵。物以稀为贵，生命同样如此。如果人人永远不死，生命就无可贵之处。生命因有死而可贵，死因有生的创造而不朽。死与朽不同。死是生命的结束，朽是死后默默无闻。什么叫长寿？不仅是活得时间长，而且是死而不朽，永远活在人的心中。可见，有两种死，一种死了，死了就了了，一种是死而未了，人虽然死了，可他的影响、价值仍在，而且死后作用更大。世界上许多伟大人物包括毛泽东都可以说是这样。死而未了，一百年，一千年都未了。

青年人需要活力，中年人需要毅力，老年人需要定力。青年人没有活力，暮气沉沉，肯定没有出息；中年人需要毅力，因为中年人各种负担加重而精力开始下降，做事有点力不从心，需要毅力；老年人需要定力，不为权色所动，不追求浮名利禄，做符合老年的生理、心理和身份的事，保持晚节，走好人生最后一里路。

要珍惜手中的东西，不要忘记自己已有的东西，同时因痴迷没有的东西而陷入痛苦。其实你占有的东西，就是你过去曾经追求过的东西。如果不懂这一点，就会陷于永远痛苦的人生困境。这种痛苦就是贪婪之苦。

我们应该明白，各人有各人的问题，各人有各人的烦恼。我们很容易羡慕别人，这是因为不了解别人，其实家家有本难念的经。古希腊史学家希罗多德说，如果所有的人都把自己的烦恼拿到市场上去同别人交易，任何人看到了别人的烦恼之后，都会宁可把自己的烦恼重新搬回家去。

生命的意义和价值之所以为人重视，因为它显示生命之光。古罗马哲学家塞涅卡说，"生命如故事：重要的不是它有多长，而是它有多好"。一部拖拖拉拉毫无精彩之处的长篇小说，远不如一篇精彩的中短篇小说。你看《阿Q正传》《羊脂球》《最后一课》，比许许多多的长篇小说更为后世所知。

30. 习惯和理想

仔细观察就会发现，人的生活往往是受习惯支配的。但人生不能只靠习惯，而要有自觉的理想目标追求。有人会说，全世界绝大多数人不都是普通人吗，不都是过的平常生活吗？过日子，谈什么理想和目的呢？是的。世界不少人是普通人，来世一遭，活着时平平淡淡，死后默默无闻。既然如此，用理想、目标这种大字眼有什么意义呢？这种看法是不对的，因为理想可以寓于平淡生活之中。

对一个人来说，理想和目标的重要性在于，理想是为生命绘就的路线图，是生活前进的目的地。不知道路线，不知道目的的人生，不是人生而是混世。有理想的人知道前进的路线，有目的的人知道前进的道路。一个没有生活理想和目的的人，仿佛一辆没有发动机、没有罗盘、没有目的地的车。它没有罗盘，因为它没有方向，也不需要知道方向，它没有发动机，因为它没有理想和目的，也就没有动力。

理想问题、目标问题，是人为了什么活着的问题。对不同的人，确有不同的内涵，有不同的高度。革命者、科学家、思想家，那些与众不同的杰出人物，他们的理想和目标自然与众不同，并非每个人都抱有这样的理想和目的。可是理想和目的的大小和有无不是一回事。一个劳动者，如一个农民勤劳耕作，把田耕好，提高产量，而不是撂荒，这就是有理想和目的的农民，一个工人也是如此。任何人在平凡工作岗位上争取做到最好，能够在这个行业里在这个岗位上，做出与众不同的成就，就是一个有理想和目标的人，不是一个混日子的人。我们赞美工匠精神，就是赞美一种精益求精、追求卓越的理想精神。

31. 生与死

　　生与死是人生两件大事。人的一生，无非就是生与死之间的过程。如何对待生与死，是历代哲学家的重要课题。可是生死之谜，至今仍然是个热门。我们现在宗教信仰盛行，其中折射的就是企图解脱生的苦恼和死的恐惧。生，仿佛是一连串的逗号，不断地奋斗；仿佛是一连串惊叹号，有惊喜，有悲哀；仿佛是一连串的问号，有太多的人生疑问。而死很简单，就是一个句号，生命的终结。从生的角度看待死，可怕；从死的角度看待生，可叹。古人云，鸟之将死，其鸣也哀；人之将死，其言也善。所谓善，就是把一切看透了，仿佛梦中醒来。没有一个将死之人，会夸耀自己的财富、地位或什么头衔。"死去原知万事空"，凭你财可敌国，名可撼山，面临一个死字，都是句号。

　　让我们看看网上流传的乔布斯震撼灵魂、令人沉思的临终遗言。乔布斯说："作为一个世界500强公司的总裁，我曾经叱咤商界，无往不胜。在别人眼里，我的人生当然是成功的典范。但是除了工作，我的乐趣并不多，到后来，财富于我已经变成一种习惯的事实，正如我肥胖的身体——都是多余的东西组成。此刻，在病床上，我频繁地回忆起我自己的一生，发现曾经让我感到无限得意的所有社会名誉和财富，在即将到来的死亡面前已全部变得暗淡无光，毫无意义了。""现在我明白了，人的一生只要有够用的财富，就该去追求其他与财富无关的，应该是更重要的东西，也许是感情，也许是艺术，也许只是一个儿时的梦想。""无休止的追求财富只会让人变得贪婪和无趣，变成一个变态的怪物——正如我一生的写照。""我生前赢得的所有财富我都无法带走，能带走的只有记忆中沉淀下来的纯真的感动，以及和物质无关的爱和情感，它们无法否认也不会自己消失，它们才是人生真正的财富。"网上流传的东西有真有假。上述的话是否真是乔布斯本人的遗言，我无法考证。但就这些话本身的内容而言，确实是值得重视的。

当然，按中国哲学来说，这不算什么惊人的思想，也算不得什么悟道之言。生不带来、死不带去的东西，就是财富，这都是身外之物。中国老百姓人人知道，可真正能做到、生前能放手的人不多，非要到临死之时，才能真正体会到这条真理。

如果到此为止，我们的人生观就还是残缺的、不完整的，甚至是消极的。马克思主义者并非不知道人会死，但并不陷于虚无主义的、一了百了的死亡观。死对个人生命是个句号，可对生命的意义并非句号。死的最大的意义和价值，是显示生的意义和价值。如果没有死亡，人能无尽地活着，就不会讨论生的价值。正因为有死，生才是意义的负载体。但是，死对生的意义因哲学不同而不同。从消极角度看，如果认为死就是生的终结，就是一切化为无，那生就如同做了一个较长的梦，人生如梦；从积极角度看，死而未了。不是灵魂不灭，而是一个人生时所做的一切，将成为后人的财产。比如，个人财富是生不带来死不带去的，可当个人财富转化为社会财富，它就能为国家富强做出贡献。这是从社会角度看待死亡、看待财富。至于个人为人民立下的功劳，无论是政治的、军事的、文化的、学术的、科学的等等，都是不朽的功业，并不会随着个人的死亡而消失。中国古人说的三不朽，立德立功立言，其意义也在此。因为它超出个人的生死观，是从人类角度，从社会进步角度来看待人的生与死。从个人角度看待人生，人生是没意义的，因为人终难免一死，不管富贵贫贱，不管伟大渺小，不管贤与不肖，无非都是一人一个坟头。可是从社会角度来考虑就完全不一样了，同样是生，有的生得伟大，有的生得窝囊；同样是死，有的死得光荣，有的死得卑鄙。同样是一生，有的一事无成，有的为人民建功，流芳百世。怎么可能是一样呢？怎么可能因为都有一死，就抹平了不同人生的是非对错呢？

323

32. 上帝与人性

　　上帝的存在，是基于一种宗教信仰，它的存在是无法证明的。如果上帝确实是全能的、睿智的，那世界上存在如此多的罪恶，如何解释呢？只能说，这些都是违背上帝意志的。其实，人性善也是如此，它也是难于证明的。孟子用的是个例，小孩落井，人们会去救，可落井下石如何解释？只能说这是违背人的本性的。世界如此复杂，有好人有坏人，人的行为如此复杂，有善良的人，也有坏人、恶人。你能用现实生活的什么例子证明人性善，我就可以举相反的例子证明人性恶。

　　其实关于人性善恶的争论是形而上的争论，因为它争论的是人的本性，而不是人的现实性。人性就表现在人的行为中，行善就是善性，行恶就是兽性。离开人的实际行为抽象谈论人性，只能是永无休止的争论。人的本性是什么，谁能知道？要说知道，只能告诉你人是动物变来的，人的自然本性就是兽性。或者告诉你，人是社会动物，那人性就是人的社会性，社会性不存在先天的好坏，处在什么样的社会就会有什么样的社会性。这样我们就接近马克思说的，人的本质就其现实性来说，是社会关系的总和。

33. 学术自由与独立人格

　　何谓学术自由，何谓独立人格？学术自由，不是胡说八道的自由，而是学术的自由，即自由进行学术研究，没有功利主义目的，不曲学阿世，卖论求官，而只为追求真理，这才叫学术自由。这种学术自由应该尊重，不尊重这种学术自由，学术就不可能发展。反之，怀着一种政治目的甚至政治偏见，假学术自由之名，散布各种错误观点，这证明学术已经不自由，因为它已经有学术之外的追求。独立之人格，是指学者作为一个独立个体，不依附权贵，不依附资本，而是有尊严、有人格地进行学术活动。把独立人格理解为只要反对当局，傲视群众，视群众为群氓，视政府为官僚者，认为这样才最是有独立人格，这是胡扯。

有种观点认为，为学术而学术才是高尚的，才是知识分子的真正人格。这是一种非常陈旧的观点。你们看看，那些为中国原子弹、核潜艇做出贡献的科学家，隐姓埋名，几十年居住在大西北沙漠之中，他们心中有祖国有人民，难道不比那些只知个人清高、高唱为学术而学术的人更值得尊敬吗？我一直不赞成为学术而学术的观点，古希腊罗马的哲学家可以唱这种调子，因为他们是奴隶主，一切都有奴隶为其服务，可是这种纯学术很少为奴隶说话，而是赞美奴隶制。这种学术自由后面难道不是代表一种利益吗？！读读西方学者的著作，难道他们在涉及资本主义和社会主义制度，在涉及资产者和无产者根本利益问题上没有任何倾向性吗？

即使是科技的发明创造，也不是为学术而学术。技术发明与生产直接联系，因而技术发明的目的在于应用。瓦特发明蒸汽机，是为解决动力问题，詹姆斯·哈格里夫斯发明新的纺织机是为解决市场对棉花和棉布的需要问题。当然，科学不同于技术，科学研究超出眼前的应用，而是对科学真理的追求。但并不是说科学家的学术研究背后没有社会的需要。真正的科学家不是急功近利之徒，而是解决科学面临的大问题，而这些大问题经过或长或短的时间总是要在实际中发生作用的。没有一个真正的科学发现是永远没有用的。科学家自己是否怀有实用的目的是一回事，其最终的效果是另一回事。因此，伟大的科学家是为科学工作，为科学工作实际上也是为人类工作，但绝不是无目的的工作。科学发明属于人类，当然在阶级社会中，科学家的伟大发明被统治者垄断，被保密，被运用于军事或商业，这是常见的事。只要看看当代世界，哪国的科学家没有团队？没有明确目标，没有需要解决的问题，而盲目地为学术而学术，是不可能的。

我们应该抛弃陈旧的为学术而学术的观点，抛弃这种自以为清高的学术观，大大方方地为祖国、为人民、为人类而工作。

34. 怎样看待死亡

死亡是人生观中的重大问题。人人有死，这是任何有理智的人都不会否认的，尽管悦生恶死是人之常情。可如何看待生死，则观点和态度可以不同，这就是存在各种人生观的原因。

人人有死，但在死亡之前人仍然是活着的，因此应该活得有价值，把自己有限的生命贡献给国家和社会。也有另一种说法，既然人人有死，那就应该及时行乐，不枉此生，反正最后都是一样的归宿：人人一个土馒头。《红楼梦》中的"好了歌"就是如此，这是一种消极的人生观。积极人生观的立足点是社会、是集体，而消极人生观的立足点是个人。立足个人只知道人人有死，而立足社会则知道个人虽然死亡，但社会仍然存在和发展，我们的子孙后代仍然在延续。社会的存在和发展依赖个人的贡献。如果人人都袖手等死，社会如何存在、如何发展？这岂不是由一群等死的人组成的社会吗？这种社会、这种民族还有什么希望！

有人说，我死了哪管这么多呢！其实，就是从个人角度说，你死了，你不是还有儿孙吗？他们不是要一代代活下去吗？可见，这种消极人生观至少是对不起自己的后代，更不要说对不起国家和民族了。这是一种绝对的个人主义。以为自己遁入空门就没有苦恼，实际上是把社会责任推给别人。

人生，人生，讲的就是生，即在生时如何对待自己的有生之年，即如何度过自己的一生。而不是人生变成人死。人，是向死而生，但也是生尽而死。人是要死的，这是最终结局。但结局如何，取决于生时如何；只有生得伟大才会死得光荣。生时苟且，死时必然窝囊。因此，人应该把重点放在生上，想想如何利用好自己的生命。孔子说，不知生，焉知死。生应该放在死之上，有生才有死。祭奠亡灵，慎终追远，其目的仍然是为了生者。

35. 积极辩证法与消极辩证法

佛经中有辩证法，但是消极辩证法。例如，色空不二，色不异空，空不异色，色即是空，空即是色。它看到万事万物，即所谓色（物才最是有声有色的，因此色即万物）最终是空，因为它是变化的，由有到无，世界无不变之物。变，说明原来物不存在了，因此色即是空。变化的主体是色，但它不能永恒，因此结果仍然是空。佛教看破红尘，红尘是色，是有形的存在，是有声有色的存在。红尘不可永恒，不管如何灯红酒绿，终究会曲终人散。《红楼梦》中造大观园，元妃省亲，宝玉整天和姐妹们在大观园厮混，是何等风光，可后来抄家，姐妹们各自沦落，宝玉出家，应了"好了歌"。不是色即空吗？这是消极辩证法的情形。

唯物主义辩证法是积极辩证法，因为它在消灭中看到生成，在死亡中看到新生，在永恒变化中看到不断的更新。社会越来越在人的实践中通过历史的辩证运动，走向进步。世界会在变化中越来越好。人类不会在变化中走向世界末日。世界末日论是我们当代人的悲观主义的理论，但不代表我们的子孙后代的意见，未来掌握在未来的人手中，他们有能力解决自己面对的问题，正如我们有能力解决我们的先人不能解决的问题一样。

36. 人生断想

生病才知道健康可贵，坐牢才知道自由可贵，离开学校才知道学习可贵，失去了的东西才知道它的可贵。手中拥有的东西，往往不知道珍惜，总是事后后悔。可人生又无悔棋。

一个人的恶劣品质，可以在他得意升迁中暴露出来，我们看见有多少贪官是随着地位上升而变得更加贪婪的；而一个人的优良品质，往往在不幸中才能得到充分显现。升迁是对贪婪的检验，困难是对毅力的考验。

人有一双眼睛，既可向前看，也可转过头朝后看。展望未来时朝前看，总结经验时回头看。但路是朝前走的，历史是朝前发展的，总结经验是为了更好地前行。传统总是在创造中继承的，会融入新的东西，增加传统的内涵。

抬着走的不是路而是轿子，自己用脚走的才是路。坐轿子的人，没有方向，没有体会，任人抬着走，是任人摆布的傻瓜。路要自己走，才是路。

伟人的产生需要时代，只有时代才积蓄产生伟大人物的客观和主观力量。没有西方近现代科学发展和科学探索的积累，就没有爱因斯坦的突破；没有中国近现代的苦难积累和探索积淀，就没有毛泽东的成功。

人为了什么而活着，即活的目的和价值问题是人生观的根本问题。可是要解决这个问题，不能仅仅着眼于个人，把它仅仅看成个人问题，放在个人的圈子里是得不到正确解决的。应该放到社会中来认识和解决人生的问题。

路是走出来的，这谁都知道。但有老路，有新路。老路，自己走的次数最多，所谓轻车熟路，平安，没有危险，但也不会有惊喜。而新路，需要开辟，探索，不容易，但往往会发现新的风景。

发展，不完全在于速度，而在于方向和成效。正如钟的完美不在于走得快，而在于走得准。我们关于发展的观念，就是由走得快到走得准的过程。

人的成长要经过磨炼，甚至苦难。暖房里可以生长蔬菜，但长不出参天大树。顺境中可以出读书种子，但出不了创业英雄。太平时期可以出绅士，但出不了将军。这不是由于人的本性，而是环境造成的。

僵化有两种，一是身体的僵化，二是思想的僵化。身体僵化，人们能感受，而且很担心，但对思想僵化往往不自知，有时反而把固执己见当优点。

人的死亡并不可怕，最可怕的是对死亡的恐惧。其实，死亡只是短暂的痛苦，甚至没有痛苦，自然界召回你时通常会先让你昏迷，甚至让你产生某种美好的幻觉。这是大自然对人的最后一项馈赠。

幸福感不同于幸福。瘾君子得到的不是幸福，而是对身体和心灵的残害；发财的幸福感，会随着财富的增加而下降。带来幸福感的物质满足不会持久，而人从自身的道德修养和精神追求得到的幸福感，才是持久的。

余论　谈谈我的治学方法

我平日无嗜好，只是喜欢读书。也喜欢东想西想，夸张点说是喜欢思考。孔老先生说的"学而不思则罔，思而不学则殆"，是关于学与思关系的至理名言。这不是从脑袋里拍出来的水货，而是老先生的经验总结。

从学与思的关系来说，学更根本，不学则无可思。孔子说过："我非生而知之者，好古敏以求之者也。"孔子还谈到自己的学习过程："吾十有五而志于学，三十而立，四十而不惑，五十而知天命，六十而耳顺，七十而从心所欲，不逾矩。"孔子提倡"学而时习之"，学是思的前提。不学无可思，也无以思。巧妇难为无米之炊也。

荀子是学习的倡导者。他在《劝学》篇中说："学不可以已"，"吾尝终日而思矣，不如须臾之所学也。"荀子以"假物"为例，说明"登高而招，臂非加长也，而见者远；顺风而呼，声非加疾也，而闻者彰。假舆马者，非利足也，而致千里；假舟楫者，非能水也，而绝江河。君子生非异也，善假于物也"。利用器具发展自己的能力是"假物"，利用人类积累的知识来发展自己不同样是"假物"吗？只是这个物不是实物，而是以书籍为载体的文化。

荀子以这些事例告诉我们，学习就是"假物"，是站在前人思想成果的肩膀上思考。不学而思，是在掏自己的空口袋，这是掏不出东西来的。我之所以不赞成心外无物、心外无理、返回内心的治学途径，就因为这实际上是在掏空口袋。掏来掏去，无非都是外在世界经过大脑改造过的变形的事物。自以为这些内在的东西是天生的，其实不过是外在东西的内化，是一种长期积累的前识。只是积累已久，我们忘记了它是从哪里学来的，仿佛是人人原来就有的先天的东西。

学思结合才能有成果。这就是学有所得，思有所悟。有所悟，有所得，应该立刻记下来。灵感是从不等待人的。北宋二程说过，"为学之道，必本于思，思则得之，不思则不得"。还说，"不深思而得之，其得易失"。其实，西方哲学家也谈过类似的读书方法。叔本华说过，我们一旦有了具有价值的、属于自己的思想，那就要尽快把它记录下来。这些说法非常正确，灵感像飞鸟，一旦不抓住，就会飞走。

《论语》不就是弟子们记录的孔子言论吗？如果不记下来，就没有《论语》。人的一生，能记住的东西远比忘记的东西少多了。就储存功能来说，大脑可不如电脑。电脑可以海量储存，而人的记忆常常会丢失。大脑胜过电脑的地方，不在于储存，而在于思考，独立的思考。思考的结果如果不记下来，如同用电脑写完而没有点"保存"一样。

也许是每次写个几十字、几百字，有时更多些。只要持之以恒，积累下来便会成书。记，不是空瓶装水，而是加上自己的体会。流传的警句、格言，别人的思想、提法，只是食材，有待自己加料烹饪。从思想对话中激发出火花，才是思考。马克思写的东西，绝大部分是摘要、笔记，以及草稿，真正生前付印的东西比没有付印的东西少得多。可以说，付印的是精品，而笔记、摘录、草稿则是思想和理论的准备。做学问，没有思想储存和材料准备，很难有像样的东西，更不用说传世之作了。

诗，可以七步而成，但七步之前的多年积淀往往被人忽略。灵感是顷刻的触动，而为了能有这一刻的灵感，可能需要数年的积累。灵感是在场，能见的；而积累是不在场的，看不见的。人们往往倾倒于灵感，而不知积累之可贵。没有积累，就不会有灵感。瞬间的灵感，也许是多年思考的爆发。做笔记是个笨方法，却是个有效的读书方法。明末清初大思想家顾炎武说过，"愚自少读书，有所得辄记之"。

悟，是学习中最重要的，学无所悟是白学。我总对我的学生说，读书有所悟一定立即记下来，边读边忘，毫无所悟，这样读书，如东风吹马耳！即使记得一堆死材料，也是从山上捡拾的树枝，难成器物。

最后是行。要实践，学、思、悟、行，四者是统一的。当然，难以绝对分开前后。因为从一个认识过程来说，可以是学、思、悟、行，但从整个认识过程来说，前一个过程的行，往往是后一个过程的学的推动力量。

后　记

　　这本书是痛苦的产物。

　　2020年12月8日，老伴去食堂买饭时不慎摔倒，伤及颅骨，虽经抢救生命无虞，但加速并恶化了原来隐蔽的老年失能症。这是对我的一次重大打击。再加上疫情猖獗、社交受阻，终日困守住宅，面对卧床无言的老伴，心烦焦虑、抑郁伤情、了无宁日。我试着在焦虑和痛苦中走出困境，就打开电脑，在打字的键盘声中转移注意力。开始时语不成句、思维杂乱，但我坚持，长短不论，使心有所托。后来，疫情波波相连，老伴病情继续恶化，我心力交瘁，无心无力继续写下去，遂由我女婿刘建军协助整理，并经商务印书馆责编先生精心编审，终于打造成了呈现在读者面前的这本书。

　　2022年12月灾难再度降临。我和老伴都感染新冠，病情危殆。经过五十多天治疗才痊愈出院，挺过了新冠，后回家继续康复。但老伴因长久卧床，无力支撑，终于在今年清明节凌晨2点22分在家中安详离世。从她第一次摔倒，我就心有不祥之感，怕她离我而去，现这件事终于还是到来了。我在恐惧中结束了三年面对新冠疫情的恐惧，在痛苦中结束了三年害怕飞鸿失伴的痛苦。

　　我把这本书作为对亡妻邓名淑的祭奠：

　　纵身大化入无限，

　　阳寿有尽冥寿长。

　　海洋千㖊终有底，

　　人间从无久久双。

　　儿女不忘慈母爱，

我更难眠忆沧桑。
诚知此恨家家有，
六十五年怎能忘！

陈先达
2023 年 4 月 9 日于中国人民大学宜园家中